COURS

DE

DROIT NATUREL

OU DE

PHILOSOPHIE DU DROIT.

TOME PREMIER.

COURS

DE

DROIT NATUREL

OU DE

PHILOSOPHIE DU DROIT,

COMPLÉTÉ,

DANS LES PRINCIPALES MATIÈRES, PAR DES APERÇUS
HISTORIQUES ET POLITIQUES,

PAR

HENRI AHRENS,

ANCIEN PROFESSEUR DE PHILOSOPHIE ET DE DROIT NATUREL AUX UNIVERSITÉS DE BRUXELLES ET DE GRATZ,
PROFESSEUR DE PHILOSOPHIE ET DES SCIENCES POLITIQUES A L'UNIVERSITÉ DE LEIPZIG, CHEVALIER, ETC.

———

SEPTIÈME ÉDITION,

RÉIMPRIMÉE, APRÈS LA MORT DE L'AUTEUR, SUR LA SIXIÈME ÉDITION, ENTIÈREMENT
REFONDUE ET COMPLÉTÉE PAR LA THÉORIE DU DROIT PUBLIC ET DU DROIT DES GENS.

TOME PREMIER,

CONTENANT LA PARTIE GÉNÉRALE.

LEIPZIG :

F. A. BROCKHAUS.

—

1875.

65353

PRÉFACE

DE LA SIXIÈME ÉDITION [1].

La nouvelle édition du *Cours de philosophie du droit*, en répondant aux vœux exprimés de tant de côtés, complète enfin l'exposition du droit privé par la *théorie du droit public*, et par un aperçu sur le *droit des gens*, et présente ainsi le système du droit dans l'enchaînement de toutes ses parties.

La grave situation politique dans laquelle se trouvent presque tous les pays civilisés, la perturbation dans toutes les idées morales, qui se manifeste d'une manière si visible dans les déplorables tendances plus ou moins matérialistes de divers genres que j'ai caractérisées en plusieurs endroits (surtout p. 273), m'a engagé à déterminer encore mieux le principe du droit dans son caractère idéal, à le présenter dans ses rapports intimes avec tout l'ordre moral, et à montrer, par un coup d'œil historique (§ 38, p. 253-277), que tout l'ordre de droit ainsi que toutes les institutions et formes de l'État ne sont qu'un reflet, en quelque sorte un précipité, de toutes les forces et tendances qui agissent dans l'atmosphère intellectuelle de la société, et que les conditions essentielles

---

[1] La première édition de 1837-39 comprenait également l'exposition du droit public. Le développement plus grand donné dans l'édition suivante aux matières du droit privé m'engagea à supprimer la partie du droit public, dans l'intention d'en faire l'objet d'un ouvrage spécial, dont j'ai promis à différentes reprises la publication. Je réunis maintenant dans l'édition actuelle, ainsi que je le fais pour la nouvelle édition allemande, également sous presse, le droit public avec le droit privé dans le même ouvrage.

de la liberté privée et publique ne se trouvent jamais ailleurs que dans une action puissante des idées et des convictions morales au sein d'une société.

L'affaiblissement des convictions morales est en grande partie la faute des gouvernements eux-mêmes, qui, quelquefois prévenus contre la philosophie, ou insouciants et vouant leurs soins principaux aux sciences dites exactes et positives, ont à un haut degré, sans le vouloir, favorisé les tendances dont ils déplorent aujourd'hui les résultats pratiques.

Pour relever les forces spirituelles et morales au sein d'une nation, la première condition consiste en ce que l'étude des sciences idéales, de la philosophie en général et dans son application aux sciences positives, soit ranimée dans l'instruction supérieure, pour former un contre-poids nécessaire aux sciences positives, et pour préserver l'esprit de ne pas perdre, dans la masse des connaissances qui s'accumulent de tous côtés et qu'il doit s'approprier, la conscience de lui-même, de sa nature intime, de ses facultés spirituelles et des grands principes de l'ordre moral qui doivent lui servir de boussole dans la vie et dans toute science pratique.

Puisse ce Cours, dans sa forme actuelle, recevoir le même accueil favorable qu'il n'a cessé de rencontrer dans les éditions précédentes.

LEIPZIG, le 14 juillet 1868.

HENRI AHRENS.

Depuis la première édition française de l'ouvrage, en 1839, il y a eu, outre une contrefaçon de la 3e édition française à Milan, quatre traductions en Italie, trois en Espagne, une en Allemagne, en 1846, distincte de l'édition originale de Vienne, en 1850, une en Portugal, une au Brésil, une en langue hongroise (en 1848), une dans les États-Unis d'Amérique, de sorte qu'il y a maintenant vingt-deux éditions originales ou traductions.

REMARQUES

———

La *cinquième* édition parut en 1860. Occupant alors une chaire à l'université de Gratz, en Autriche, je m'exprimai, dans la préface (29 juillet 1859), aussi sur la nécessité d'un système constitutionnel par les mots suivants: «Plus que jamais je suis convaincu que l'Europe ne peut sortir de la crise politique et sociale, rouverte en 1848, que par l'adoption sincère d'un système constitutionnel et représentatif, modifié, si l'on veut, d'après les besoins et l'état de culture de chaque peuple, mais partout le même dans les principes généraux. Ce système, justifié par la raison et par l'expérience, conforme aux tendances et aux besoins de la civilisation moderne, fait de l'État ce qu'il doit être en effet, une affaire commune de tous, où toutes les forces intelligentes et morales, individuelles et collectives, sont appelées à participer à la législation et à l'administration intérieure. Il faut que l'État se dégage enfin des formes de centralisation mécanique et bureaucratique, si oppressives pour la liberté, et qu'il devienne un véritable organisme dans lequel tous les organes aient une sphère d'action propre, jouissent d'une autonomie relative, et concourent à entretenir la vie générale, à fortifier même l'action centrale par la spontanéité de leurs mouvements.

La *quatrième* édition parut en 1853, avec la préface du 1ᵉʳ novembre 1852 [1].

La *troisième* édition parut en 1848, avec la préface du 16 janvier 1848.

Nous reproduisons ci-après dans leur entier les préfaces des deux premières éditions.

---

[1] Dans une note, j'y fis connaître à des amis à l'étranger, qu'après avoir été élu, en 1848, dans mon pays natal, le Hanovre, député à l'assemblée nationale de Francfort, j'acceptais, après l'issue malheureuse de cette assemblée, l'offre que me fit le gouvernement d'Autriche de la chaire de philosophie du droit, bien que le Conseil d'administration de l'université de Bruxelles eût laissé ouverte pour moi la chaire que j'y avais occupée.

PRÉFACE

DE LA DEUXIÈME ÉDITION.

En faisant paraître la seconde édition de notre *Cours de droit naturel*, accueilli dans le pays comme à l'étranger [1] avec une faveur que nous étions loin d'espérer, nous offrons aux amis de la philosophie du droit un travail revu avec soin dans toutes ses parties et considérablement augmenté dans

[1] L'ouvrage, achevé en 1840, a été traduit en italien par M. Trinchera, qui l'a fait accompagner, en forme d'introduction, d'une correspondance littéraire remarquable sur la philosophie du droit, et particulièrement sur le droit de punir, entre M. le comte Mamiani della Rovere et M. Mancini, professeur de droit à l'université de Naples. Une seconde édition de cette traduction a suivi de très-près la première. La traduction espagnole faite par M. Navarro est également à sa seconde édition. L'ouvrage a été adopté dans plusieurs pays, même en Amérique, pour l'enseignement universitaire. Il nous a été particulièrement agréable d'entendre des jugements favorables sur notre travail par des hommes compétents en Allemagne, qui ont pu l'apprécier d'après l'état dans lequel la science du droit naturel se trouve dans ce pays. Parmi les comptes-rendus publiés dans les revues de droit ou les feuilles littéraires, nous devons particulièrement distinguer ceux de MM. les professeurs de Mohl (de l'université de Tubingue) et Rœder (de l'université de Heidelberg). Le compte-rendu du célèbre publiciste de Tubingue (inséré dans les *Heidelberger Jahrbücher*, n° 31, 1840) nous a été surtout utile, en ce qu'il développe sur plusieurs points des opinions différentes des nôtres, ce qui nous a engagé à mieux préciser plusieurs doctrines, notamment dans le droit public.

les matières importantes. Nous nous sommes attaché, dans la partie générale, à déterminer avec plus de précision et d'étendue le principe du droit et ses conséquences principales, à exposer plus en détail la différence ainsi que les rapports qui existent entre le droit et la morale. Dans la partie spéciale, nous avons aussi développé les conséquences pratiques de la doctrine des droits primitifs ou absolus, et traité avec plus d'étendue la théorie de la propriété, pour distinguer nettement notre doctrine des idées érronées qui sont répandues sur cette matière et qui méconnaissent soit le caractère individuel et privé, soit le caractère social de la propriété. Le droit de famille et les questions importantes qui s'y rattachent, notamment celle du divorce, ont reçu de notables accroissements. L'histoire des théories du droit, traitée trop sommairement dans la première édition, fera mieux comprendre le développement progressif de la science du droit naturel et l'influence que les diverses doctrines ont subie de l'esprit général de l'époque qui les a fait naître. Ce résumé historique termine le volume.

L'étendue que nous avons cru devoir donner à ces diverses matières nous a obligé de retrancher la théorie philosophique du droit public, traitée en abrégé dans la première édition. Cette doctrine sera exposée dans un ouvrage spécial, qui contiendra également la théorie du droit pénal, ainsi que les principes du droit des gens.

En publiant un travail plus étendu sur ces diverses matières, nous remplissons la promesse faite dans la préface de la première édition et dont on a désiré de divers côtés l'exécution.

BRUXELLES, le 24 octobre 1843.

PRÉFACE

DE LA PREMIÈRE ÉDITION.

———

Le *Cours de droit naturel* que je publie est destiné à répondre à un besoin généralement senti en France et en Belgique dans l'enseignement universitaire, pour lequel il n'existe aucun ouvrage méthodique écrit en langue française, qui soit à la hauteur des idées nouvelles plus justes et plus profondes, développées dans les temps modernes. Il est à regretter que la France n'ait pas apporté son concours intelligent dans la culture de cette doctrine. Car ce n'est qu'à défaut de meilleurs ouvrages français, que celui de Burlamaqui, appartenant à l'ancienne école de Wolff et datant de près de cent ans, suranné pour le fond et pour la forme, et qui aurait dû disparaître depuis longtemps de l'enseignement, a pu s'y maintenir en dépit des progrès que la science a faits depuis quarante ans en Allemagne. Quelques auteurs distingués en France se sont bien familiarisés, dans ces derniers temps, avec les travaux publiés par les philosophes et les jurisconsultes allemands; mais, d'un côté, c'est surtout l'histoire du droit naturel qui a fixé leur attention, et d'un autre côté, ils se sont plutôt approprié quelques résultats importants de cette science qu'ils n'en ont présenté une exposition méthodique, la seule cependant qui puisse donner à la jeunesse studieuse des notions précises et l'habituer à traiter des matières analogues avec ordre et enchaînement[1].

Dans l'exposition des principes du droit naturel, je me suis appuyé sur les ouvrages des principaux philosophes et jurisconsultes qui ont écrit sur cette matière, depuis la réforme de Kant. Toutefois j'ai suivi particulièrement la théorie de Krause, dont j'ai fait connaître, dans un autre ouvrage[2], les doctrines philosophiques, et qui me paraît aussi avoir le mieux saisi et approfondi les principes de la philosophie du droit. On pourra, du reste, dans l'aperçu historique que j'ai donné des théories du droit naturel, comparer les différents principes et en juger la valeur scientifique. Quant à la forme d'exposition, je n'ai pas cru pouvoir adopter complétement la méthode usitée en Allemagne dans ce genre d'ouvrages, méthode qui procède par synthèse ou par développement rigoureux des principes; pour satisfaire aux besoins du génie français, j'ai cherché à me rapprocher autant que possible de la méthode analytique, qui d'ailleurs a de grands avantages.

La théorie du droit exposée dans ce cours présente le *principe* du droit comme distinct et indépendant de tous les

[1] En Belgique, deux professeurs distingués, M. Haus, à l'université de Gand, et M. Warnkœnig (plus tard professeur à Tubingue, mort en 1866), ont publié, en 1824 et 1830, chacun un Précis du droit naturel en latin, langue à cette époque obligatoire dans l'enseignement universitaire de ce pays. Mais probablement la forme trop aphoristique et l'enveloppe latine de ces ouvrages ont été cause qu'ils n'ont pas exercé une influence visible sur la culture du droit naturel en France.

[2] Dans le *Cours de philosophie*, fait à Paris, en 1834, sous les auspices du gouvernement. Le premier volume renferme l'*anthropologie* générale, le second la *psychologie* et la partie générale de la *métaphysique* (ce cours est depuis longtemps épuisé).

autres principes qui régissent le monde moral et social; elle établit surtout la distinction entre le droit et la morale, qui ont été trop souvent confondus. Une telle confusion n'est pas seulement fausse en théorie, elle entraînerait encore dans l'application, si le sens positif des hommes versés dans l'exercice du droit ne s'y opposait, un despotisme des plus odieux, en appelant devant le for du droit ou de la justice des actes qui appartiennent à la conscience et ne sont imputables que devant ce juge intérieur. Mais, quoique le droit soit indépendant, quant à son principe, et remplisse le cadre d'une science particulière, il est en relation intime avec d'autres sciences qui se rapportent à la vie individuelle et sociale de l'homme.

J'ai fait connaître, dans l'introduction, les rapports qui existent, à cet égard, entre le droit et la philosophie, et j'ai indiqué la raison pour laquelle le développement et l'application du principe du droit subissent toujours l'influence des doctrines philosophiques qu'un auteur a adoptées. Cependant le principe général du droit que j'ai établi peut être accepté par toutes les opinions, et c'est en cela qu'il se montre juste, qu'il est un vrai principe social qui maintient l'ordre extérieur dans les tendances diverses de la société, assure la coexistence de tous les intérêts légitimes et permet à toutes les doctrines de se répandre par la voie de la discussion.

J'ai indiqué dans un chapitre spécial les rapports et la différence qui existent entre la philosophie du droit et la politique, et je puis, par conséquent, espérer qu'on ne considérera pas toutes les idées exposées dans ce cours comme susceptibles, dans l'opinion de l'auteur, d'être immédiatement réalisées dans la vie sociale. La philosophie du droit doit établir le principe de la justice et le développer rigoureuse-

ment dans ses conséquences; mais la politique, tout en s'appuyant sur la philosophie, doit aussi considérer l'état actuel
de la société et examiner jusqu'à quel point une réforme
peut être opérée sans violer la loi de la continuité et du
progrès successif dans le développement social. Il en est
d'ailleurs du monde intellectuel des idées comme du monde
physique; dans celui-ci l'œil aperçoit de très-loin les objets,
surtout les plus élevés, mais, pour les atteindre, il faut souvent marcher longtemps. De même l'intelligence peut nettement saisir les idées les plus hautes, les principes généraux;
mais, pour les réaliser, pour leur acquérir le droit de cité,
et pour les appliquer aux conditions sociales existantes, il
faut souvent les efforts des siècles. Le monde social va plus
vite aujourd'hui, et sa marche devient toujours plus accélérée,
à mesure qu'il avance; mais à aucune époque il n'est permis
de méconnaître la distance qui sépare la théorie de la pratique, et les modifications que l'une peut faire subir à l'autre.

Dans la partie *générale* du cours, j'ai cherché à bien établir le principe du droit, à en donner une notion exacte, et
à le développer dans ses principales propriétés. La recherche
des principes, surtout quand il s'agit de l'ordre social, est
souvent considérée par des esprits superficiels comme étant
d'un intérêt purement théorique ou spéculatif. Cependant la
connaissance des faits sociaux ne peut pas conduire à une
bonne direction de la société, quand on ne distingue pas les
différents principes par lesquels ils sont dominés et caracté-
risés. En les ignorant, on commettra nécessairement des
fautes graves dans l'appréciation de la vie sociale: on sépa-
rera ou on confondra des faits qui devraient être jugés
d'après des principes analogues ou différents. C'est, d'ailleurs,
une grande erreur de croire que le monde moral et social
n'est pas régi par des lois aussi certaines que le monde

physique. Les principes sociaux ont, il est vrai, un autre caractère; leur action, au lieu de se faire sentir fatalement, ne peut se produire que sous les conditions de l'intelligence et de la liberté humaines; mais ils ne forment pas moins de véritables lois pour la conduite individuelle et sociale des êtres raisonnables. Or, tant que ces principes n'ont pas été établis avec quelque précision, il n'y a pas même de fondement solide pour l'une ou l'autre branche de la science sociale. Avant que Copernic, Kepler et Newton eussent découvert les lois premières qui régissent le monde physique, il n'y avait pas de véritable science sur cet objet. Il en est de même du monde moral et social.

Le principe du droit, après avoir été précisé dans ses caractères principaux, a été ensuite appliqué dans la partie *spéciale* aux différentes matières qui forment le cadre de la science du droit. Dans cette application, j'ai pris soin de maintenir intact le principe du droit, de ne pas l'entremêler de considérations hétérogènes, confusion nuisible au droit naturel, car les sciences ne peuvent faire des progrès qu'en se renfermant dans le développement du principe sur lequel elles sont basées. J'ai donné, dans la classification du droit, l'aperçu général sur les rapports dans lesquels le droit se trouve avec les différentes sphères de l'activité sociale qui rentrent à quelques égards dans son domaine. Dans la partie spéciale, la question de la propriété a été traitée avec le plus d'étendue. J'ai adopté la théorie des principaux philosophes et jurisconsultes d'Allemagne, qui distinguent entre la solution philosophique et la solution historique et politique de cette question. Opposé aux doctrines répandues chez la plupart des jurisconsultes français et anglais, j'ai fait voir que la propriété, loin d'être un pur fait de convention sociale, est fondée dans la nature de l'homme et qu'elle est

ainsi de droit naturel; mais le droit naturel ne peut démontrer que le principe général de la propriété qui, sur cette base,
est nécessairement restreinte; l'organisation sociale de la propriété dépend de la politique qui y introduit des modifications
d'après les exigences de la vie sociale, sans cependant pouvoir
la supprimer ou la léser dans sa base. Il importe de ne pas
confondre ces deux points de vue, car autrement on pourrait
prêter à un auteur des opinions qu'il regarde lui-même comme
absurdes.

En comprenant dans le droit naturel l'exposition des principes généraux du *droit public*, j'ai suivi l'exemple unanime
des auteurs allemands, qui ont remarqué avec raison la liaison intime qui existe entre ces principes et ceux du droit
naturel. En effet, l'État, qui est l'objet du droit public, reconnaît pour premier principe de son activité et de son organisation celui du droit ou de la justice; par conséquent, la
manière dont on concevra les fonctions de l'État, l'étendue
et la limite de son intervention dans les autres sphères de
l'activité sociale, dépendront nécessairement de la théorie
qu'on aura établie sur le principe du droit.

En appliquant le principe du droit, tel qu'il a été établi
par Krause, à l'organisation de l'État, je crois être arrivé à
compléter la doctrine du droit public par quelques idées nouvelles, justes et, selon moi, importantes. Dans le droit public
on s'est jusqu'ici principalement occupé de recherches sur
les pouvoirs, sur leur organisation, et sur les diverses formes
de gouvernement; ces objets ont sans doute une assez grande
valeur; mais je pense qu'on commence peu à peu à s'apercevoir, surtout dans les États constitutionnels, de l'impuissance
dans laquelle se trouvent ces doctrines de résoudre des questions qui se sont élevées dans les temps modernes et qui
deviennent tous les jours plus pressantes dans la vie sociale.

C'est qu'on s'est trop attaché aux formes extérieures, qu'on a négligé d'examiner le fond, la nature variée et le véritable but de la société. A côté de la théorie des *formes* politiques, il faut établir celle des *fonctions* et des *buts* sociaux, et déterminer les droits qui s'y rapportent.

Avant de finir, je prie le lecteur de ne pas oublier que l'ouvrage que j'offre au public n'est qu'un résumé, destiné à servir de *Manuel* à l'enseignement; s'il reçoit un accueil bienveillant, je me propose de publier, plus tard, un ouvrage plus étendu sur cette matière; objet de mes études depuis près de dix ans, je l'ai traitée comme *Privatdocent* à l'université de Gœttingue, et je suis heureux de l'enseigner de nouveau depuis trois ans à l'université libre de Bruxelles.

BRUXELLES, le 22 décembre 1837.

TABLE DES MATIÈRES

DU TOME PREMIER.

INTRODUCTION HISTORIQUE.

COUP D'ŒIL GÉNÉRAL SUR LE DÉVELOPPEMENT HISTORIQUE DU DROIT
NATUREL ET EXAMEN PLUS DÉTAILLÉ DES SYSTÈMES.

CHAPITRE PREMIER.

CHAPITRE II.

COUP D'ŒIL GÉNÉRAL SUR LE DÉVELOPPEMENT DE LA PHILOSOPHIE DU
DROIT DEPUIS L'ÉPOQUE DE LA RESTAURATION DES SCIENCES ET
DES ARTS.

CHAPITRE III.

EXAMEN DES DOCTRINES LES PLUS IMPORTANTES DE LA PHILOSOPHIE DU DROIT QUI EXERCENT ENCORE UNE INFLUENCE PLUS OU MOINS GRANDE A NOTRE ÉPOQUE.

CHAPITRE IV.

PARTIE GÉNÉRALE

DE LA

PHILOSOPHIE DU DROIT.

BASES PHILOSOPHIQUES ET DÉVELOPPEMENT DU PRINCIPE DU DROIT.

CHAPITRE PREMIER.

DES BASES PHILOSOPHIQUES DU DROIT.

[1] Le § 10 n'est pas indiqué, par erreur, p. 61, et doit commencer par les mots: Les principes de l'école historique, etc.

CHAPITRE II.

DÉDUCTION ET DÉTERMINATION DU PRINCIPE DU DROIT.

CHAPITRE III.

DÉVELOPPEMENT DE TOUS LES ÉLÉMENTS PARTICULIERS CONSTITUANT LE RAPPORT DE DROIT.

CHAPITRE IV.

DE LA DIVERSITÉ DES DROITS PAR RAPPORT A LA NAISSANCE ET A LA FIN DES DROITS.

CHAPITRE V.

CHAPITRE VI.

DU DROIT OU DES MOYENS JURIDIQUES POUR MAINTENIR ET POUR
RÉTABLIR L'ÉTAT DE DROIT.

CHAPITRE VII.

DES RAPPORTS DU DROIT AVEC LA VIE ET LES DIVERS DEGRÉS DE
CULTURE DE L'HOMME ET DE LA SOCIÉTÉ.

CHAPITRE VIII.

APPENDICE

COMPLÉTANT

L'HISTOIRE DE LA PHILOSOPHIE DU DROIT.

PRINCIPES

DE LA

PHILOSOPHIE DU DROIT

OU DU

DROIT NATUREL.

RÉFLEXIONS PRÉLIMINAIRES.

NOTIONS ET RAPPORTS DE LA PHILOSOPHIE DU DROIT.

---

§ 1.

NOTION.

La philosophie du droit, ou le droit naturel, est la science qui expose les premiers principes du droit conçus par la raison et fondés dans la nature de l'homme, considérée en elle-même et dans ses rapports avec l'ordre universel des choses.

Cette science prend sa source dans la croyance commune de l'humanité, qu'il existe des principes de justice indépendants des lois et des institutions positives, propres à servir de base aux jugements qui sont portés sur elles, et aux réformes dont elles sont susceptibles; c'est cette croyance, intimement liée aux convictions générales que les hommes se forment sur l'ordre moral du monde et sur la cause suprême,

qui a été le levier le plus puissant de tous les progrès sociaux,
le point lumineux, qui, dans le passé, éclaire la marche de
l'humanité et fait, pour l'avenir, entrevoir un ordre social plus
conforme aux principes de vérité, de bien et de justice.

La philosophie du droit est une branche de la philosophie
en général. De même que celle-ci est née du besoin de l'esprit humain de se rendre compte de la cause et du but de
toute existence, de rechercher dans les phénomènes changeants
les lois permanentes, dans la variété des faits l'unité des
principes et de comprendre la cause dernière de l'existence
et des rapports intimes entre les divers ordres du monde
dans l'Être suprême, de même la philosophie du droit prend
naissance, à une époque plus avancée du développement social,
quand les imperfections des lois et des institutions sont plus
vivement senties et que l'esprit, avec une conscience plus
claire de sa force, cherche un principe supérieur du droit, non
seulement pour juger d'après une règle certaine les institutions établies, mais aussi pour en opérer la réforme.

Depuis la philosophie grecque qui, en s'élevant graduelle-
ment de l'observation du monde physique jusqu'aux principes
de l'ordre spirituel et moral, parvint, dans les systèmes de
Platon et d'Aristote, à concevoir les idées de la justice et de
l'État en rapport avec la nature et la destination de l'homme;
et surtout depuis le christianisme, qui posa la base de la
vraie liberté de l'homme, il y a eu, particulièrement dans les
trois derniers siècles, un mouvement progressif qui a mis en
relief, l'une après l'autre, toutes les faces principales, sous
lesquelles le principe du droit peut être conçu et appliqué
dans la vie sociale. L'erreur dans tous les systèmes n'a eu
sa source que dans la prétention de faire valoir comme vérité
complète les idées plus ou moins partielles, qu'on s'était
formées du principe du droit. Mais aujourd'hui la philosophie du droit offre à résoudre un problème analogue à celui
que présente la philosophie en général. En effet, de même
que la philosophie de notre temps a la mission d'établir, par

une méthode sévère, un principe suprême qui puisse réunir dans un ordre systématique, comme dans un savant organisme, les vérités partielles qui sont contenues dans d'autres systèmes, et qui marquent autant de phases particulières de développement: de même il est nécessaire d'instituer pour la vie sociale un principe supérieur qui embrasse, comme éléments constitutifs d'une doctrine harmonique, les diverses théories établies sur le droit, toutes partiellement vraies et généralement conformes à l'esprit de l'époque où elles sont nées. C'est cette doctrine que nous chercherons à fixer par une étude approfondie de la nature de l'homme, en employant une méthode basée, non sur des hypothèses, mais sur des faits et sur des principes faciles à constater par toute conscience humaine.

Comme la *philosophie du droit* n'est qu'une branche de la science une et universelle du droit, laquelle embrasse aussi l'*histoire du droit*, le *droit positif* et la *politique*, il faut d'abord établir les rapports qui existent entre la philosophie et les autres parties du droit.

§ 2.

RAPPORTS DE LA PHILOSOPHIE DU DROIT AVEC L'HISTOIRE DU DROIT ET LA POLITIQUE.

Dans toutes les doctrines qui se rapportent au développement individuel et social de l'homme, on peut distinguer trois parties qui forment autant de branches distinctes de la science humaine. L'une d'elles expose les principes selon lesquels la vie doit être réglée et organisée pour atteindre le but qui lui est assignée. Une autre trace le tableau des degrés de culture par lesquels la société humaine a passé dans ses diverses manifestations, et fait connaître par une statistique détaillée de tous les faits importants l'état actuel auquel la vie est arrivée dans son cours progressif. La troisième partie est l'intermédiaire entre les deux autres et les combine; en s'appuyant, d'un côté, sur les principes généraux, qui font connaître la destinée de l'homme, et de l'autre, en étudiant dans le passé et dans le présent l'état de la culture sociale, elle indique les améliorations qui peuvent être réalisées, réclamées, qu'elles sont par la naissance de nouveaux besoins et par les idées plus justes répandues sur le but de la vie ou sur une institution particulière. Cette partie expose donc les réformes qu'il faut opérer successivement et les moyens d'exécution que fournit l'état actuel de la société.

Il existe ainsi trois sciences principales qui se rapportent à la vie de l'homme. La science qui, en recherchant la raison de toutes choses, détermine aussi le but de la vie humaine et développe les principes qui doivent présider à notre conduite et à l'organisation sociale, est la *Philosophie:* c'est, relativement à l'homme, la science de sa destination. La science qui trace le tableau du développement passé et de l'état actuel de la société humaine, en faisant ressortir la richesse des faits, les idées génératrices, les forces vives et les causes qui ont provoqué les événements, est l'*Histoire*, qui fait aussi comprendre l'humanité et chaque peuple dans son unité et sa vivante totalité. L'état *présent*, qui est toujours, selon l'expression de Leibnitz, «plein du passé et gros de l'avenir,» est constamment en changement et fait partie de l'histoire; il peut cependant être compris et déterminé en lui-même tant sous le rapport des principes que sous celui des faits sociaux: de là résultent les sciences *positives* et particulièrement la Statistique[1], comme science descriptive d'un état déterminé ou actuel de la société. La troisième science, enfin,

---

[1] La statistique est une science. Cependant son domaine est encore si peu déterminé, et les définitions données à cet ordre de connaissances sont si diverses, qu'on lui a contesté ce titre. Schlœzer, le principal promoteur, sinon le créateur de cette doctrine, qui était pour lui une application de sa célèbre maxime, que «la publicité est le pouls de la liberté,» avait dit, par terme de comparaison, que l'histoire est une *statistique courante*, et la statistique, *l'histoire arrêtée d'une époque*, que l'histoire est le tout, la statistique la partie. Depuis ce publiciste, les uns ont voulu borner la statistique au domaine de l'État et des institutions politiques, d'autres au contraire l'ont étendue à toutes les sphères de l'activité sociale, d'autres enfin l'ont voulu borner à des

réunit la philosophie et l'histoire, juge la vie passée et l'état présent des différents peuples, d'après les idées générales exposées par la philosophie sur le but de la société, et indique, par la comparaison de l'état actuel de la culture avec son état idéal, les réformes qui peuvent et doivent être opérées dans l'avenir le plus prochain, selon la continuité du développement et d'après les moyens fournis par la situation présente. Cette science, la *Philosophie de l'histoire*, vient seulement de naître, et ne doit pas être confondue, comme on le fait souvent, avec un raisonnement vague et arbitraire sur l'histoire, qui ne serait pas fondé dans la science de la destination de l'homme. Le seul fait de l'idée de cette science se faisant jour dans le monde, est un témoignage évident du besoin que l'humanité éprouve actuellement d'arriver à la conscience d'elle-même, de connaître le chemin qu'elle a parcouru dans le passé, les forces qu'elle a acquises dans le présent et les moyens dont elle peut disposer pour l'accomplissement de sa destinée ultérieure.

D'après cette division, applicable à toute science relative à la vie humaine, la science générale du droit se divise aussi en trois branches principales, dont chacune forme une science distincte. D'abord la *Philosophie du droit*, partie intégrante de la philosophie en général, expose les principes fondamentaux du droit, tels qu'ils résultent de la nature de l'homme, comme être raisonnable, et détermine la manière dont les rapports entre les hommes doivent être établis pour être conformes à l'idée de la justice. Elle crée ainsi, non pas un état chimérique, mais un état idéal, dont la vie sociale doit

---

faits qui peuvent être déterminés par des *nombres*. Mais la statistique est la *science de tous les faits importants destinés à faire connaître l'état de culture de la société à une époque déterminée*, et, avant tout, à l'époque actuelle. Cependant, pour être formulée en science, basée sur des principes, elle doit prendre pour guide le but de l'État et de la société, qui permet de coordonner et d'apprécier tous les faits sociaux. Sans cette base philosophique, la statistique ne serait qu'une nomenclature stérile de faits, dont on ne saurait juger ni la valeur ni les conséquences.

s'approcher de plus en plus. D'un autre côté, l'*Histoire du droit*, partie intégrante de l'histoire en général, fait connaître les changements que les lois et les institutions d'un peuple ont subis aux diverses époques de sa civilisation. L'état présent, autant qu'il est compris dans les principes de droit actuellement en vigueur, est déterminé par le droit positif privé et public, tandis que la statistique civile et politique, qui est une partie de la statistique générale, fait connaître l'ensemble des faits, propres à caractériser l'état du droit privé et politique; le droit positif est compris dans l'histoire, parce qu'il change continuellement avec la culture des peuples. Enfin, la science intermédiaire entre la philosophie et l'histoire du droit, et relevant de toutes deux, est la *science politique:* elle demande, d'un côté, à la philosophie du droit la connaissance du but de la société et des principes généraux de son organisation civile, et consulte, de l'autre, dans l'histoire, le droit positif, et dans la statistique, les précédents d'un peuple, le caractère et les mœurs qu'il a manifestés dans ses institutions, l'état actuel de sa culture et ses rapports extérieurs avec d'autres nations. C'est d'après ces données que la science politique expose les réformes auxquelles le peuple est préparé par son développement antérieur, et qu'il peut actuellement réaliser[1]. La politique est donc la science qui, sur des bases historiques et dans la mesure des forces existantes, expose l'ensemble des conditions et des moyens propres à assurer le progrès continu et à réaliser les réformes les plus prochaines de l'état social.

[1] La science politique s'applique au droit privé, aussi bien qu'au droit public; et la philosophie du droit doit être complétée par une exposition de la politique du droit, pour conduire à des résultats pratiques. Nous avons fait suivre, dans ce cours, pour quelques matières importantes, l'exposition philosophique, de considérations politiques, en faisant voir, par là, comment sous ce double point de vue toutes les matières principales du droit doivent être traitées.

INTRODUCTION HISTORIQUE.[1]

COUP D'ŒIL GÉNÉRAL SUR LE DÉVELOPPEMENT HISTORIQUE DU DROIT NATUREL ET EXAMEN PLUS DÉTAILLÉ DES SYSTÈMES.

CHAPITRE I.

§ 3.

DU DÉVELOPPEMENT HISTORIQUE DE LA PHILOSOPHIE DU DROIT EN GÉNÉRAL.

L'homme, doué de la faculté de comprendre les principes, les lois et la cause suprême du monde et susceptible par là d'un perfectionnement indéfini, est destiné à la vie sociale, qui lui fait trouver la sécurité et l'assistance dont il a besoin pour son développement. Par sa naissance il devient membre de la première société, de la famille; les familles en se ramifiant, en s'unissant entre elles par le lien de la gentilité et en se fixant sur un sol commun, forment des communes, dont l'union ou la fédération constitue ensuite dans une cohésion plus ou moins forte un État plus étendu. L'état social est l'état primitif et naturel de l'homme. Il n'y a donc pas eu d'état d'isolement individuel, antérieur à la société,

[1] Dans les Cours universitaires sur la philosophie du droit, on peut commencer immédiatement par la recherche du principe du droit, et intercaler l'exposition historique entre la Partie générale et la Partie spéciale; mais ma propre expérience me porte à croire, qu'il vaut mieux éveiller l'intérêt des auditeurs par un court résumé historique des doctrines antérieures et des questions principales qui ont été soulevées.

comme quelques écrivains l'ont imaginé; même les peuples sauvages connaissent des liens sociaux plus ou moins durables, sont soumis à certaines institutions et autorités sociales. La famille, premier centre social, renferme déjà tous les éléments de l'activité humaine lesquelles se développent ensuite et se dégagent dans les domaines plus vastes de la sociabilité, prennent des directions diverses et se constituent en fonctions sociales particulières. La famille, le plus ancien foyer religieux avec l'autel dans son sanctuaire, la première école, et le plus ancien atelier, se constitue aussi comme première institution et autorité du droit. Aussitôt qu'il se forme une communauté humaine, le droit apparaît comme un principe nécessaire pour régler les rapports les plus essentiels entre ses membres. Il prend donc naissance dans la famille pour fixer les rapports réciproques des époux entre eux et avec les enfants, eu égard à l'obéissance, à l'autorité et aux fonctions qui incombent à chaque membre. Cette application du droit au sein de la famille s'étend ensuite successivement à tous les degrés ultérieurs de la sociabilité humaine.

Le droit qui prend son origine dans le même milieu social que les autres éléments de la culture humaine, reste encore longtemps intimement lié avec eux dans l'organisation plus vaste de la société, où la religion, les sciences, les beaux-arts et les arts utiles forment avec les institutions politiques un seul et même tout; les diverses parties de cet ensemble n'acquièrent que très-lentement l'existence distincte qui leur convient. Cependant il arrive toujours un moment où le droit se dégage plus nettement des autres éléments de culture. C'est à l'époque où l'esprit acquiert la conscience plus claire de sa puissance de volonté, qu'il commence à se servir du droit comme d'un instrument, pour donner à la vie sociale une direction plus réfléchie vers le but qu'il a choisi. Il arrive même que le droit, gagnant en force et en indépendance dans l'organisme social d'un peuple, tend à se constituer en quelque sorte comme le maître de toute la direction de la vie publique et à soumettre le mouvement dans les diverses branches de l'activité humaine à quelques principes abstraits, sans avoir égard au caractère et au but propre de chacune des sphères particulières. Cependant le vrai problème pour la science et l'application du droit est toujours de concevoir le droit dans le tout organique de la vie social comme une fonction tout à la fois distincte des autres fonctions sociales, et pourtant unie intimement à elles et recevant d'elles à son tour de salutaires influences.

C'est à l'époque d'une culture plus avancée, que l'esprit, déjà exercé dans d'autres domaines d'investigation, jette les premiers fondements de la *philosophie du droit*. Il cherche des principes pour corriger les institutions existantes reconnues comme vicieuses, et entreprend quelquefois dans un premier élan de réformer la société tout entière. C'est ainsi que, dans l'antiquité, Pythagore établit d'après ses principes philosophiques une association à la fois religieuse et politique comme un modèle pour améliorer la vie politique dégénérée des villes de la grande Grèce, et que Platon traça le plan d'un État idéal, pour arrêter la décadence de l'esprit et des institutions démocratiques qui s'opérait rapidement après la mort de Périclès. C'est ainsi encore que, au sortir du moyen-âge, après la rupture des liens religieux, la philosophie du droit fut cultivée avec un nouveau zèle comme la science la plus propre à établir les principes nécessaires à l'édification d'un nouvel ordre politique et social.

Mais de même que le droit lui-même n'est qu'une face et une fonction particulière de la vie publique, qui imprime le cachet de son esprit à toute l'activité et à toutes les institutions d'un peuple, de même la philosophie du droit, bien qu'elle tende au-delà des données actuelles vers un avenir meilleur, se développe toujours sous l'influence du génie d'une nation et de l'esprit général d'une époque. Ce qu'il importe donc avant tout de scruter dans l'histoire réelle et philosophique du droit, c'est l'esprit, le caractère, les idées qu'un peuple, unité à la fois physique, spirituelle et morale, réalise dans ses institutions de droit.

Toutefois chaque peuple n'est lui-même qu'un membre de l'humanité. Le genre humain constitue une unité supérieure par l'identité du type fondamental de l'organisation physique et par la raison commune. L'humanité se développe d'après des lois communes, qui sont modifiées, il est vrai, par le génie de chaque nation, mais dans lesquelles révèlent l'esprit et le caractère des époques principales de l'histoire.

Pour bien comprendre l'époque moderne dans ses dispositions et ses tendances telles qu'elles se formulent aussi dans les théories juridiques, il importerait de la considérer dans sa liaison avec les grandes époques précédentes, et avec les lois qui les dominaient; mais nous devons nous borner ici à exposer le caractère, du reste très-saillant, de l'époque moderne et son influence sur les systèmes philosophiques du droit et de l'État.

CHAPITRE II.

COUP D'ŒIL GÉNÉRAL SUR LE DÉVELOPPEMENT DE LA PHILOSOPHIE DU DROIT DEPUIS L'ÉPOQUE DE LA RESTAURATION DES SCIENCES ET DES ARTS.

---

§ 4.

CARACTÈRE GÉNÉRAL DE L'ÉPOQUE MODERNE.

L'époque moderne qui s'ouvre dans une direction importante par le renouvellement de l'étude de l'antiquité, doit être comprise, avant tout, comme une synthèse particulière de

l'esprit chrétien et de l'esprit antique. Dans cette époque l'esprit
du christianisme tend de plus en plus à sortir du cercle des
dogmes qui n'ont pu le fixer et du corps de l'Église qui l'a
enchaîné; en devenant plus général, plus humain, il s'unit
librement à toutes les tendances bonnes et justes qui se sont
manifestées dans les temps antérieurs, et pénètre de ses
grands principes de charité, d'égalité et de liberté toute l'atmosphère de cette époque de rénovation.   Ceux-mêmes qui
font une opposition aveugle au christianisme, en croyant servir la cause du progrès, doivent à l'influence de son esprit,
ce qu'il y a eu de bon dans leurs efforts. Mais c'est l'union
intime de la philosophie avec l'esprit chrétien qui devient la
source la plus féconde en œuvres salutaires pour le progrès
social.   Si dans le moyen-âge la philosophie fut appelée au
secours de la religion pour donner au dogme une forme scientifique, elle devient dans l'époque moderne l'instrument destiné
à briser les formes vieillies, à affranchir l'esprit, et à faire
pénétrer les grands principes de liberté, établis d'abord dans
le domaine religieux, dans l'ordre civil et politique. L'esprit
de l'antiquité vient à son tour s'unir à ces deux éléments
et les diriger spécialement vers la vie pratique. Dans l'antiquité, l'État, comme ordre civil et politique, avait embrassé
l'homme sous toutes ses faces, dans toutes les sphères de
son activité. Aristote avait exprimé la conception antique
en définissant l'homme « un être politique »; mais l'ordre politique, en se détachant de plus en plus des grands principes de l'ordre moral, en favorisant tous les instincts
égoïstes, avait amené la dissolution de la société. Le christianisme renversa cette unité sociale du monde antique.   En
saisissant l'homme sous sa double face, en établissant une
distinction fondamentale entre sa nature spirituelle, éternelle,
éminemment divine, ayant sa destinée au-delà de cette vie,
et sa nature physique, temporelle, avec ses besoins à satisfaire dans l'ordre civil, il fut poussé par la force de ses principes à constituer pour la vie religieuse une organisation

distincte de plus en plus concentrée dans l'Église. Le dua-
lismé dans la conception de l'homme devait conduire à un
dualisme social; le cercle social ayant son point central dans
l'État, se transforma en quelque sorte en une ellipse ayant
pour foyers intérieurs l'Église et l'État; et il s'opère un
nouveau mouvement social, qui dans deux époques différentes
s'approche plus fortement tantôt de l'un, tantôt de l'autre
de ces centres.   D'abord, dans le moyen-âge, c'est l'Église qui
prédomine et tend à acquérir la supériorité sur l'État, pour
diriger toute la vie sociale.   L'Église se prévaut d'une institution divine *immédiate* et ne veut accorder au pouvoir qu'un
caractère divin *médiat*, dérivé de la consécration ecclésiastique.
La lutte entre l'État et l'Église, si funeste pour celle-ci, parce
qu'elle oublie pour les intérêts mondains de domination et
de puissance hiérarchique les intérêts supérieurs de la vie
religieuse et morale, se termine par l'accroissement incessant
de la puissance de l'État qui, après la réformation religieuse,
aspire à son tour à dominer toute la vie et à se constituer
comme le pivot de l'ordre social; et le mouvement des peuples
revêt, même dans les États catholiques, qui ne peuvent se
soustraire à cette tendance commune, un caractère éminemment politique.

Mais les grandes phases de développement politique ne
sont d'ordinaire que le résultat d'un changement fondamental dans toute la conception de la vie humaine.   Il y a
toujours un seul et même esprit, qui s'exprime d'abord par
de nouveaux principes et pénètre bientôt dans tous les
domaines de l'activité humaine.   De même que le christianisme
avait introduit un changement complet dans tous les rapports
sociaux, dans la position et la direction des éléments constitutifs de la nature humaine, de même un changement
radical s'accomplit à cette époque peu à peu dans toute la
manière de concevoir les rapports de l'homme avec Dieu,
avec la Nature, avec ses semblables.   Le centre de gravitation
se déplace dans l'ordre spirituel et physique.   Si dans le

moyen-âge les questions de bien et de salut éternel prédominent, dans l'époque moderne la recherche des biens de la terre et des conditions d'une bonne constitution de l'ordre politique donne à toute l'activité humaine une impulsion nouvelle.

Dans l'ordre physique la terre cesse d'être le centre et devient membre d'un système planétaire dont le soleil est le centre. Cette conception, en amoindrissant l'importance de la terre, devait entraîner une vue plus vaste sur toute la création, sur l'humanité, sur tous nos rapports avec l'univers. Ce mouvement de la terre une fois compris, tout sur la terre semble être saisi d'un mouvement merveilleux. De nouvelles routes sont frayées dans l'ordre physique et intellectuel; un autre continent est découvert; des voies nouvelles de recherche sont ouvertes pour la science de la Nature et de l'esprit. La méthode d'analyse et d'expérience, extérieure pour l'ordre physique, intérieure pour l'esprit, suivies par les Galilée, les Descartes et d'autres, fait pénétrer plus profondément dans la nature propre des choses.

Mais ce qui constitue le caractère fondamental de toute l'activité de l'esprit dans l'époque moderne, c'est la tendance marquée de remonter aux *sources* primitives de toute vérité et de toutes les institutions sociales. Le moyen-âge est le règne de l'autorité, des formes et des liens extérieurs qui, en gênant partout le libre mouvement, s'interposent entre la personnalité individuelle et les sources premières de toutes choses dans l'ordre intellectuel et social. Dans la religion, l'autorité de l'Église se place entre la foi individuelle et la révélation divine; les recherches philosophiques sont enchaînées par les dogmes; la Nature n'est pas étudiée en elle-même dans la matière qui s'offre à l'observation, mais dans les livres d'Aristote; et dans l'ordre politique, correspondant par la féodalité à la hiérarchie ecclésiastique, une multitude de liens intermédiaires attachent le dernier sujet à l'autorité suprême, l'empereur ou le roi. Or, c'est un rapport *immédiat*

que l'esprit moderne cherche maintenant à établir entre lui
et les principes de tous les ordres de la vie. La réforme
religieuse veut puiser la doctrine chrétienne dans les livres
saints, elle consacre le droit de libre examen pour la raison
individuelle et affranchit de croyant de la hiérarchie ecclésiastique, en constituant sur la base de l'égalité la communauté religieuse dont le prêtre n'est que le mandataire; la
philosophie, dégagée des dogmes, ouvre de nouvelles sources
de vérité et de certitude; elle prend son point de départ
dans l'étude immédiate de l'esprit et de la nature, et tend
à s'élever au premier principe des choses, à Dieu, par la
raison, lumière divine qui éclaire également tous les hommes.
C'est encore le même esprit qui, rencontrant plus d'obstacles
dans le monde réel de la société, arrive plus tard principalement par la révolution française au même résultat, abolit
tous les liens intermédiaires et établit le rapport immédiat
de chaque citoyen avec l'État et avec ses pouvoirs, et rend
tous les citoyens égaux devant le droit, comme la réforme
les avait rendus égaux devant Dieu et dans l'Église.

Le mouvement politique qui devient prédominant dans cette
époque tend dès lors à reconstituer l'unité sociale, brisée
dans l'ordre religieux par la réforme; il s'agit d'organiser
l'État sur les bases d'un droit commun, mieux approprié à
la nature de l'homme. Toutefois l'État ne peut pas plus que
l'Église être le centre du mouvement social; mais cette vérité
ne se fait jour que vers la fin de cette époque, quand le grand
développement de l'activité humaine dans les sciences et les
arts, surtout dans le domaine de l'économie politique et sociale, fait de plus en plus comprendre, qu'il y a dans l'ordre
social autant de foyers spéciaux qu'il y a de causes et de
buts particuliers pour toute la culture humaine et sociale.
L'État peut bien être l'ordonnateur juridique et politique
de toutes les sphères de l'activité sociale, mais il faut que
ces sphères se développent dans une indépendance relative, d'après des lois, dont l'État ne doit pas méconnaître

la nature, qu'il doit au contraire considérer comme des principes régulateurs pour les rapports juridiques qu'il établit dans l'ordre civil et politique. L'ordre social apparaît alors dans son unité supérieure comprenant une variété d'ordres intérieurs correspondants aux buts principaux de la vie humaine, et l'État est compris comme un ordre spécial ayant la mission de maintenir les justes rapports pour la liberté, la sécurité et l'assistance réciproque. Alors on reconnaît aussi que la vie publique est réglée par des lois qui ont toutes leur origine dans la cause suprême, en Dieu, et que la raison doit en approfondir la nature, pour constituer librement, en pleine conscience, l'ordre humain de la société sur l'ordre des lois divines. Le problème qui est posé au commencement de l'époque moderne est maintenant résolu en principe. Tout ce qui est humain est conçu d'un côté dans son rapport immédiat avec la Divinité, avec les lois divines, qui tracent un sillon lumineux dans les époques principales du développement social, et d'un autre côté, sous sa face finie et conditionnelle, mais relativement indépendante et libre; tout l'organisme social se révèle à la fois comme un ordre divin avec les lois éternelles et nécessaires, et comme une œuvre incessante de la liberté humaine.

§ 5.

DE L'HISTOIRE DE LA PHILOSOPHIE DU DROIT, DANS LES TEMPS MODERNES EN GÉNÉRAL.

D'après les tendances du mouvement politique depuis la réformation, on comprend facilement qu'une nouvelle philosophie du droit et de l'État en devait être le principal levier intellectuel. Aussi tous les efforts sont-ils dirigés à scruter par cette science la source et les principes du droit naturel, appelé à devenir un nouveau lien social. Quant à la *source* du droit nouveau, on admet généralement qu'elle doit être recherchée dans la nature de l'homme, conçue en elle-même, dans son essence pure et immuable, en dehors des altérations qu'elle a subies par les institutions arbitraires et factices de la société; mais diverses opinions se forment bientôt sur la question de savoir de quelle manière la connaisance de la nature de l'homme peut être le mieux acquise. Quant au principe du droit lui-même, on incline d'abord à le concevoir dans sa nature *propre*, à le rendre indépendant, à le détacher même complétement des autres principes de l'ordre moral, de la religion et de la vertu; mais à mesure que cette tendance exclusive se précise davantage et se traduit dans la politique et dans les tentatives de réorganisation sociale, elle provoque une réaction dans des écoles qui insistent sur la nécessité de rétablir l'union intime du droit avec tous les principes de l'ordre religieux et moral et avec les lois du développement historique; de leur côté, et à plusieurs égards ces écoles font fausse route, en confondant de nouveau le droit avec l'un ou l'autre de ces principes; cependant elles ont le mérite d'appeler l'attention sur les rapports du droit avec tous les éléments importants de la vie sociale et de préparer une doctrine supérieure qui, partant de la conception du monde moral comme tout organique, comprend aussi le droit comme un principe particulier de la vie, soutenant des rapports harmoniques avec tous les autres principes de l'ordre moral.

Le développement de la philosophie du droit prend dans cette époque des voies diverses par la lutte souvent acharnée des systèmes, et n'arrive qu'à la fin à combiner les vérités partielles et exclusives dans une doctrine complète et harmonique.

Dans cette époque de tendances diverses il faut tout d'abord signaler deux doctrines extrêmes qui renouvellent sous une face importante l'esprit antique, grec et romain; ces doctrines se trouvent en partie en dehors du mouvement de la philosophie du droit proprement dite; mais elles sont arrivées de nos jours, où s'agitent tant d'extrêmes, à exercer une in-

fluence menaçante pour tout l'ordre du droit: ce sont deux
doctrines nées presque en même temps, dont l'une, s'inspirant
de l'idéalisme de Platon, veut construire une société toute
idéale, sans avoir égard aux conditions du temps et de l'espace, et engendre les diverses théories *socialistes* depuis
l'Utopie de Thomas *Morus* (1480—1535) jusqu'aux temps modernes, et dont l'autre, formulée par *Macchiavelli* (1469—1527)
principalement dans son livre *Il principe* 1532, renouvelle
l'esprit romain de domination et de force, en détachant complétement de la morale le droit et la politique, en faisant
de la domination et de la grandeur d'un État le principe et
le but de tout droit, et en justifiant tous les moyens, même
les plus pervers et les plus atroces, quand ils sont nécessaires
pour arriver à ce résultat. Le jésuitisme qui en Espagne s'établit
vers 1534 dans le domaine religieux, se formula ainsi en Italie
pour la politique et devint partout l'entrave la plus sérieuse
au développement régulier de la réforme religieuse et politique, qui prend son origine principalement dans les pays
germaniques.

Dans l'histoire de la philosophie du droit proprement dite,
la cause principale de la diversité des écoles réside dans la
manière différente dont elles conçoivent la nature de l'homme
et en entreprennent l'étude. En effet, si tout l'ordre social n'est
qu'une manifestation des besoins et des tendances de la nature
humaine, si rien n'existe dans la société qui n'ait été auparavant une croyance, un sentiment, ou un désir de l'esprit,
on comprend aisément que tous les systèmes de droit naturel
prennent leur point de départ dans une conception de cette
nature, et que plus la théorie qu'ils adoptent est juste et
complète, plus la doctrine du droit et de l'État sera conforme à la raison. On peut donc distinguer dans l'histoire de
la philosophie du droit les *époques* suivantes déterminées
principalement par les points de vue différents dans l'étude
et dans la conception de la nature humaine.

D'abord il y a une époque de *transition*, formée par les

écrivains appelés les *précurseurs* de Hugo Grotius qui, tout
en traitant le droit naturel comme une science spéciale, ne
l'ont pas encore suffisamment dégagé de la théologie, et admettent généralement un double état naturel de l'homme,
avant la chute dans le paradis, et ensuite dans un état postérieur, avec les institutions de propriété et les inégalités que
la chute avait rendues nécessaires.

La *première* époque principale s'ouvre par *Hugo Grotius*
(1583—1645), le véritable restaurateur du droit naturel, et
se continue par les doctrines de Thomas *Hobbes* (1588—1679)
et de Samuel *Pufendorf* (1631—1694). Ces écrivains sont
d'accord sur deux points. D'abord ils conçoivent le droit
comme un *principe* propre *indépendant* de toute doctrine
théologique ou religieuse. C'est Grotius lui-même, esprit profondément religieux, qui formule cette vue dans une expression énergique, en déclarant qu'il y aurait un droit naturel, fondé dans la nature de l'homme, quand même on ad-
mettrait, ce qu'on ne peut accepter, qu'il n'y a point de
Dieu ou qu'il ne s'occupe pas des affaires humaines (*etsi
daremus, quod sine summo scelere dari nequit, Deum non
esse aut non curari ab eo negotia humana*). Ensuite tous
ces écrivains partent également de l'hypothèse d'un *état de
nature*, antérieur à l'ordre social qu'ils font naître d'une convention ou d'un *contrat*, source de toutes les institutions
civiles et politiques. Cette hypothèse est en elle-même une
pure fiction, puisque les hommes naissent déjà d'une première
société conjugale et vivent toujours, même à l'état sauvage,
dans certains rapports sociaux. Elle a une double origine.
D'un côté, les écrivains de cette époque ne peuvent pas encore
s'appuyer sur une doctrine de la nature de l'homme et de
ses rapports pratiques, car l'anthropologie et la morale n'é-
taient pas suffisamment cultivées: en conséquence ils pro-
jetaient l'état naturel de l'homme en quelque sorte dans le
temps et dans l'espace, et en faisaient un état historique
primitif; d'un autre côté, cette fiction était l'expression du

vif sentiment qu'on avait acquis de l'imperfection de l'état donné de la société et des institutions transmises par le moyen-âge, lesquelles entravaient partout le libre mouvement: à l'état social traditionnel plus ou moins corrompu on opposait donc l'état naturel comme un modèle, d'après lequel les institutions existantes devaient être jugées, justifiées ou réformées. Cet état de nature est ensuite dépeint par chaque écrivain d'une manière différente, selon les opinions qu'il s'était formées sur la nature humaine: l'homme est tantôt conçu comme un être essentiellement sociable (Grotius) dont les besoins de sociabilité doivent trouver une juste satisfaction dans l'ordre subséquent de la société, tantôt comme un être égoïste (Hobbes), naturellement en guerre avec ses semblables, de telle sorte que l'état social formé après cet état naturel, guerre de tous contre tous *(bellum omnium contra omnes)*, ne puisse être maintenu que par la constitution d'un pouvoir politique absolu. Mais ce qui caractérise d'une manière éminente cette nouvelle doctrine d'un état de nature, c'est que l'ordre social est conçu comme un produit de la *volonté* de l'homme, d'une convention, d'un *contrat*, c'est que la force créatrice de l'homme est élevée au-dessus de toutes les autres puissances morales, au-dessus des mœurs, des conditions historiques, de la volonté de Dieu même, qui se sont manifestés dans l'œuvre traditionnelle de la société. L'homme veut former l'ordre social à son image, tel qu'il le comprend en scrutant sa propre nature. C'est cette vue nouvelle, érigeant en principe la souveraineté de la volonté de l'homme, qui caractérise principalement tout le mouvement politique de l'époque moderne.

Une doctrine si opposée à l'ancienne manière de voir ne pouvait du reste s'établir sans contestation; la lutte, en effet, fut engagée par des écrivains qui comme Selden († 1654), Alberti († 1697), les deux Cocceji, Henri († 1719) et Samuel († 1756) voulaient rétablir le droit naturel, non sur la volonté de l'homme, mais sur la volonté révélée de Dieu.

Une *seconde* époque s'ouvre dans deux directions opposées, d'un côté par la doctrine de *Thomasius* (1655—1728) qui, après que Grotius eut détaché le droit de la religion, le sépare encore de la morale, en assignant aux obligations juridiques, comme caractère propre, la coërcibilité, contrairement aux obligations morales auxquelles une contrainte ôterait toute valeur; et d'un autre côté, par la doctrine de *Leibnitz* (1646—1716) qui, dans son vaste système d'harmonie universelle, entreprend de ramener le principe du droit au principe suprême, à Dieu, non à la volonté divine, mais à l'ordre éternel établi par Dieu dans le monde moral. C'est donc Leibnitz qui jette les premières bases d'une doctrine où le juste s'harmonise avec le bien, avec tout ce qui est divin et vraiment utile, où le droit est ramené à un but supérieur, au *perfectionnement* de l'homme et de la société *(Justum est quod societatem ratione utentium perficit);* cette doctrine cependant a le défaut de ne pas préciser dans les rapports harmoniques le caractère propre du droit. C'est Wolff (1697 —1795) qui développe cette doctrine plus systématiquement, tout en la vulgarisant et en l'abaissant un peu; ses ouvrages sur le droit naturel, propagés rapidement dans presque tous les états de l'Europe, secondèrent tous les efforts de perfectionnement tentés à cette époque dans l'ordre civil et politique. Toutefois cette doctrine en assignant au droit un but supérieur, le perfectionnement, ou comme Wolff disait de préférence, le bonheur, le bien-être, le salut commun, favorisait aussi les tendances de l'absolutisme, dit éclairé, de ce temps (Frédéric II, Joseph II), qui mettait volontiers le «salut public» au-dessus du droit et de la liberté des individus. De là le besoin de plus en plus vivement senti d'une doctrine de droit naturel, qui garantisse avant tout la *liberté*, source de tout progrès et premier fondement de tout bonheur.

La *troisième* époque s'ouvre par la doctrine de Kant (1724 —1804), qui érige la *liberté* personnelle en but propre et immédiat du droit; dès lors le droit n'a d'autre mission que de garantir l'exercice de la volonté libre. Mais cette théorie, conçue d'une manière tout abstraite, ne tenant aucun compte des biens et du but de l'homme ni des conditions du développement historique, provoque bientôt une *opposition* en directions diverses et également exclusives dans les écoles *spéculative*, *historique* et *théologique;* chacune de ces écoles fait reconnaître l'importance de l'une ou de l'autre des faces essentielles du droit négligées par Kant ou par ses prédécesseurs. Comme ces doctrines de Kant et de ses adversaires exercent encore une grande influence sur les hommes et les institutions de notre temps, elles devront être exposées plus en détail et ne seront ici que sommairement esquissées.

La doctrine de *Kant* peut être considérée comme l'expression la plus élevée et comme le dernier terme de ce grand mouvement qui dans l'époque moderne s'accomplit par la reconnaissance de plus en plus complète du principe de la personnalité subjective dans ses caractères constitutifs, la raison et la liberté. La liberté devient pour Kant le but propre du droit et à la raison incombe la mission d'en déterminer la loi, formulée comme «l'ensemble des conditions sous lesquelles, dans le monde sensible, la volonté de chacun peut exister avec la volonté de tous selon la loi générale de la liberté». La raison, pour établir cette loi, ne scrute pas les rapports réels et historiques des choses et des institutions, ni les principes qui s'y manifestent, mais s'interroge elle-même et établit seulement quelques maximes et formules subjectives. Le droit n'embrasse donc pas l'ordre réel objectif des choses et de leurs rapports, dont la connaissance préalable est cependant la condition nécessaire d'une bonne législation; il est revêtu d'un caractère subjectif, formel, abstrait, et ne tient aucun compte des rapports réels, où l'homme vit et se développe dans l'ordre social et dans l'histoire.

La doctrine de Kant, poussée à ses dernières conséquences par *Fichte* dans l'idéalisme subjectif, finit par ériger l'homme

par sa raison et sa liberté en législateur de l'ordre moral, le
substitue en quelque sorte à Dieu, et le place en dehors des
conditions du développement historique. La même tendance
s'était manifestée quelque temps auparavant en France d'une
manière encore plus énergique dans la théorie de Rousseau,
qui donna l'impulsion et la première direction à la révolution
française.

Or, c'est contre ces doctrines, mises en pratique par la
révolution française et menaçant partout les fondements de
l'ordre social établi, que s'élèvent presque en même temps
trois écoles, l'école historique, l'école théologique et un peu
plus tard l'école philosophique de Schelling et surtout de Hegel.

L'école *historique* a une origine distincte pour le droit
public et politique et pour le droit civil. *E. Burke* (1730
—1797), le célèbre et fougueux orateur du parlement anglais,
poursuit à outrance la révolution française dans ses phases
principales et établit, pour l'ordre politique, les principes
historiques qui allaient devenir le symbole du parti conser-
vateur en Europe: il fait valoir et présente sous toutes les faces
le principe fondamental, que l'ordre social n'est pas l'œuvre
arbitraire, conventionnelle, instantanée des hommes, mais le
produit de l'évolution lente, successive, historique des mœurs
d'un peuple, le résultat d'un concours de conditions indépendantes de la volonté des hommes. C'est la même vue qui
pour l'ordre du droit privé guida en Allemagne *Hugo*, quand
il énonça (1789) les premiers principes de l'école historique,
plus tard formulés par *Savigny* († 1861) d'une manière plus
systématique. D'après eux, le droit doit être compris non pas
comme un principe toujours identique pour tous les peuples
et pour toutes les époques de culture, mais comme un principe historique, qui change au gré des mœurs et des conditions de développement d'un peuple. La source du droit est
donc placée non plus dans la raison individuelle, mais dans
la conscience nationale, telle qu'elle se montre successivement dans l'histoire. Cependant bien que le droit fût ainsi

conçu, sous sa face vivante, comme un élément de développement, l'histoire, qui est elle-même le mouvement incessant de la vie, ne pouvait offrir ni un véritable principe du droit, ni un point fixe, un appui inébranlable contre les débordements de l'esprit de changement et de révolution. Pour établir au-dessus des volontés flottantes des individus et des masses un principe qui pût résister aux courants de l'histoire et aux égarements possibles des esprits, on devait s'élever à un principe immuable, éternel, absolu, à Dieu, soit par la foi positive, soit par la voie de la spéculation philosophique. La première voie fut suivie par l'école *théologique*, la seconde par les écoles *spéculatives* de Schelling, de Hegel et d'autres.

L'école *théologique*, fondée sur les bases du *catholicisme* par *J. de Maistre* (1753—1821), indique comme le point fixe de tout ordre social l'infaillibilité du Pape et donne par là l'origine au système papal et ultramontain moderne; elle est continuée en directions diverses par *Bonald*, *Lamennais* et d'autres; en Allemagne elle reçoit une notable transformation par les écrivains catholiques qui, comme A. Müller, Goerres, etc. cherchent à la combiner avec des vues philosophiques empruntées principalement au système de Schelling. Plus tard se présente également au sein du *protestantisme* la doctrine de *J. Stahl* († 1863), qui dirigeant une critique forte et incisive contre toutes les écoles précédentes, tend à établir, du point de vue *chrétien* en général et sur le principe de la personnalité divine, en opposition aux doctrines panthéistes, une doctrine philosophique du droit et de l'État, où la pensée, malgré son élévation, flotte constamment entre la spéculation philosophique et une interprétation arbitraire et exclusive du christianisme dans le sens de l'ordre et de l'autorité.

Une autre voie tendant à un principe supérieur à la volonté subjective, individuelle, est ouverte par le système philosophique de *Schelling* (1775—1854). Après avoir rétabli pour la science de la Nature la conception *organique*, en opposition aux ex-

plications mécaniques et physico-chimiques de son temps,
renouvelées de nos jours, Schelling s'appuyant sur l'analogie qui
existe entre le monde physique et le monde spirituel, transporte
la même conception dans tous les domaines de l'ordre moral et
comprend aussi l'État en général comme un organisme, dans
lequel les lois de liberté doivent être conciliées avec les lois
nécessaires qui s'y manifestent. Schelling lui-même n'a pas
donné de développement systématique aux doctrines du droit
et de l'État. C'est principalement *Hegel* (1770 — 1832)
qui se charge de ce soin. Il combine le système et la méthode
de l'idéalisme de Fichte avec le système de l'absolu de
Schelling dans la doctrine de l'idéalisme absolu; il se rapproche même de l'école historique en concevant Dieu comme
l'Idée absolue, dont le monde physique et le monde spirituel
ne sont que des évolutions successives, de sorte que l'État,
mode d'existence dans l'ordre moral, est également soumis
aux lois du développement, à l'évolution dialectique des idées de
la raison divine, qui forme la logique du monde et de l'histoire.
A l'instar de l'école historique, qui avait mis le droit et
l'État dans le courant de l'histoire, Hegel les soumit au mouvement des idées et des lois divines. On comprend aisément
que dans ce système la liberté humaine ne puisse être qu'une
apparence trompeuse, et que le principe de changement et
de transition continuelle dans le droit et les institutions
politiques doive aboutir à l'opinion qu'il n'y a point de principes éternels, immuables, que tout est relatif dans le droit
et dans l'État, qu'il n'y a d'absolu que l'idée du droit qui
engendre les formes et les brise, même par la guerre, quand
elles ne conviennent plus. Ce système qui se prêtait si facilement à la sophistique, dans lequel tout pouvait être aisément
justifié avec quelque appareil de dialectique, a fortement contribué à confondre les notions du bien et du mal, du juste et
de l'injuste, et à entourer tout succès d'une sainte auréole, parce
que la victoire paraît exécuter sur les formes sociales existantes le jugement d'une idée divine, appelée à devenir une

phase dans l'évolution logique de Dieu. Les blessures que ce système a faites à l'esprit moral en Allemagne sont loin d'être guéries; mais la science du moins en a reconnu depuis longtemps les graves erreurs. L'esprit s'est mis à la recherche d'une doctrine qui puisse concilier par un principe supérieur les vérités partielles développées d'une manière exclusive par les systèmes précédents.

Cette mission nous paraît avoir été accomplie de la manière la plus rigoureuse et la plus complète par le système de *Krause* (1781—1832). Partant d'une étude approfondie de la nature de l'homme et de ses rapports, Krause conçoit le droit comme un élément éternel de l'ordre moral du monde établi par Dieu; dans cet ordre le droit forme un principe distinct, mais intimément uni à la religion, à la morale, à la science et à l'art; et comme l'ordre moral se développe par la liberté dans l'histoire, le droit s'engrène avec toutes les phases de la culture d'un peuple. Ce système surtout met en harmonie les théories de Leibnitz et de Kant, en ce que le droit est compris d'un côté comme un principe formel, comme une règle pour l'exercice de la liberté, et qu'il est d'un autre côté mis en rapport avec le bien et avec tous les buts rationnels de l'homme, dont il assure l'accomplissement dans la vie sociale.

Après ce coup d'œil général sur le développement de la philosophie du droit dans les principaux systèmes, nous avons à examiner plus en détail les doctrines qui exercent encore à notre époque une influence plus ou moins grande sur les esprits et sur la vie politique. Ces doctrines sont:

1° La théorie encore très-vivace qui, avec ou sans la fiction d'un état de nature antérieur à la société, fonde tout l'ordre civil et politique sur la *volonté* humaine se formulant dans le *contrat* social. Cette théorie complétement opposée à celle qui ramène tout à la *volonté* absolue de Dieu, et aboutissant de son côté à l'absolutisme des masses, sous le nom de la souveraineté du peuple, est développée en France dans toutes ses conséquences pratiques par J.-J. Rousseau;

2° La doctrine plus systématique, de Kant, encore très-répandue en Allemagne parmi les jurisconsultes, laquelle, malgré son analogie avec la théorie de Rousseau, cherche au-dessus de la volonté arbitraire et flottante de l'individu et des masses un principe supérieur qui la règle et qui émane de la *raison*;

3° Les doctrines de l'école historique, théologique et spéculative, qui reconnaissent au-dessus de la volonté ou de la raison subjective la source du droit, soit dans l'histoire, soit dans la volonté de Dieu ou dans un ordre divin éternel;

4° La doctrine utilitaire de Bentham formée sous l'influence des doctrines philosophiques et du génie pratique de l'Angleterre.

CHAPITRE III.

EXAMEN PLUS DÉTAILLÉ DES DOCTRINES LES PLUS IMPORTANTES DE LA PHILOSOPHIE DU DROIT, DONT L'INFLUENCE EST ENCORE PLUS OU MOINS GRANDE A NOTRE ÉPOQUE.

§ 6.

I. LA THÉORIE DE L'ÉTAT DE NATURE ET DE LA CONVENTION OU DU CONTRAT SOCIAL.

La Théorie d'un *état de nature*, dont nous avons déjà signalé l'origine, était destinée à créer, en opposition aux constitutions oppressives et factices du moyen-âge, un ordre

social plus conforme à la nature humaine et à faire de l'homme
le but, le modèle et le créateur de toute l'organisation politique. La nature de l'homme devenant le point de départ
de toutes les théories de réforme sociale, on conçoit que
les opinions diverses, sensualistes et matérialistes, rationalistes
ou idéalistes, que les auteurs s'étaient formées sur cette
nature, devaient les conduire à des doctrines différentes sur
l'état politique et social. Ces conceptions diverses ont trouvé
chez les trois peuples, qui depuis la réformation sont devenus
les principaux représentants et les organes de l'esprit reno-
vateur moderne, l'expression la plus marquée et le développement le plus important.

Dans l'empire germanique, en Hollande, la doctrine nouvelle est fondée par *Hugo Grotius*, et tout d'abord elle reçoit
dans les pays et par les écrivains allemands la propagation
la plus étendue; mais elle se dégage plus tard de la fiction
d'un état de nature, et est transformée par Kant en une
doctrine de rationalisme subjectif, qui dans les systèmes suivants prend un caractère objectif et absolu.

En Angleterre les nouveaux principes de liberté, proclamés
par la réforme religieuse, allaient subir la première épreuve
d'application pratique dans la révolution de 1649; ces principes, poussés à l'excès par le parti radical et puritain, in-
spirèrent sur les droits naturels de l'homme et du peuple
des écrits et des débats parlementaires analogues à ceux de la
révolution française. C'est à cette époque que *Hobbes* (1588
—1679), effrayé des conséquences politiques de ces doctrines,
établit contre elles, sur les fondements d'une doctrine sensualiste et matérialiste de l'homme, cette théorie de l'absolutisme
qui est restée la démonstration rigoureuse de cette double
vérité, à savoir que toute théorie matérialiste qui ne voit dans
l'homme qu'un être sensible, mû par des passions égoïstes et
brutales, et que tout ordre social dans lequel se perdent les
croyances morales, aboutissent nécessairement à l'absolutisme,
seule force capable à mettre encore un certain frein au

débordement des passions. La France devait plus tard
confirmer cette démonstration. Mais en Angleterre où, après
l'avènement de Guillaume III en 1688 et par la reconnaissance des droits essentiels de la nation, la route d'un développement constitutionnel régulier fut ouverte pour tous les
partis, l'esprit pratique abandonna le domaine de la théorie,
accorda peu d'attention même à la doctrine politique modérée
de Locke (1632—1704), pour se porter aux recherches sur
le bien-être des individus et des nations dans la science de
l'*Économie politique*, qu'Adam Smith (1723—1790) constitua
sur les grands principes de la liberté du travail. Ce n'est
qu'à l'époque de la révolution française que les discussions
sur les principes politiques furent ranimées en dehors et au-
dedans du parlement, que Burke d'un côté jeta les bases de
l'école historique, et que d'un autre côté l'esprit anglais éminemment pratique se réfléchit principalement dans la doctrine
utilitaire de Bentham (1747—1832). De nos jours le radicalisme démocratique entre de plus en plus dans une dangereuse alliance avec le sensualisme.

En France, la doctrine d'un état de nature et du contrat
social est développée sous l'influence de conceptions sensualistes dans toutes les conséquences pratiques. L'esprit français avait pris, par le système de Descartes, une noble ini-
tiative pour la restauration de la philosophie dans une
direction spiritualiste; mais en repoussant la réforme religieuse, il n'avait pu acquérir la liberté dans le domaine le
plus élevé, celui de la religion. L'Église continuait à entraver
tout mouvement libre des esprits, et défendit même l'enseignement de la philosophie cartésienne; le despotisme uni
de l'Église et de l'État, s'exerçant dans tous les domaines
de l'ordre social, porta enfin les esprits à chercher le remède
et les moyens d'affranchissement dans une direction tout
opposée; ils firent alliance avec le sensualisme pour briser la
servitude maintenue dans les choses spirituelles et donner
un libre cours à tous les instincts sensibles. Les regards se

portèrent d'abord sur l'Angleterre, nation pour laquelle plusieurs esprits éminents (comme Montesquieu et Voltaire qui
y firent un voyage) avaient déjà conçu une certaine pré-
dilection. Des doctrines de déisme et de religion naturelle,
propagées à cette époque en Angleterre, furent transportées
en France; mais ce fut principalement la doctrine de Locke,
où le sensualisme était élevé à un système plus modéré de
réflexion qui, répandue en France par la traduction, y exerça
une grande influence, et inspira Rousseau dans ses ouvrages ·
sur l'éducation (*Émile* 1762), la religion naturelle (*Lettres
écrites de la Montagne,* 1763), et le *contrat social.* Cependant la doctrine de Locke fut bientôt transformée en sensualisme par Condillac et ensuite en matérialisme par le
«système de la nature», fin logique de ce mouvement exclusif qui ne tient compte ni de Dieu ni de l'ordre spirituel
du monde. Les nouvelles tendances et aspirations politiques
se concentrent principalement dans la doctrine de Rousseau.

Enfant de son époque et de la société corrompue dont les vices
ne l'ont pas laissé sans atteinte, *J.-J. Rousseau* (1712—1778)[1],
flottant entre diverses vues philosophiques et religieuses
souvent contradictoires, poursuit pourtant avec constance
dans toutes les directions pratiques un seul et même but,
celui de ramener l'homme et la société à l'ordre naturel, et
de faire de la volonté libre la force créatrice de l'ordre
social. La doctrine de Rousseau est le cri de douleur d'un
peuple asservi; c'est une protestation énergique contre un
despotisme décrépit, contre tous les priviléges qui sortent du
droit commun, contre l'ordre social qui, détaché de ses
racines naturelles dans le peuple, était tombé en pourriture,
contre toute une société dépravée qu'elle veut ramener aux
lois simples de la Nature. Dans la théorie de Rousseau le·
peuple oppose en quelque sorte au mot de Louis XIV:

---

[1] Voir sur Rosseau, sa vie et sa doctrine, une série d'articles de
M. St. Marc-Girardin dans la *Revue des deux mondes,* 1852—1855.

l'État c'est moi, la déclaration: *l'État c'est nous;* mais malheureusement ce n'est qu'un autre genre d'absolutisme, celui des masses opposé à l'absolutisme d'un seul. Le combat contre l'ordre social s'ouvre dans l'écrit couronné par l'Académie de Dijon (1753), *sur l'origine et les fondements de l'inégalité parmi les hommes.* Dans cet ouvrage, le fanatisme pour l'égalité absolue lui fait conseiller aux hommes de retourner à l'état sauvage, comme étant l'état de nature, perverti par la culture des sciences et des arts, seule cause de l'inégalité des conditions humaines. Dans le «*Contrat social*» 1762 il aborde ensuite le problème de l'organisation sociale[1]. D'après la théorie qui y est enseignée, les hommes naissent libres et, étant libres et égaux dans l'état de nature, la société n'a pu être constituée en droit que de leur libre consentement, et non par la force; car à la force on peut obéir par prudence, mais jamais par devoir. C'est donc la libre volonté de tous qui est considérée comme la source du droit, et le problème social se formule ainsi d'après Rousseau (liv. I, ch. VI): «Trouver une forme d'association qui défende et protège de toute la force commune la personne et les biens de chaque associé, et par laquelle chacun s'unissant à tous, n'obéisse pourtant qu'à lui-même et reste aussi libre qu'auparavant.»

Dans cette doctrine nous avons à signaler deux erreurs fondamentales qui ont été poussées dans la révolution française aux plus dangereuses conséquences.

La première erreur réside dans la conception de la volonté

[1] Dans cet écrit les opinions de Rousseau se sont bien modifiées en faveur de l'état social. «Quoique, dit-il (liv. I, ch. VIII), l'homme se prive dans cet état (l'état civil, opposé à l'état naturel) de plusieurs avantages qu'il tient de la Nature, il en gagne de si grands, ses facultés s'exercent et se développent, ses idées s'étendent, ses sentiments s'ennoblissent, son âme tout entière s'élève à tel point que, si les abus de cette nouvelle condition ne le dégradaient souvent au-dessous de celle dont il est sorti, il devrait bénir, sans cesse, l'instant heureux qui l'en arracha à jamais et qui d'un animal stupide et borné fit un être intelligent et un homme.»

commune, comme source du droit et de toutes les institutions politiques. La volonté est sans doute la faculté par laquelle l'esprit manifeste et met en action toute sa manière de voir et de sentir, ses vues sur le vrai, le bien et le juste, mais la volonté doit puiser précisément la règle, les motifs et les buts de son action dans les idées que la raison conçoit sur ce qui est vrai, bon et juste; sans ces règles la volonté n'est que l'arbitraire d'un individu ou d'un peuple; quand la simple volonté est érigée en premier principe, elle engendre nécessairement l'absolutisme d'un seul ou de la masse; car dans l'ordre spirituel la volonté n'est qu'une force d'action et ne peut être mise à la place d'un principe rationnel. De plus la volonté est impuissante à jamais former un lien social; elle est ce qu'il y a de plus personnel dans l'homme; elle manifeste la causalité du moi, tandis que les principes rationnels de la vérité, du bien, de la justice, qui n'appartiennent en propre à personne et sont les lois de l'ordre moral, forment un lien moral et social entre les hommes. Cette vérité n'a pas échappé à l'esprit pénétrant de Rousseau; il comprend bien qu'il faut un principe fixe et régulateur pour les volontés flottantes des individus, et il entrevoit aussi que ce principe ne peut résider que dans la nature humaine, qui ne permet pas qu'un homme se fasse esclave de son propre gré, ou qu'un peuple se donne dans le contrat social un maître par la promesse d'une soumission pure et simple. A cette occasion il établit même le principe juste et péremptoire que la volonté ne peut consentir à ce qui est contraire au *bien* de l'homme[1]. Mais ce principe qui, bien compris, aurait dû conduire à la science philosophique de la nature de l'homme, du bien de l'individu et de la société (l'éthique) comme base du droit et comme principe régula-

---

[1] *Contr. soc.* II, 1 et I, 4 il dit: «Renoncer à sa liberté, c'est renoncer à sa qualité d'homme, aux droits de l'humanité, même à ses devoirs.» Rousseau reconnaît donc des droits d'humanité et même des devoirs *au-dessus* du contrat.

teur de toutes les volontés et de tous les contrats, n'apparaît que comme une lueur fugitive dans l'esprit de Rousseau. Sans s'y arrêter, l'auteur revient à son principe de volonté et croit trouver par une distinction inadmissible une règle supérieure aux volontés individuelles. A cette fin il fait une distinction entre la volonté *générale* et la volonté *de tous,* en prétendant que l'une concerne l'intérêt commun, tandis que l'autre n'est qu'une somme de volontés particulières et ne regarde que l'intérêt privé; pour trouver cette volonté générale il propose une espèce d'équation mathématique en disant (*Contr. soc.* II, 3): «ôtez des volontés particulières les plus et les moins qui s'entre-détruisent, il reste pour somme des différences, la volonté générale.» «Mais,» ajoute-t-il (*ibid.* II, 3), probablement pour frayer la route de cette mystique volonté générale au droit des majorités et au suffrage universel, «pour qu'une volonté soit générale, il n'est pas toujours nécessaire qu'elle soit unanime; il importe seulement que d'un côté toutes les voix soient comptées, parce que toute exclusion formelle romprait la généralité et que, d'un autre côté, il n'y ait pas d'associations ou de sociétés partielles dans l'État, que chaque citoyen n'opine que d'après lui, et qu'il n'y ait ainsi que des individus en présence.» La théorie de Rousseau arrive de cette manière à établir la loi des majorités et à faire de l'individualisme le pivot de l'ordre social.

Cette seconde erreur, en ne faisant voir dans l'homme que l'individu, devait conduire à dissoudre la société dans ses derniers atomes, à briser tous les liens permanents formés par des intérêts communs au sein de la grande société politique, et à établir un ordre social dans lequel un pouvoir central devait se constituer de plus en plus fortement en présence de la masse incohérente des individus; ceux-ci n'ayant que des intérêts divergents et des rencontres fortuites et passagères, ne pouvaient trouver des liens durables que dans le pouvoir, et l'action du pouvoir devait augmenter à mesure que la force de cohésion entre les membres de la société devenait plus faible. Telle était la conséquence rigoureuse de la fiction de l'état de nature. Mais encore dans cette question Rousseau entrevoit la vérité, quand il dit: «La plus ancienne de toutes les sociétés et la seule naturelle est celle de la *famille;* elle est, si l'on veut, le premier modèle des sociétés politiques» (Contrat social I, 2). Cette juste vue aurait dû l'amener à concevoir l'État comme une association, non d'individus, mais de familles, fixées dans un même lieu, formant des communes, et aboutissant, par la fédération, à l'organisation plus complète de l'État. Mais cette conception n'était pas homogène avec l'ensemble du système et avec tout l'esprit de l'époque qui tendait à dissoudre la société dans ses derniers atomes, pour la reconstruire à neuf, au gré de la volonté, par la convention ou le contrat social. Le libre consentement de tous, est sans aucun doute un élément moral d'une haute importance, mais Rousseau en l'exagérant et en détachant la volonté de la raison et des lois éternelles du monde moral, a accrédité cette déplorable opinion qu'on peut improviser tout un ordre social nouveau par la simple volonté, et que toute vérité comme toute justice dépend d'un acte ou d'une déclaration souveraine. Quand plus tard Saint Just fit mettre la vertu «à l'ordre du jour» et que Robespierre fit décréter «l'existence de l'Être suprême,» ils ne tiraient que la dernière conséquence de la doctrine de Rousseau; le philosophe de Genève avait lui-même déjà voulu soumettre les mœurs et la religion au pouvoir public et faire décréter par l'État les dogmes d'une religion civile (liv. II, chap. VIII).

La théorie de Rousseau, par son individualisme atomistique, suite de la fiction de la vie d'isolement dans l'état de nature, est donc devenu le principal instrument dont on s'est servi, pour briser d'abord en France et ensuite dans presque tous les États européens les groupes naturels des peuples, les divisions provinciales et surtout les corps et les corporations devenus en effet de grandes entraves au libre mouvement des

individus. Mais cette théorie purement destructive n'a pu
rien édifier, et a été, là où elle a trouvé une application complète, comme aux États-Unis, la cause d'une instabilité dangereuse pour toutes les fonctions de l'État, même pour les
fonctions judiciaires. De plus, cette théorie servira toujours
d'instrument pour renverser tous les fondements objectifs de
l'ordre social, en constituant la masse du peuple et quelque
fois même chaque individu comme souverain[1], en ôtant toute
indépendance et toute dignité au gouvernement, qui devient
un simple mandataire contre lequel on n'a pas même besoin
d'invoquer le droit à l'insurrection, puisqu'on le met simplement hors de service. Enfin, la théorie de la volonté dite
générale, qui n'est en réalité que la somme des volontés individuelles consultées par le suffrage universel, conduira toujours au despotisme des majorités, et celui-ci, dans les pays
où les masses sont peu éclairées par défaut d'une longue
éducation publique, se transformera facilement en despotisme
d'un seul, grâce au suffrage universel. C'est ainsi qu'on obscurcit et qu'on détruit dans l'intelligence du peuple cette
vérité, qu'il y a des principes de bien, de moralité et de justice
supérieures à la volonté de chacun et aux décrets des majorités.[2] De même que la volonté n'est qu'un instrument in-

[1] Cette erreur fut encore commise en 1848, même par une intelligence
élevée, par Lamartine, quand il disait dans la proclamation aux électeurs, rédigée par lui: «Tout Français en âge viril est citoyen politique,
tout citoyen est électeur, tout électeur est souverain. Le droit est égal
et absolu pour tous. Il n'y a pas un citoyen qui puisse dire à l'autre:
Tu es plus souverain que moi» (Lamartine, *Histoire de la révol. de
1848*, II, p. 149.

[2] Le caractère despotique de la théorie des majorités est de mieux
en mieux compris, même aux États-Unis, où la masse du peuple est
plus instruite que dans aucun pays de l'Europe. Cette théorie a été
bien caractérisée par *Fenimore Cooper*, dans une lettre du 16 décembre
1848, adressée au rédacteur d'un journal et publiée dans le *New-York
Literary World* du 8 novembre 1851. En commentant le proverbe,
Vox populi, vox Dei, Cooper s'exprimait ainsi:
«Notre pays offre un exemple frappant de la fausseté de cet axiome.
Peut-être l'adage a-t-il aussi son bon côté; car nous courons risque que
le peuple ne respecte plus rien que lui-même. La majorité gouverne
souvent d'une manière aussi absolue qu'un monarque absolu, et ce n'est
qu'une surveillance continue qui peut maintenir Sa Majesté dans des

tellectuel dont la valeur se mesure d'après le bien qu'il opère,
de même le contrat n'est qu'une forme, très-importante pour
la garantie de la liberté, mais qui pour être juste doit être
appropriée à la nature des rapports qui y sont déterminés.
Le contrat n'a pas son seul domaine d'application dans le
droit privé, comme quelques auteurs le prétendent; il peut
aussi régler des rapports politiques, mais le principe qui doit
servir de règle pour ces contrats, réside dans le bien, dans
le but moral et politique qui est à réaliser de commun accord. La doctrine du contrat politique ou social, présuppose
donc une doctrine anthropologique et éthique du bien de
l'homme et de la société; quand elle se détache de ces principes régulateurs, elle ne devient qu'une théorie de l'arbitraire,
un moyen d'agitation perpétuelle, de révolution, d'anarchie,
et de despotisme.

§ 7.

II. TRANSFORMATION DE LA THÉORIE DE L'ÉTAT DE NATURE ET DU CONTRAT SOCIAL PAR LE RATIONALISME FORMEL ET SUBJECTIF DE KANT ET DE FICHTE.

La France et l'Allemagne, qui représentent l'un la branche
la plus importante des peuples romans, l'autre le grand noyau
des peuples germaniques, ont pris, après leur séparation définitive en 888, des routes très-opposées dans toute leur culture politique, morale et sociale; néanmois ils sont destinés
par la communauté des grands intérêts de culture sociale,
à se rapprocher aussi dans leur constitution politique, à
marcher, l'un vers une plus forte unité, sans abdiquer le
principe salutaire de la fédération intérieure, l'autre vers une

limites supportables. Quand nous examinons qui, chez nous, exprime
cette volonté royale, nous ne pouvons porter qu'avec anxiété nos regards
sur l'avenir. Mais la providence divine règne, même sur des majorités,
et, quelques décisions qu'elles puissent prendre, la *vox Dei* s'interposera
pour nous protéger contre sa misérable contrefaçon, la *vox populi*.»

organisation intérieure plus libre des communes, des départe-
ments, et de tout le service public en général, sans renoncer
à une plus forte constitution du pouvoir central, qui paraît
être exigée par le génie français. L'Angleterre a fourni le
premier exemple d'un heureux mélange de l'élément roman
avec l'élément germanique, bien que ce dernier en soit resté
la base principale. Par Guillaume le conquérant (1066) un
nouveau principe de puissance et d'autorité monarchique
s'infusa dans la vie anglaise et transforma la faible fédération
anglo-saxonne des grands thans dans une hiérarchie féodale
dont la royauté fut constituée comme le centre le plus puissant; mais dès que le nouveau principe fut entré dans le corps
national, il fut à son tour peu à peu transformé par les éléments germaniques, qui reconquirent la prépondérance et
assurèrent la liberté commune à toutes les classes de la
nation. Ce qui s'est accompli en Angleterre par une lente
évolution historique, doit être maintenant poursuivi dans la
pleine lumière de la conscience, à l'aide d'études faites sur
ce pays, par tous les esprits qui, sous des modifications,
appropriées au génie particulier de chaque peuple, cherchent
à combiner les exigences de l'unité avec les droits de la
liberté. Mais la liberté reste la base de la vie publique et
la source de tout progrès, tandis que l'unité n'est qu'une
forme, un cadre qui peut présenter aussi bien une organisation noble et libre de la vie nationale, que la figure hideuse
d'un absolutisme démoralisateur. La liberté, il est vrai, peut
à son tour s'égarer, en s'inspirant seulement des penchants
sensibles et des intérêts matériels, et nous avons vu que cette
direction a été donnée à la liberté, par Rousseau en France;
aussi n'a-t-elle reçu dans ce pays une consécration définitive
que dans les domaines des intérêts matériels, de l'agriculture,
de l'industrie et du commerce. Mais la liberté devait aussi
être comprise sous sa face idéale et dans sa source morale.
Le problème fut résolu en Allemagne sous un côté essentiel
par Kant.

La philosophie de Kant peut être considérée comme l'expression la plus élevée des bonnes et généreuses tendances de toute l'époque moderne, qui en ouvrant les sources vives de la personnalité humaine, de la subjectivité, du moi, en fait jaillir la liberté et le sentiment de l'humanité. Cette époque menaçait de faire fausse route par l'influence de la philosophie sensualiste et matérialiste en France, qui détachait complétement le fini de l'infini et séparait le sensible des idées absolues et éternelles; mais par la philosophie de Kant elle prend une direction plus haute et tend à comprendre l'homme sous sa double face, comme être fini et sensible (*homo phenomenon*) et comme être rationnel au-dessus du temps et de l'espace (*homo noumenon*), capable de commander aux sens par les lois de la raison. Cette philosophie est encore un témoignage manifeste de la nouvelle impulsion imprimée par l'esprit de l'époque à la vie active. Descartes et d'autres avaient cherché la première certitude par et pour le savoir; Kant nie pour l'intelligence toute certitude par rapport aux objets transcendants qui dépassent le moi; mais il remplace la certitude théorique du savoir par la certitude morale de la liberté, qui est pour lui le vrai trait d'union, tant cherché entre le monde sensible et le monde idéal, parce que l'homme par la liberté, faisant valoir la loi absolue de la vie morale dans le monde des sens et des penchants sensibles, touche en quelque sorte la substance de l'absolu. C'est ainsi que Kant tend à découvrir et à renfermer dans le moi, dans le sujet, tout ensemble, le fini et l'infini, le conditionnel et l'absolu; sa doctrine est un rationalisme subjectif, qui n'ose pas donner aux idées de l'infini et de l'absolu un support réel, un centre substantiel dans un Être infini et absolu, et qui reste encore un pur formalisme, parce que les idées ne sont pas des reflets d'une réalité correspondante, mais de simples formes subjectives de conception qui ne recèlent rien de leur contenu objectif; l'être en soi demeure inconnu. Toutefois c'est cette aspiration vers l'infini, ce problème moral d'un

progrès sans fin, d'une marche incessante vers l'idéal, qui
donne à la philosophie de Kant son haut caractère moral;
mais il resta subsister une sorte d'antagonisme entre le sujet
et l'objet, entre le fini et l'infini, entre le savoir et le libre
vouloir. Cette lutte ne pouvait se maintenir longtemps; elle
cessa dans l'idéalisme subjectif de Fichte; et cet idéalisme se
transforma bientôt dans le système de l'identité absolue de
Schelling, et dans l'idéalisme absolu de Hegel.

Comme la théorie philosophique du droit et de l'État de
Kant est le reflet de sa doctrine générale, dont elle présuppose la connaissance, nous devons d'abord en présenter un
court résumé.

Toute notre connaissance commence, dit Kant, *avec* l'expérience, mais elle ne dérive pas *de* l'expérience. Si l'esprit
n'avait pas en lui-même primitivement certaines notions et
certaines formes, par exemple, la notion de causalité, il ne
pourrait acquérir aucune connaissance des faits empiriques,
de leur ordre et de leur liaison. Il faut donc distinguer la
matière, qui est fournie par l'expérience, et les formes ou les
idées formelles, qui sont inhérentes au moi. La matière et la
forme réunies constituent seules la connaissance.

Il y a en nous trois sources de connaissance, la sensibilité
(réceptive) et les deux facultés actives, intimement liées entre
elles, de la réflexion *(Verstand)* et de la raison *(Vernunft)*.
Pour chacun de ces domaines de connaissances, le moi possède primitivement desfor mes spéciales, subjectives, par lesquelles tout objet est saisi et subjectivement modifié, de sorte
qu'on peut bien admettre l'existence réelle objective, mais
cette existence n'est comprise par nous que par les formes
originaires de connaissance inhérentes au moi. C'est ainsi
que l'esprit possède pour le domaine sensible les formes de
l'espace et du *temps*, dont l'un est la forme des sens externes, saisissant les phénomènes dans leur coexistence, et
dont l'autre est la forme du sens interne, se rapportant à la
succession des états et phénomènes intérieurs du moi. Pour

le domaine *sensible,* il a donc les formes de l'espace et du temps, qui présentent les objets; pour la réflexion ou l'entendement, qui se manifeste dans les jugements, le moi possède comme formes a priori les *catégories,* applicables encore à l'ordre fini et expérimental des choses; enfin pour le domaine non sensible, le moi possède les formes rationnelles, qui sont les *idées;* la faculté qui conçoit ces idées des différentes espèces, l'infini, l'absolu, le vrai, le bien, le juste, est la *raison.* Mais, dans tous les ordres de connaissances, même dans l'ordre sensible et expérimental, le moi ne saisit jamais que le côté *phénoménal* des choses, par les *formes* sous lesquelles elles se présentent à lui: l'*être en soi* reste inconnu. Si dans l'ordre sensible des êtres il apparaît du moins aux sens et aux jugements une matière réelle, une telle réalité disparaît pour l'ordre non-sensible ou rationnel; il ne reste que les idées comme pures formes, qui ne peuvent être rapportées avec certitude à aucune réalité correspondante; l'esprit a les idées de Dieu, de l'immortalité, de la liberté, sans qu'il puisse en démontrer l'existence réelle; à cet égard, point de certitude scientifique ou *théorique.*

Mais il existe une autre voie pour nous conduire à la certitude. La raison n'est pas seulement une faculté de connaissance, mais aussi de *pratique* et d'action; comme raison pratique, elle peut parvenir à une certitude, qui lui est refusée comme raison pure. Or, l'esprit qui a la conscience propre, trouve en lui, outre les idées, des *commandements,* des ordres qui s'adressent à la libre volonté. La liberté est un fait donné par l'expérience intérieure; elle provient de la raison et est une idée rationelle, mais elle se distingue de toutes les autres idées en ce qu'elle est saisie en même temps comme réalité; elle réalise les idées dans le monde sensible et fait valoir leur puissance sur la force des instincts et des passions sensibles. La raison qui s'adresse à la volonté, fait des commandements, qui se résument dans l'ordre de *faire le bien pour le bien,* sans aucune considération intéressée, sans qu'on doive attendre de ses actes aucun plaisir ni aucun avantage personnel. C'est là l'ordre absolu, ou, comme s'exprime Kant, l'*impératif catégorique*, qui se manifeste clairement à la conscience, et qui nous garantit l'existence de la liberté, de l'immortalité et de Dieu. Il assure la *liberté*, parce que le commandement a nonce un *devoir* et que le devoir ne se conçoit pas sans liberté; il assure l'immortalité de l'âme, parce que la raison, quoiqu'elle ordonne catégoriquement de faire le bien pour le bien, sans avoir égard aux récompenses ni aux peines, exige néanmoins *l'harmonie* entre la vertu et le bonheur, entre le bien-faire et le bien-être, harmonie qui n'existe pas dans la vie actuelle et présuppose une vie future; il assure enfin l'existence de *Dieu*, parce que la concordance entre le bien et le bonheur ne peut être réalisée que par l'Être infini, dont l'unité exclut l'opposition de la moralité et de la félicité.

Ce n'est pas ici le lieu de soumettre à la critique l'ensemble des opinions de Kant. On a depuis longtemps montré ce qu'il y a d'incomplet dans la théorie de la connaissance, où surtout les idées rationnelles n'ont pas été suffisamment déterminées dans leur origine et dans leur nature; on a fait voir combien est peu justifié l'antagonisme établi entre la raison théorique et la raison pratique; on a signalé la pétition de principe commise par Kant, quand il reconnaît dans le moi l'existence de quelque chose d'absolu, par l'impératif catégorique, sans admettre l'existence de Dieu, qui seul peut faire comprendre le caractère absolu du bien et le commandement qui s'y rapporte. Nous constaterons seulement la supériorité de la morale de Kant, qui a purifié l'atmosphère morale et en a chassé les notions impures, qui s'y étaient infiltrées par les théories du bonheur, du plaisir, de l'intérêt ou de l'intérêt bien entendu.

La doctrine *morale* de Kant se ressent des défauts de son système. Elle aussi est purement *formelle* et s'arrête à un rationalisme subjectif. L'auteur distingue également dans la morale entre la *forme* et la *matière*, il déclare que la loi morale, pour être rationnelle, doit être formelle, puisque la raison est la faculté des idées ou des formes supra-sensibles. Cette loi morale exclut donc, selon lui, d'un côté, tout contenu, toute matière, car la matière ne pourrait être puisée qu'à la source de l'expérience, dans des motifs sensibles, tels que le plaisir, l'intérêt, la sympathie, l'amour; Kant n'admet d'autre motif que le respect formel de la loi morale, comme loi de la raison. Mais en quoi consiste donc le bien, que l'homme doit faire d'une manière absolue? Kant veut encore faire trouver ce qui est bien en soi par une formule toute subjective, énoncée en ces termes: «Agis de manière que la maxime de ta volonté puisse devenir le principe d'une législation universelle.» Or, il n'existe, selon lui, qu'une seule maxime de ce genre, se rapportant à la raison elle-même, qui doit être, pour l'être raisonnable, le but de toutes les actions. Cette maxime peut s'exprimer ainsi: «N'emploie jamais l'humanité, soit en ta propre personne, soit en celle des autres, comme un simple moyen, mais respecte-la toujours comme but ou comme fin en soi.» C'est ainsi que Kant établit un monde moral, dans lequel l'homme est reconnu dans sa personnalité rationnelle, dans sa dignité morale, laquelle n'admet pas, en effet, qu'il soit traité comme une chose, comme un moyen, comme un objet de simple utilité. Des conséquences pratiques importantes devaient résulter d'une pareille conception.

A cette doctrine morale se lie intimement la doctrine du *droit*. Le passage de l'une à l'autre est amené de la manière suivante:

La raison demande en général que sa loi règne, que l'homme se détermine lui-même dans ses actions. La détermination propre, l'autonomie est un effet du caractère rationnel et moral de l'homme. C'est en cela que consiste la *liberté*. La volonté n'est libre que lorsqu'elle n'est pas déterminée par des impressions qui lui ôteraient sa spontanéité

d'action. Or, il y a deux espèces d'impressions pour la volonté: d'abord, les impulsions ou les passions intérieures, ensuite les forces extérieures. Les unes comme les autres sont
en contradiction avec le principe de la loi rationnelle. Il faut
donc que la liberté existe pour l'homme sous les deux espèces,
comme liberté *interne* et comme liberté *externe*. La première
consiste dans l'empire que chacun acquiert sur les passions,
et les lois qui s'y rapportent forment le domaine de la législation *morale*. La liberté externe exige que les forces extérieures, en tant qu'elles viennent, non pas de la Nature, mais
des hommes, soient dominées par une législation externe qui
assure, du dehors, la liberté: c'est là le domaine du *droit*.
L'objet et le but de la morale et du droit sont donc les
mêmes: c'est la liberté rationnelle, qui doit être maintenue,
moralement, par chacun, au moyen du pouvoir qu'il exerce
sur ses inclinations, par la contrainte interne de soi-même,
et *juridiquement*, par un pouvoir externe qui réprime les
atteintes portées à la liberté par les actions externes. A cet
effet, il faut que la loi ou le pouvoir juridique externe soit
lui-même investi d'une puissance coercitive, pour qu'il puisse,
au besoin, dominer et contenir les forces individuelles. Le
droit a donc un caractère *coercitif*. Et comme les hommes
ne sont pas seulement des êtres rationnels, mais aussi des
êtres sensibles, leur liberté externe rencontre nécessairement
des limites dans le monde physique, surtout par rapport aux
objets en nombre limité, auxquels tous ne peuvent pas prétendre à la fois. Il faut donc, dans le monde extérieur, en
faveur de la liberté, des restrictions à la volonté: la volonté
de chacun doit être limitée de telle sorte qu'elle puisse coexister avec la volonté de tous. Le *droit*, qui concerne la
liberté extérieure, peut donc être défini: *l'ensemble des con-*
ditions sous lesquelles la volonté (Willkür) de chacun peut
coexister avec la volonté de tous, d'après un principe général
de liberté. Le droit n'a donc toujours qu'une action négative,
celle d'empêcher les agressions, les empiétements de la part

d'autrui, de garantir à chacun une sphère extérieure dans laquelle il puisse librement agir: Le droit n'est pas une règle que l'homme consulte dans ses actions; ce n'est qu'un principe de restriction; la loi juridique se distingue de la loi morale, en ce que celle-ci commande *de faire*, l'autre *de ne pas faire*. Le droit n'a d'autre but que de maintenir la liberté morale pure de toute atteinte et de toute contrainte extérieure. De là résulte aussi que la liberté est le droit primitif fondamental qui renferme tous les autres; l'égalité n'est que la liberté garantie d'une manière identique à tous.

Mais pour que le droit soit réalisé dans l'ordre social, il faut une *institution* spéciale, munie des pouvoirs nécessaires pour le mettre à exécution. Cette institution est l'*État*, qui repose ainsi sur l'*idée* du droit, mais qui, dans la réalité, doit se former par convention ou le contrat social. L'état de nature est un état marqué par l'absence du droit, dans lequel ni les individus ni les peuples ne sont garantis contre la violence. La raison demande donc que les hommes et les peuples sortent de cet état, et créent des pouvoirs appelés à maintenir parmi eux le principe du droit; l'institution de l'État est moins un fait historique qu'un devoir. La contrainte même est légitime contre les individus et les peuples, pour les forcer à quitter cette condition sauvage, pour entrer dans un ordre rationnel de droit. Le contrat social lui-même n'est pas la source du droit, mais il doit se conformer à l'idée du droit et ne peut contenir aucune stipulation contraire; il présuppose donc l'intelligence du droit, il est plutôt un postulat de la raison et un idéal dans l'avenir, qu'une réalité dans l'histoire. L'État, organisé d'après le principe du droit, embrasse trois fonctions: le pouvoir législatif, le pouvoir judiciaire et le pouvoir exécutif qui doivent être exercés par des organes distincts. Leur confusion constitue le despotisme. Les États qui, par leur autonomie, se trouvent encore entre eux dans une espèce d'état de nature, doivent abandonner cette situation, et établir, pour régler leurs rapports, un ordre de droit qui garantisse la *paix perpétuelle* et qui soit maintenu par un congrès permanent des États, avec un pouvoir d'arbitrage. Du reste la Providence mène les peuples de manière à leur faire sentir par les malheurs des guerres incessantes, la nécessité d'un ordre qui perpétue la paix.

Telle est, en substance, la doctrine de Kant. On reconnaîtra facilement sa supériorité sur toutes les doctrines précédentes, par rapport à la méthode et à la précision scientifique. Le principe du droit est déduit, non pas d'une fiction ou d'une hypothèse historique, mais de la nature rationnelle de l'homme, telle qu'elle se révèle dans la liberté. La doctrine de Kant achève la distinction, établie par Thomasius, entre la morale et le droit; cependant le droit conserve un rapport intime avec le bien moral, puisqu'il n'existe que pour assurer la personnalité et la liberté morale de l'homme. Plus tard l'école de Kant a souvent oublié ce rapport, en séparant la liberté juridique, tant dans l'ordre civil que dans l'ordre politique, de la liberté morale; mais Kant lui-même a la pleine conscience de la liaison de ces deux espèces de libertés, quoiqu'il ne l'ait pas déterminée d'une manière suffisante. On voit la profonde différence qui existe entre la doctrine de Kant et celle de Rousseau. Tous deux sont inspirés par le noble désir de faire consacrer, dans l'ordre civil et politique, les droits de la personnalité et de la liberté; mais, pour Kant, la liberté civile et politique n'est pas la fin dernière de l'humanité; elle n'est, en quelque sorte, que le vestiaire qui entoure et protége le sanctuaire de la liberté morale, par laquelle l'homme déploie sa véritable nature rationnelle. Aussi Kant avait-il salué la révolution française, avec un grand nombre de ses contemporains, comme le commencement d'une ère nouvelle; mais il s'en détourna avec dégoût, lorsqu'il vit la liberté dégénérer en licence, et entraîner à sa suite des crimes que la conscience morale doit abhorrer.

Cependant le défaut principal de la doctrine de Kant réside

précisément dans la manière insuffisante dont il a compris
le principe de la liberté et ses rapports avec le *bien* en général. D'abord la liberté, quoiqu'elle ne soit pas confondue
comme chez Rousseau avec la simple volonté, est conçue
d'une manière abstraite, purement formelle, sans rapport avec
la matière du bien; cependant la liberté n'est qu'une faculté,
un instrument qui doit être employé pour l'œuvre du bien
individuel et social de l'homme. Kant, il est vrai, qui se flatte
dans l'ordre physique de construire la matière par les seules
forces de l'attraction et de la répulsion, veut aussi dans l'ordre
moral faire découvrir pour chaque cas particulier la matière
du bien par l'action d'une simple formule rationnelle. Mais
l'homme doit avant tout scruter l'ordre général des biens qui
forme un système de buts pour son activité individuelle et
sociale. Kant considère la liberté comme but en elle-même,
il paraît croire, que l'homme n'a d'abord qu'à rechercher la
liberté et que le reste lui sera donné par surcroît, et en effet
plus qu'aucune autre, sa doctrine a réveillé et répandu en
Allemagne le noble désir de la liberté; toutefois elle ne forme
que la contre-partie de celle de Leibnitz, qui visant au but,
au perfectionnement, avait trop peu insisté sur le puissant levier
de la liberté, l'instrument nécessaire à l'accomplissement de ce
but. La vérité se trouve dans la combinaison de ces deux principes, pour la morale comme pour le droit. Car le droit privé
et public doit être déterminé sous un rapport essentiel d'après
la nature des biens et des buts dont il assure la libre poursuite;
et le défaut capital de presque toutes les doctrines philosophiques modernes du droit et de l'État consiste à établir
un libéralisme abstrait, formaliste, qui s'agite souvent dans
le vide, qui oublie le fond pour la forme et cherche le salut
dans des rouages politiques, dont la vitalité et la stabilité ne
résident que dans leur rapport intime avec la moralité et
la culture d'un peuple. Quant au principe du droit lui-même,
il est purement négatif et restrictif, il renferme même une
impossibilité pratique. Les libertés abstraites ne peuvent pas

être limitées les unes par les autres en vue de leur coexistence.
De même que dans le monde physique un espace doit être
limité par un objet matériel, de même la liberté, qui a son
espace dans l'esprit, ne peut recevoir ses justes limites que
par les biens qui en sont l'objet et qui en justifient l'emploi.
Dans l'application pratique cette théorie devait se montrer
insuffisante. Dans le droit privé il y a bien des rapports juridiques qui ne sont pas constitués par la libre volonté et pour
la liberté de ceux qui y sont engagés, et dans le droit public,
la mission de l'État ne peut pas être restreinte à la simple
protection de la liberté de ses membres.

Le système philosophique de Kant fut transformé par
J. G. *Fichte*[1] (1762—1714), dans la première époque de sa
spéculation, en un idéalisme subjectif, où le sujet, le moi, se
pose comme la seule réalité, niant à la fois le monde extérieur et la réalité absolue de Dieu. La théorie du droit ne
pouvait guère attendre d'un pareil système un véritable perfectionnement. Aussi le mérite qu'on peut reconnaître à la
doctrine de Fichte se borne-t-il principalement à la méthode.
Au fond, elle fait reculer la science, en brisant complétement
le lien établi par Kant entre le droit et la morale. Selon
Fichte, la formule de la morale est: aime le devoir pour le
devoir même; la formule du droit, au contraire: aime-toi
avant tout, et tes concitoyens à cause de toi-même. D'où il
déduit la nécessité d'instituer, par le pouvoir de l'État, une
autorité de contrainte pour la coexistence de la liberté de
tous. Dans ses *Observations pour redresser les jugements sur
la révolution française,* publiées en 1793, Fichte, encore jeune,
inspiré par un vif sentiment de liberté, croit que la restauration de la philosophie opérée par Kant, et la révolution
française aboutiront au même résultat, celui de fonder un

---

[1] Voir sur la doctrine de Fichte et son influence sur le mouvement
politique national de l'Allemagne, mon discours à la fête séculaire de
la naissance de Fichte, lors de la solennité universitaire de Leipzig:
Fichte's politische Lehre etc. Leipzig, 1862.

nouvel ordre de droit et de liberté. Mais plus tard, dans la
seconde époque de sa spéculation philosophique, où il comprend la nécessité de substituer au moi subjectif, le moi absolu, Dieu, il assigne également au droit un but plus élevé;
il conçoit alors la liberté dans ses rapports intimes avec la
morale, avec la religion, et surtout avec le christianisme, dont
il donne, à son nouveau point de vue, une profonde explication dans le sens de la raison et de la liberté. Nous y
reviendrons, en exposant les doctrines de l'école théologique.

Le rationalisme de Kant, dans lequel se résume l'esprit
d'une grande époque, ouverte par la réforme religieuse, a
trouvé en Allemagne beaucoup de partisans parmi les philosophes et les jurisconsultes les plus distingués. Mais cette
doctrine n'a guère dépassé les frontières des pays germaniques, parce que ses résultats, auxquels on était arrivé en
France et ailleurs par une autre voie, étaient trop peu satis-
faisant et trop dénués, par leur caractère critique et négatif,
de puissance organisatrice pour répondre aux véritables besoins sociaux. Elle s'était arrêtée à moitié chemin et attendait
en Allemagne même des développements ultérieurs. Car on
devait bientôt s'apercevoir qu'elle ne consacrait partout que
la volonté, la liberté individuelle, et qu'elle assignait à l'État
un but trop restreint, en lui donnant pour mission de maintenir le droit, dans le sens de Kant. On reconnut que l'État
ne peut pas être une simple institution de police, appelée
seulement à protéger chacun dans son droit, que sa mission
positive est aussi de favoriser par des moyens positifs le perfectionnement social dans tous les ordres du bien.

La philosophie du droit de Kant, développée dans un sens
encore plus subjectif par Fichte, forme le dernier terme de
ce mouvement subjectif, dans lequel l'homme entreprend de
construire l'ordre juridique et politique d'après quelques principes purement formels, abstraction faite de l'histoire et des
rapports religieux et moraux de l'homme; l'opposition ne
pouvait tarder de se produire, quand ces doctrines allaient

trouver leur application en France; elle s'éleva, par les raiso
indiquées plus haut, en directions diverses dans les écol
historique, théologique et spéculative, que nous avons à con
sidérer plus en détail, après avoir jeté un coup d'œil sur la
doctrine de Bentham qui, tout en se trouvant un peu à l'écart
du développement du droit naturel, présente quelques vues,
secondaires il est vrai, mais qui méritent d'être brièvement
examinées.

§ 8.

III. DOCTRINE UTILITAIRE DE BENTHAM.[1]

La théorie développée par Jérémie Bentham (1748—1832)
se distingue par cet esprit pratique qui caractérise le peuple
anglais et qui saisit immédiatement un principe que la réflexion et le bon sens semblent justifier, mais sans le scruter
dans son origine et le mettre en rapport avec l'ensemble d'un
système philosophique. Bentham appartient à l'école de Locke
et surtout de Hobbes, dont il adopte les vues sensualistes.
L'école sensualiste, depuis l'antiquité jusqu'à nos jours, a
soutenu que l'homme n'est guidé que par des motifs de plaisir

---

[1] Dans les éditions précédentes de ce Cours se trouve une exposition
critique assez détaillée de la doctrine de Bentham, qui à l'époque de la
première édition (1839) était fort en vogue en Angleterre et en France.
Bien que la tendance utilitaire et positiviste ait fait depuis encore plus
de progrès, elle a pris d'autres formes et se rattache plutôt à un mouvement matérialiste qui, de français qu'il était au dix-huitième siècle, s'est
répandu maintenant dans presque tous les pays. C'est pourquoi nous
présenterons seulement quelques observations critiques sur le principe
d'utilité en général. Jérémie Bentham énonça déjà ses vues principales
dans un écrit anonyme: «*A fragment on government*», 1776, publia, après
avoir fait plusieurs voyages sur le continent, ses «Lettres sur (contre) les lois
d'usure», écrivit pour l'assemblée nationale en France qui lui décerna le
titre de citoyen français, son «*Essay on political tactics* 1791.» Il n'a
cessé de faire des efforts (auprès d'Alexandre Ier en Russie, 1814, près
des États-Unis de 1811—1817, en Angleterre quant à la réforme parla-
mentaire) pour faire agréer ses vues dans la pratique; mais ce n'est
que par la rédaction, que Dumont de Génève (longtemps bibliothécaire
du marquis de Londsdowne) fit des ouvrages principaux de Bentham
dans les «Traités de législation civile et pénale» 1802, surtout depuis
la seconde édition 1820, que la doctrine utilitaire gagna des partisans.

: de peine, qu'il agit par intérêt ou par un intérêt bien ntendu. Bentham donne à ce principe le nom plus vague : plus séduisant d'utilité, mais il le détermine entièrement d'après les maximes du sensualisme. Aussi le mérite de l'auteur ne consiste-t-il pas dans l'énoncé du principe, mais dans l'application pratique qu'il a essayé d'en faire.

La notion de l'utilité paraît, au premier aspect, étrangère à la science du droit; mais de même que ce principe sert de base à la division connue du droit romain en droit public et privé (L. I. § 2 D. *De justitia et jure: Publicum est quod ad statum rei Romanæ spectat, privatum quod ad singulorum utilitatem; sunt enim quædam publice utilia, quædam privatim*), il est aussi dans un rapport intime avec le principe du droit, appelé à régler dans l'organisme social, où tout se tient, les rapports d'aide, d'assistance et de service entre les hommes, et poursuit ainsi des buts d'utilité; toutefois le droit n'est pas identique à l'utile: c'est un principe qui règle les utilités; et la règle qui doit dominer toutes les appréciations et toutes les actions d'utilité, est le bien ou ce qui est conforme à la nature rationnelle et morale de l'homme. C'est donc une illusion de la part des utilitaires de considérer l'utilité comme un critérium, sur lequel les hommes peuvent facilement tomber d'accord. Il n'y a pas deux hommes qui aient les mêmes idées sur ce qui est utile, quand leur point de vue anthropologique et moral est différent; le matérialiste ne verra l'utile que dans la satisfaction des plaisirs des sens, le spiritualiste reconnaîtra des biens plus élevés. Sans entrer dans l'examen du côté immoral du principe d'utilité, tel qu'il a été présenté par Bentham (examen qui a été fait d'une manière incisive par Th. Jouffroy dans son Cours de droit naturel 1836, tom. II), cette notion est un terme purement relatif renvoyant à un principe supérieur absolu, qui est le bien. L'utilité exprime un rapport entre deux choses dont l'une sert à l'autre de condition d'existence et de développement. Pour déterminer l'utilité, il faut donc connaître les

deux termes qui se trouvent dans ce rapport, il faut surtout
justement apprécier la chose à laquelle on en rapporte une
autre comme utile: sinon on ignore la préférence que l'une
mérite sur l'autre, et on sacrifiera facilement un objet plus
important à un objet de moindre valeur. Dans la société
actuelle l'ordre véritable est souvent interverti de cette manière, parce qu'on considère les améliorations matérielles
comme plus utiles que les progrès intellectuels et moraux.
Par l'application du principe d'utilité mal déterminé, on ar-
riverait donc facilement, au lieu de réformer la législation
sociale, à justifier la plupart des abus qui existent, et même
à les multiplier. L'essentiel dans toute théorie d'organisation sociale est donc de fixer l'esprit des hommes sur
le bien, le but, et sur toutes les conditions d'une culture
harmonique de la société. L'utilité n'est pas en opposition
nécessaire avec la justice, comme le bonheur ne l'est pas
avec le bien. Mais dans toutes les questions, il faut d'abord
interroger la justice; et, en examinant bien les résultats, on
trouvera que ce qui est juste est en même temps ce qu'il y
a de plus utile à faire. On peut donc dire qu'il y a une
espèce d'harmonie préétablie entre la justice et l'utilité, entre
le bien et le bonheur, en ce sens que la justice, comme
cause, a toujours, à tout prendre, les *effets* les plus utiles
pour le bien des hommes qui vivent en société.

La doctrine utilitaire a cependant rendu à la science du
droit et de la législation le grand service, d'avoir fait sentir
la nécessité de remplacer ou de compléter les questions de
formes par des problèmes qui entrent dans le fond de la vie
réelle, et d'avoir fait mieux comprendre qu'il faut d'autres
éléments que de vagues formules pour construire un édifice
de législation. Elle a le mérite d'avoir ramené les recherches
politiques législatives à l'examen de la nature de l'homme,
de ses facultés et de ses besoins[1].

---

[1] Les tendances utilitaires ont fait depuis Bentham de nouveaux pro-

IV. OPPOSITION CONTRE LES DOCTRINES SUBJECTIVES ET ABSTRAITES, FORMÉE PAR LES ÉCOLES HISTORIQUE, THÉOLOGIQUE ET SPÉCULATIVE.

§ 9.

ÉCOLE HISTORIQUE.

La conception historique du droit forme une partie intégrante de l'idée complète du droit. Car l'idée du droit n'est pas une notion abstraite, mais un principe de vie qui se développe sous l'influence du caractère et de toute la culture d'un peuple. Toutefois, l'étude de l'histoire présuppose déjà la connaissance de l'idée du droit, qui elle-même ne peut pas être puisée dans l'expérience. C'est ce que l'école historique n'a pas compris. Elle a seulement le double mérite d'avoir fait ressortir l'importance de l'élément historique dans la science du droit et de l'État, et d'avoir cherché la source du droit au-dessus de la volonté individuelle, dans l'être moral et *collectif* de la *nation*.

L'école historique projette ses racines, quant à l'explication du droit positif, dans une époque bien antérieure. Déjà *Cujas*, le grand romaniste français du xvie siècle (mort en 1590), avait appelé l'histoire du droit son «hameçon d'or». Après lui, *Vico* (né à Naples 1668, † 1744), dans son ouvrage: *De universi juris uno principio et fine* (1720), divise toute la

---

grès, surtout en Angleterre. Depuis que l'ancienne aristocratie, qui pratiquait réellement le vieil adage: *noblesse oblige*, et qui a fait preuve de grandeur et de persévérance surtout dans la gestion de la politique extérieure, a dû partager son influence par la réforme électorale de 1832 avec la petite noblesse et en général avec les classes moyennes représentées dans la Chambre des communes, maintenant prépondérante, il s'est produit chez elle aussi un affaiblissement moral; et la démocratie qui a grandi de plus en plus et qui tend à entrer par une nouvelle réforme électorale dans la Chambre des communes, ne s'inspire malheureusement que des doctrines exclusives du sensualisme empirique, que Mill et d'autres répandent, sans doute dans de bonnes intentions, mais dont avec l'effet est inévitable de rétrécir l'esprit et d'affaiblir le caractère moral.

4*

science du droit en trois parties: la philosophie du droit, l'histoire du droit et une troisième partie consistant dans l'art d'appliquer la philosophie aux faits; il distingue profondément dans les lois l'esprit ou la volonté du législateur (*mens legis*) et la raison de la loi (*ratio legis*) qui réside dans l'accord d'une loi avec les faits historiques et avec les principes éternels du vrai et du bien. Presque en même temps Montesquieu (1689—1755), avec une tendance plus pratique, entreprend, dans son «Esprit des lois, 1748» (dont il y eut en peu d'années 22 éditions) de considérer les institutions civiles et politiques des peuples dans leurs rapports avec tous les autres éléments de culture, avec la religion, la morale, l'éducation, l'industrie, le commerce, et surtout avec le milieu physique au sein duquel la nation se développe. La pensée fondamentale qui inspire tout l'ouvrage, est exprimée dans la définition des lois comme les «rapports nécessaires qui dérivent de la nature des choses.» L'auteur fait remarquer que «les êtres particuliers intelligents peuvent avoir des lois qu'ils ont faites, mais qu'ils en ont aussi qu'ils n'ont pas faites;» il se pose nettement par là en adversaire de l'école qui fait dériver les lois de la volonté conventionnelle des individus. Cependant l'unité de principe manque chez Montesquieu; l'élément historique, comme tel, n'est pas encore assez mis en relief, en opposition avec les théories individualistes et abstraites, et une trop grande importance est accordée aux influences physiques, surtout au climat. Mais l'ouvrage répondait à l'esprit de l'époque dont il nourrissait les tendances libérales; il condamnait l'absolutisme par l'histoire et signalait aux peuples la constitution de l'Angleterre comme un modèle à imiter.

La véritable lutte contre les doctrines abstraites commença presque en même temps dans deux pays, l'Angleterre et l'Allemagne, où ces doctrines devaient rencontrer une forte répugnance ou du moins un puissant contre-poids dans les mœurs, les habitudes et l'organisation sociale du peuple. C'est la révolution française qui en Angleterre fit surgir dans le parlement un orateur célèbre, Burke, le Mirabeau de la contre-révolution [1], qui ne cessait de traduire à la barre de l'Europe les doctrines et les actes de la révolution française, prédisait presque en prophète les péripéties de ce grand drame politique, s'opposait avec force à toute tentative de réforme de la société d'après des principes abstraits, et poursuivait des sarcasmes les plus amers les projets successifs de constitution que Siéyès inventait pour chaque nouvelle situation. Selon Burke, la société est un être mystérieux, dont toutes les parties sont unies entre elles par un lien moral invisible. L'art d'organiser ou de perfectionner un État ne se fonde pas sur des principes *à priori*. La vraie science politique ne peut être que le fruit d'une longue expérience. Les

[1] Cependant Burke (1730—1797) n'est pas contre-révolutionnaire dans le sens ordinaire du mot; il était ami de la liberté civile et politique; il avait plaidé pour les droits de l'Amérique, et défendu la cause de l'Inde contre le gouverneur Warren Hasting; il n'était pas même l'adversaire de la théorie d'un contrat social, et ne pouvait pas l'être, en sa qualité d'Anglais et de whig. Mais il conçoit le contrat d'un point de vue supérieur, comme un lien historique qui s'étend sur les générations et ne peut pas être rompu par l'arbitraire ou la violence. Il dit, à cet égard, dans son langage pittoresque: «La société est, en effet, un contrat. Des contrats subordonnés sur des objets d'un intérêt passager, peuvent être dissous selon la libre volonté. Mais l'État est quelque chose de plus élevé qu'un contrat de société sur du poivre ou du café, du calicot ou du tabac; il n'est en rien comparable à un négoce, il n'a pas d'intérêt temporaire, et ne peut être dissous par l'arbitre des partis. L'État doit être regardé sous un tout autre aspect, parce qu'il n'est pas une société dans des choses périssables qui servent seulement à l'existence animale. L'État est une société en toute science, en tout art, une société en toute vertu et toute perfection. Comme les buts d'une telle société ne peuvent être atteints en quelques générations, elle deviendra une société, non seulement entre ceux qui vivent, mais aussi entre ceux qui sont morts et ceux qui naîtront. Chaque contrat d'un État particulier n'est qu'une clause de ce grand contrat primitif d'une société éternelle, qui lie les êtres inférieurs aux êtres supérieurs, qui unit le monde visible au monde invisible, d'après un pacte déterminé, garanti par un serment inviolable, et où chaque être a sa place marquée. Cette loi n'est pas soumise à la volonté humaine: les hommes sont plutôt tenus, par une obligation infiniment supérieure, de soumettre leur volonté à cette loi.» Voir Buss, *Histoire de la science du droit et de l'État*, t. I, p. 525 (all.) et l'article sur Burke dans la *Revue des Deux Mondes*, 1833, 1. février.

institutions, d'ailleurs, qui, dans la suite des temps, peuvent devenir défectueuses, doivent se réformer en quelque sorte d'elles-mêmes, sans aucune intervention de la réflexion et de la volonté plus ou moins arbitraire des hommes. Or, ce sont ces principes, professés par Burke dans la politique, qui furent développés presque en même temps en Allemagne, dans le domaine de la législation civile et de la jurisprudence, par les deux chefs de l'école historique, par Hugo (1768—1844) à Gœttingue, et de Savigny (1778—1861) à Berlin. Quoique Hugo[1] ait émis le premier la plupart des principes de l'école, c'est de Savigny qui les a formulés en leur donnant un caractère systématique.

D'après l'exposition de ce célèbre jurisconsulte, le droit n'est pas une création réfléchie, volontaire, encore moins arbitraire de l'homme ou de la société. Le droit naît chez un peuple par un instinct rationnel, comme la langue, les mœurs et toute la constitution. Le peuple lui-même est un tout naturel, vivant et se développant, sous l'influence d'un esprit commun, par un ensemble de fonctions dont chacune donne un produit social, et parmi lesquelles se trouve aussi cette fonction particulière qui engendre le droit. La naissance même de cette fonction spéciale ne se laisse pas constater historiquement; c'est pourquoi on rapporte, dans les mythes, l'origine du droit aux dieux. L'âge juvénile des peuples est plus pauvre en idées, mais il a l'intuition plus claire de ses rapports et de ses états sociaux, exprimés primitivement dans les *symboles*, ensuite dans le *langage*; plus tard seulement

---

[1] Hugo avait déjà énoncé son opinion en rendant compte, dans les *Göttinger Anzeigen*, n° 110, 1789, des lettres de J.-G. Schlosser sur le code prussien, et la précisa davantage dans les années suivantes. Les principes politiques de Burke, que Brandis et Rehberg s'attachèrent à propager, ont cependant exercé beaucoup d'influence sur le développement de l'école historique. De Savigny en a exposé les principes avec lucidité, précision et méthode dans son célèbre écrit: *Beruf unserer Zeit zur Gesetzgebung*, 1815 (Vocation de notre temps pour la législation), et dans son nouvel ouvrage: *System des heutigen römischen Rechts*, 1840.

la conscience réfléchie des *jurisconsultes* remplace la conscience nationale. Tout droit naît donc comme droit *coutu-*
mier; il s'engendre par les mœurs, par les croyances nationales, et enfin par la jurisprudence, mais toujours au moyen
d'une force cachée, d'une action calme, surtout lorsque le développement national s'opère d'une manière régulière. Or, cette
condition favorable se trouva réalisée à Rome. Ce qui fait le
mérite des jurisconsultes romains, c'est que leur science ne
fut jamais séparée de l'expérience ni de l'intuition immédiate
de la vie. Ce sont principalement les temps de la liberté
républicaine qui ont fourni aux jurisconsultes le fond de leur
science et qui leur ont enseigné leur admirable méthode. Le
droit progressait avec la vie; les institutions politiques per-
mettaient au juge de régler les principes établis sur les nouveaux besoins, de les modifier d'après les cas présents. La
grandeur de Rome tient au sens politique de ce peuple, qui
savait toujours rajeunir les formes de sa constitution, de
manière que les lois et les institutions nouvelles n'étaient
que le développement de celles qui précédaient. Il y avait
ainsi à Rome un juste équilibre entre les forces de conservation et de mouvement. Le même caractère se montre
dans le droit romain, qui s'est formé d'une manière régulière
et organique, et qui, par cette raison, peut servir de modèle
aux peuples modernes et devenir la base de leur législation.
On ne trouve plus aujourd'hui cette prudence calme, cet
esprit de suite qui fait le fond du caractère romain. L'esprit
des nations modernes est moins concentré, il est plus expan-
sif, plus cosmopolite; aussi ces nations possèdent-elles à un
plus haut degré la puissance d'assimilation, et c'est pourquoi
elles ont pu adopter le droit romain, comme elles ont reçu
le christianisme. L'un et l'autre sont venus de Rome. Mais
pour conserver autant que possible la liberté, la spontanéité
d'action des peuples dans la formation et le développement
du droit, il faut s'opposer aux codifications nouvelles. Le
droit coutumier, expression véritable des besoins d'une nation,

vaut mieux que les codes, qui ne sont pas une source vivante
pour le droit. Les améliorations qu'on réclame doivent porter
moins sur la législation que sur la procédure.

Cette doctrine, formulée par Savigny, et dirigée principalement contre les tentatives d'une codification nouvelle et
générale pour l'Allemagne, ne manqua pas d'être vivement
attaquée par des jurisconsultes et des philosophes, au point
de vue de la philosophie, de l'histoire et des exigences de la
vie sociale. Thibaut [1] montra qu'elle méconnaissait la nature
libre et rationnelle de l'homme, en le soumettant à l'empire
de l'instinct, des habitudes et des mœurs plus ou moins
irréfléchies; qu'elle détruisait chez les peuples modernes
l'originalité, le caractère propre, ce qu'on avait exalté chez
le peuple romain, en les obligeant à maintenir une législation
qui avait été adoptée à un tout autre état social, et qui ne
répondait nullement aux besoins nouveaux, nés à la suite
d'idées et de rapports inconnus de l'antiquité; que les réformes, enfin, qui avaient été reconnues nécessaires dans d'autres branches du droit, le droit criminel, commercial, public,
étaient également indispensables, pour le fond comme pour
la forme, dans la législation civile. En effet l'école historique
a considéré le peuple romain en quelque sorte comme le
peuple élu, révélateur du droit, et a voulu ériger le droit
romain en code universel pour tous le peuples, tandis que
ce droit a dû seulement servir de moyen d'éducation et entrer
comme un élément d'assimilation dans la culture juridique
des peuples modernes; il ne faut pas qu'il devienne une

---

[1] C'est Thibaut, professeur à l'université de Heidelberg, qui, par son
opuscule intitulé: *Ueber die Nothwendigkeit eines allgemeinen bürgerlichen Gesestzbuches für Deutschland,* 1814 (sur la nécessité d'un code
civil général pour l'Allemagne), avait provoqué l'ouvrage de Savigny, et
qui est resté toujours l'adversaire de l'école historique. Le succès de
cette école s'explique par toutes les circonstances du temps, mais il ne
pouvait être définitif. Les besoins d'une codification nouvelle se sont
fait sentir de plus en plus vivement. Pluiseurs États en Allemagne ont
commencé la réforme par une codification (comme la Saxe en 1864)
et le temps n'est plus loin où le vif sentiment de la nationalité allemande conduira aussi à l'unité de la législation.

entrave pour leur développement libre, conforme à leur propre caractère. Plus tard, le système philosophique de Hegel [1] s'annonça lui-même comme l'adversaire à la fois des théories abstraites du libéralisme et de la doctrine historique, et proclama la nécessité d'établir des principes capables de réunir d'une manière intime l'élément historique et l'élément philosophique du droit. Toutefois dans cette école l'alliance projetée entre l'histoire et la philosophie est devenue une absorption mutuelle qui ne permet plus de distinguer les faits et les principes, et a conduit aux interprétations le plus arbitraires des faits historiques. La véritable alliance entre la philosophie et l'histoire ne peut être opérée que dans un système qui, en maintenant l'indépendance relative de ces deux sciences, sait combiner avec méthode l'ordre des idées avec l'ordre de développement des faits historiques. Ce problème nous paraît être résolu dans le système de Krause.

L'école historique a le mérite d'avoir conçu le droit comme indépendant de l'arbitraire ou de la volonté individuelle, c'est elle qui a fait comprendre, au point de vue pratique, la distinction importante que la philosophie avait établie entre le *droit* et la *loi*; mais au lieu de chercher la source du droit dans les principes rationnels supérieurs, qui constituent la nature de l'homme, elle en a cherché l'origine dans les tendances instinctives inférieures. Elle a encore ranimé l'étude des lois et des constitutions du passé, réformé beaucoup de jugements injustes sur les institutions anciennes, et fait mieux comprendre comment la vie présente a toujours ses racines dans la vie antérieure, dans les mœurs que les générations se transmettent, et qu'il est dangereux de brusquer par des règles abstraites, par des réformes qui brisent la loi de continuité. Dans la science du droit, elle est parvenue à substituer à l'ancienne méthode, en quelque sorte extérieure, qui

---

[1] Le système de Hegel, professé à Berlin, acquit un partisan zélé dans un jurisconsulte distingué, M. Gans, connu surtout par son ouvrage: *Das Erbrecht in seiner weltgeschichtlichen Entwickelung.*

interprétait les lois d'après la volonté supposée du législateur, et établissait le système du droit d'après des principes logiques purement formels, une méthode plus intérieure, pénétrant plus profondément dans la nature propre de chaque matière et de chaque institution de droit. Enfin elle a conçu avec raison l'État comme un *organisme,* et non pas comme une simple aggrégation d'individus ou comme un mécanisme résultant des forces réunies des individus et maintenu par des lois conventionnelles; elle a considéré le droit également comme un élément organique de la société, influencé par tous les autres éléments de culture sociale et se développant par une impulsion interne de la vie nationale. Mais, d'un autre côté, elle a méconnu le caractère libre et rationnel qui distingue l'organisme moral de la société, de tout organisme physique, soumis à des lois fatales. Quand les peuples se trouvent encore dans un état semblable à l'enfance, le droit se forme plutôt instinctivement, par une espèce de végétation, que par une intelligence claire et précise des besoins qu'il est appelé à satisfaire; mais quand la réflexion et la raison acquièrent plus d'influence, le droit se transporte dans la sphère de la liberté, et la législation devient plus raisonnée. L'organisme moral et libre, manifesté dans le droit, ne doit donc pas être identifié avec un organisme physique. L'école historique a trop oublié dans l'homme le caractère de la liberté, elle a remplacé, pour la formation du droit, la loi de la raison par celle de l'instinct; elle a consacré le fatalisme, en effaçant au fond la différence entre le bien et le mal moral, entre le juste et l'injuste. L'instinct des peuples est déclaré infaillible, et Savigny pense que ce serait dresser un acte d'accusation contre la vie elle-même que de réprouver des lois et des institutions qu'il a produites. Sans doute on ne peut condamner moralement des êtres soumis à des lois fatales; mais dans la vie des peuples, considérés comme êtres moraux, on peut trouver des lois et des institutions inspirées par des passions, par des mœurs dépravées, et maintenues par des intérêts exclusifs, en dépit d'un état plus avancé de culture, et l'on doit blâmer ces institutions comme une entrave au développement de la nation. L'école historique est tombée dans l'extrême; elle a rejeté tout principe absolu de justice, soutenant que le droit change sans cesse avec la différence de culture et les mœurs d'un peuple; et, au lieu d'instituer des recherches philosophiques sur l'idée éternelle de la justice, elle n'a voulu admettre que des déductions historiques du droit, c'est-à-dire prouver la bonté d'une loi, en faisant comprendre les causes et les circonstances qui l'avaient amenée. Mais comme les peuples, ainsi que les individus, ne sont pas d'êtres organiques qui croissent fatalement, comme ils sont soumis à l'erreur et capables de mal faire, la vie de tout peuple présente, dans le tableau de son développement, certaines institutions mauvaises et injustes, même pour l'époque où elles ont existé, témoin la torture.

Pour juger ce qui est bon et juste dans la vie actuelle ou passée, il faut posséder un *criterium*, qui ne soit pas tiré du passé ou du présent, mais de la nature humaine. En effet il ne faut pas confondre l'explication d'un fait ou d'une institution avec le jugement qu'on doit porter sur sa bonté et sa justice. L'explication ne consiste que dans le rapprochement d'un fait avec d'autres faits qui lui ont donné naissance, mais qui peuvent être également bons ou mauvais, justes ou injustes. La notion du droit lui-même ne peut être tirée de l'expérience ou de l'histoire, parce que cette expérience est contradictoire. On trouve des lois et des institutions diverses chez les différents peuples. Il n'y a aucune matière de droit civil ou politique qui soit réglée de la même manière, même chez les nations civilisées. Pour que la notion du droit soit générale, elle doit embrasser la vie de tous les peuples; mais par suite des principes contradictoires qui régissent les matières les plus importantes, par exemple l'organisation du mariage, la propriété ou le gouvernement, il est impossible de déduire de ces données historiques un principe

universel. Et si l'on voulait faire un choix, il faudrait connaître
déjà les principes généraux d'après lesquels on pût discerner,
dans les institutions existantes, ce qui est bon ou mauvais.

De plus l'histoire des institutions sociales, dont la liberté
humaine est un élément constitutif, se distingue essentiellement de l'expérience qui porte sur le domaine de la nature
organique: les objets de celle-ci peuvent être observés
dans leur développement complet, depuis leur naissance
jusqu'à leur maturité et déclin, tandis que l'humanité et
les peuples sont encore loin de l'état de perfection auquel
ils peuvent atteindre dans leurs institutions sociales. Or, aucun état du passé ou du présent ne peut servir de règle
pour le perfectionnement ultérieur. Sans doute l'histoire est
une science expérimentale. Mais comme l'expérience présuppose déjà dans le domaine de la Nature l'art de bien poser
les questions et de combiner les résultats obtenus de manière
à en faire jaillir de nouvelles lumières, l'histoire exige une
application bien plus étendue encore de cet art. L'histoire
des sociétés doit être interrogée d'après les grands problèmes
religieux, moraux, politiques qui se sont posés pour le perfectionnement de l'humanité, et qui sont puisés dans l'essence
constitutive de l'homme. Aussi répond-elle toujours dans le
sens des questions qu'on lui adresse. Un historien dénué
de sens religieux présentera une fausse appréciation de toutes
les religions. Plus l'esprit de l'historien est vaste et capable
de saisir toutes les faces de la vie de l'humanité, plus son
œuvre sera complète et vraiment humaine. L'histoire elle-
même montre, mais ne démontre pas; la démonstration ne
se fait que dans la philosophie de l'histoire, au moyen des
idées générales dont l'histoire offre l'évolution successive.
Par cette raison on peut opposer aux paroles de Cicéron:
Historia magistra vitæ, lux veritatis, l'opinion d'Arndt, l'intré-
pide adversaire de la domination Napoléonienne en Allemagne,
que ce que l'histoire enseigne le plus clairement, c'est qu'on
n'apprend rien par l'histoire. En effet les temps modernes

sont encore un triste témoignage du peu de profit que les peuples et les gouvernements tirent de l'histoire. Comme on oublie vite, que la déviation des principes éternels de moralité et de justice, que l'adoration matérialiste de la force et de ses actes font nécessairement revivre l'absolutisme! Le matérialisme politique ne peut être vaincu que par des convictions morales ranimées et fortifiées avant tout par une saine philosophie. L'histoire civile et politique doit être également inspirée par des vues philosophiques qui scrutent profondément la nature et le but d'une institution, l'esprit général d'une époque et surtout le caractère ou le génie des peuples, qui se révèle souvent dans les moindres détails. Le génie de Rome se laisse constater dans chacune des parties de son droit civil et politique. Quand on pénètre ainsi dans le caractère national, on évite l'erreur de vouloir enchaîner la vie de tous les peuples au droit romain, de faire de fausses analogies, de modeler la vie politique d'une nation sur les institutions politiques d'une autre nation, ou de jeter dans le moule d'une forte unité centrale l'organisme d'un peuple qui dans toute son histoire a montré un esprit fédératif.

Les principes de l'école historique, revêtus d'un caractère plutôt naturaliste et physiologique que moral, devaient paraître insuffisants à ceux qui, quoique opposés au rationalisme, cherchaient une source plus élevée pour le droit et les institutions sociales. Une nouvelle école surgit qui, réagissant en même temps contre les tendances propagées par la révolution française, prit un caractère essentiellement religieux et théologique, manifestant l'intention de ramener le droit, la législation, toutes les institutions sociales, soit à une révélation primitive, soit à la volonté divine, que la foi et les traditions historiques devaient faire connaître. Cette école a été fondée par de *Maistre*[1] et continuée, dans l'esprit du catho-

---

[1] Joseph de Maistre, né à Chambéry 1764, † 1821, ministre plénipotentiaire de Sardaigne à St. Pétersbourg en 1803, écrivit dans cette ville les *Soirées de St. Pétersbourg*, publiées après sa mort, ouvrage

licisme, par de Bonald, Adam Müller, Baader et d'autres; elle fut transformée récemment, d'après l'esprit du protestantisme, et appuyée sur de plus fortes bases philosophiques et historiques par Stahl[1].

Si cette école n'avait eu pour but que de ramener la notion du droit au principe suprême de toutes choses, d'indiquer les rapports qui existent entre l'action divine et la vie de tous les êtres, et de faire connaître ainsi le but providentiel qui s'accomplit dans l'histoire de toutes les institutions, elle aurait acquis les sympathies de tout homme religieux. En effet, un progrès réel et durable ne peut s'opérer en dehors des grandes idées religieuses; sans elles la vie humaine est

philosophique bien plus profond que celui *Du pape*, dans lequel il formula la doctrine du papisme ultramontain. Voir L. Binaut, *Revue des Deux Mondes*, 1 déc. 1858 et 15 août 1860; ainsi que les *Mémoires politiques et correspondance* de J. de Maistre, publiés par A. Blanc. Paris, 1858.

[1] M. Stahl (1802—1861), professeur à l'université de Berlin, en se plaçant, dans son important ouvrage: *Philosophie des Rechts nach geschichtlicher Ansicht*, à un point de vue plus philosophique, a pu s'affranchir de beaucoup d'idées exclusives et erronées des écoles théologique et historique. Toutefois, d'après l'esprit dominant de sa doctrine et comme un des défenseurs principaux de «l'État chrétien,» il doit être compté parmi les partisans de l'école théologique. En concevant tout l'ordre du droit et de l'État comme une conséquence de la chute, et comme n'étant destiné qu'à maintenir, par la contrainte, les dernières limites dans lesquelles doit se renfermer toute action morale d'une personne ou d'une institution, Stahl établit une doctrine qui, par son caractère borné et négatif, ne s'élève pas au-dessus de la théorie de Kant, et méconnaît la mission plus haute de l'État, celle, de contribuer aussi d'une manière positive au perfectionnement de l'homme et de la société. — Dans le droit public Stahl devint le défenseur de la royauté (avec un simulacre de représentation) et du droit divin contre le droit, à la fois divin et humain, des peuples, et le soutien du principe exclusif de l'autorité et de la légitimité, représentées par la noblesse, l'armée et le clergé, contre le principe (également exclusif et purement formel) des majorités; au fond il construit dans le domaine politique une royauté sur le modèle de la papauté dans le domaine religieux; il distingue bien entre la fonction ou l'institution et ses organes, il reconnaît que les rois et les papes sont pécheurs comme les peuples; mais il pense que les péchés des rois sont plus humains, ceux des peuples souverains plus diaboliques. La doctrine de Stahl caractérise l'époque prussienne de Frédéric Guillaume IV avec les tendances féodales qui encore aujourd'hui sont très-vivaces, malgré la révolution d'en haut que cet État poursuit maintenant en Allemagne.

une énigme insoluble, et l'histoire une suite d'accidents, un développement abandonné au hasard, dépourvu d'une direction supérieure qui le guide vers la fin de l'humanité. Mais l'école théologique, loin de comprendre le gouvernement de la Providence dans toutes les grandes évolutions de l'histoire, tend à immobiliser la société ou même à la faire rétrograder vers un type d'organisation qui ne trouve plus sa raison d'être dans le présent; elle rétrécit la notion du droit, en la faisant dériver du péché ou de la chute de l'homme, elle l'identifie ensuite à la religion, et confond ainsi deux ordres sociaux qui, pour le bien de l'humanité, doivent être, sinon séparés, du moins distingués dans leur nature et dans leur organisation.

En examinant les principes de l'école théologique, nous devons d'abord constater que la source où ils sont puisés est incertaine, insuffisante, et donne nécessairement aux idées qu'on en fait dériver un caractère hypothétique, étroit et souvent exclusif. On a d'abord voulu déduire des livres sacrés du christianisme une doctrine de droit et de politique sociale. Or, il faut proclamer comme un fait heureux et providentiel, que le christianisme, en ouvrant à l'humanité une vie nouvelle, en lui communiquant un esprit plus élevé qui devait féconder successivement toutes les institutions, n'a prescrit ou sanctionné aucune forme politique, abandonnant à l'évolution libre des peuples le soin de trouver, pour chaque phase de leur développement, pour chaque degré de culture, l'organisation la plus conforme à leurs besoins. En se contentant d'énoncer les deux principes fondamentaux, pierres angulaires de tout édifice social, l'*autorité* et la *liberté*, il a laissé aux peuples, avec la spontanéité de leur mouvement, la faculté de combiner ces deux éléments selon leur génie propre et l'esprit général de chaque époque. Aussi sont-ce les notions chrétiennes qui se développent le plus librement, présentent les organisations sociales les plus variées, essayent les formes politiques les plus diverses, pour arriver peut-être dans l'avenir à l'organisation commune qui aura été reconnue comme la meilleure. Ceux qui veulent fonder sur les dogmes chrétiens une théorie de droit et de politique sont donc en opposition directe avec l'esprit du christianisme; l'interprétation qu'ils donnent aux textes de l'Écriture est plus ou moins arbitraire, et se ressent des idées préconçues de ceux qui l'entreprennent[1]. C'est pourquoi les théories politiques les plus diverses se sont étayées des textes de l'Ancien ou du Nouveau Testament. Les unes, s'attachant d'une manière prédominante au principe de l'autorité qui s'y trouve sanctionné, ont fait l'apologie du pouvoir absolu; d'autres, en se pénétrant outre mesure de l'esprit de liberté qui anime le christianisme, en ont fait un principe de désorganisation. Sans parler ici des écrits de Filmer et de Salmasius, ou de Milton et de Buchanan, publiés à la suite de la révolution d'Angleterre, des époques analogues ont vu naître de nos jours des ouvrages semblables. Si le comte de Maistre et l'abbé de Bonald (*Législation primitive*, 1821) préconisent le principe de l'autorité, Fichte[2], de Lamennais (*Livre du peuple*) et d'autres défendent, dans leurs écrits, jusqu'à l'excès, les droits de la liberté[3].

Dans ces derniers temps, on a cherché à opérer une modification dans la doctrine théologique, afin de la légitimer en quelque sorte devant la société moderne. En rendant im-

---

[1] Les vers de Scaliger sur la Bible: .
> *Hic liber est in quo quærit sua dogmata quisque,*
> *Invenit ac pariter quoque dogmata quisque sua*

sont encore plus justes par rapport aux dogmes politiques qu'on veut y chercher.

[2] Dans un ouvrage posthume intitulé: *Die Staatslehre*, 1820, dans lequel se trouve une des plus profondes appréciations du christianisme, dans le sens de la liberté.

[3] La tendance d'amalgamer le christianisme et la politique a été renouvelée en France par l'école de Buchez, qui cherchait à couvrir l'impuissance et le vide de ses théories par la doctrine chrétienne, interprétée à la manière de Robespierre et de Saint-Just; elle s'est communiquée à beaucoup de théories socialistes. Dans tous ces essais, on oublie l'esprit chrétien, qui consiste à commencer la réforme sociale par la réforme morale de l'homme *intérieur*. C'est là le point important.

plicitement hommage aux tendances nouvelles introduites dans les esprits par la liberté, on s'empare de ce principe fécond pour combattre, à un point de vue plus élevé, l'école rationaliste. On reproche au rationalisme d'établir des principes généraux, qui ne tiennent aucun compte des différences nationales et historiques, des mœurs, des temps et des lieux; on soutient que le principe de droit et de législation ne peut pas être universel, qu'il doit avoir sa source dans la liberté, dans une volonté spontanée et en dernier lieu dans la volonté souveraine et libre de Dieu qui, loin d'être soumis dans son action à des lois nécessaires, a librement établi toutes les lois que les hommes doivent observer. Nous ne voulons pas insister sur le danger d'abandonner l'interprétation de la volonté divine à des autorités qui s'interposent entre Dieu et l'humanité; nous n'entrerons pas non plus dans des discussions métaphysiques sur le rapport qui existe entre l'essence éternelle de Dieu et sa volonté, entre la nécessité et la liberté, questions si longuement débattues sans résultat par les théologiens du moyen âge; nous ferons seulement observer que, dans l'homme, la vraie liberté est inséparable de la raison et des lois du bien, qui seules donnent à la volonté le caractère de la moralité. La liberté, telle que cette branche moderne de l'école théologique la conçoit, ne serait que l'arbitraire, en Dieu comme dans l'homme. Or, l'arbitraire est destructif de toute liberté rationnelle, et conduirait dans son application sociale à un despotisme d'autant plus funeste qu'il se revêtirait du manteau religieux.

Quant au principe de droit proprement dit, il est conçu généralement par l'école théologique sous le point de vue le plus étroit. En considérant l'ordre civil et politique uniquement comme le piédestal de l'ordre religieux, qui lui donne sa valeur et sa sanction; en ne voyant la légitimité de l'ordre civil que dans la nécessité d'une contrainte, elle place le principe de justice, comme une conséquence de la nature déchue de l'homme, dans la seule punition. La justice humaine se trouve

ainsi modelée sur la justice divine, à laquelle on ne donne pour
but que la vengeance, au lieu de la considérer comme l'action
providentielle par laquelle Dieu intervient dans la vie de tous
les êtres animés, en distribuant à tous, conformément à leur
nature et à l'état de leur moralité, les moyens, de développement et de réhabilitation, en vue du plan éternel de la
création.

L'école théologique est en opposition manifeste avec tout
l'esprit moderne qui, sans les séparer complétement, tend à
distinguer le droit et la religion, l'État et l'Église; qui demande, non pas que l'État soit athée, mais qu'il soit sans
confession et qu'il accorde également sa protection à toutes
les confessions dont les principes religieux sont d'accord avec
les éternels principes de la morale. Si la religion dans l'Église
peut prétendre à la liberté et à une indépendance relative,
l'État de son côté doit maintenir son indépendance dans
toutes les questions de droit commun. L'État et l'Église, ou
plutôt tous les États et toutes les confessions renferment à
la fois un élément divin et un élément humain; ils sont des
manifestations, les uns de l'idée divine du droit, les autres
de l'idée divine de la religion sous des formes particulières,
historiques, plus ou moins appropriées à la culture des peuples;
mais les formes sont toujours changeantes, susceptibles de
modifications opérées par la raison humaine qui pénètre de plus
en plus profondément dans l'ordre universel des choses. L'État
ne peut donc pas se lier à une confession déterminée, qui a
toujours la tendance d'identifier sa forme temporelle avec le
fond éternel de la religion et demande à l'État des moyens
de contrainte en faveur de son immobilité, tandis que l'État,
dans une pensée vraiment religieuse, vénère la liberté de
l'Esprit Divin, qui dirige l'humanité dans sa voie religieuse,
et qui la mènera dans le cours des siècles à une plus grande
unité de religion, comme il rapprochera les États par leurs
formes politiques dans une confédération générale plus
intime.

III. § 11.

L'ÉCOLE PHILOSOPHIQUE DE SCHELLING ET DE HEGEL.

Les doctrines abstraites et individualistes du droit et de l'État, développées par la révolution française dans toutes leurs conséquences pratiques, avaient, de prime abord, provoqué une vive réaction de la part des intérêts historiques et des croyances religieuses; elles vont maintenant recevoir de la philosophie même une transformation, qui présentera le droit et l'État sous une face tout opposée. Si, en France, la *volonté* des *individus*, réunis en société pour la garantie de leur personnalité et de leur liberté, fut considérée comme la force créatrice du droit et de l'État, en Allemagne le dernier mouvement philosophique tendait à établir une puissance supérieure à toutes les volontés individuelles, comme la source des institutions juridiques et politiques. Toutefois il est digne de remarque que c'est au fond le même principe, diversement conçu, qui sert de point de départ dans les deux systèmes: ce principe est la *volonté*, soit la volonté individuelle des hommes, soit la volonté absolue de Dieu, manifestée dans l'ordre physique et moral du monde. Ainsi, la *volonté générale* que Rousseau avait cherchée, en la distinguant de la *volonté de tous*, est introduite comme *volonté absolue* dans la science du droit et de l'État par les systèmes philosophiques qu'on appelle communément panthéistes.

On a souvent signalé le développement parallèle qui se présente entre les diverses phases de la révolution politique en France, et les principales périodes de la révolution philosophique commencée par Kant en Allemagne.[1] Ce parallélisme

---

[1] Ce parallélisme a été d'abord établi par Stahl, dans la première édition de sa *Philosophie du droit*, 1830; plus tard par Edgard Quinet, dans la *Revue des deux Mondes*, 1833, et par d'autres. Les auteurs dif-

existe en effet; mais ce qui nous importe le plus, c'est de constater la manière dont s'est opéré le passage de la volonté individuelle et subjective à la volonté générale et absolue.

Kant avait découvert dans l'homme des sens, cet homme supérieur, idéal, qui établit, par l'impératif catégorique de la conscience, la loi et le motif de ses actions. Fichte maintient le principe, mais avec la tendance plus prononcée de placer la raison dans la liberté de la *volonté*, jusqu'à ce que Hegel érige la volonté de l'Esprit absolu en principe de la morale et du droit.

Fichte, dans son idéalisme subjectif, posa d'abord le *moi* comme le pouvoir créateur tant de l'ordre physique que de l'ordre moral, et exagéra, dans la science du droit, le principe de la liberté, de l'autonomie et de l'autocratie individuelle. Mais il s'aperçut bientôt qu'il y a dans le *moi* une force supérieure, indépendante de la volonté individuelle, formant le lien de tous les esprits et les réunissant en un ordre moral, en un règne d'êtres rationnels. En cherchant à se rendre compte de l'existence de ce principe sur-individuel dans le *moi*, il comprit dans une seconde époque de sa spéculation que la raison de tous les *moi* individuels était le moi absolu, Dieu. Il transforma en conséquence les doctrines philo-

fèrent dans la manière dont ils établissent le parallèle. On peut, en général, comparer la doctrine de Kant à l'Assemblée constituante. La première école de Kant incline, plus que son fondateur, vers la république. Fichte, en élevant la puissance du moi individuel au plus haut degré, représente Napoléon, qui par le pouvoir, entreprend d'organiser la liberté. La doctrine de Schelling commence la réaction contre les doctrines précédentes, et ressemble, sous quelques rapports, à la Restauration. Hegel continue la réaction, tout en ménageant la transition vers une théorie plus libérale. On a voulu trouver quelque analogie entre cette doctrine et le système politique inauguré par la révolution de juillet. Mais les analogies dans le domaine moral, où la liberté humaine joue un rôle important, ne peuvent être complètes, alors même que le développement s'opère d'après les mêmes principes généraux. Ce qui toutefois est incontestable, c'est qu'en France et en Allemagne il y a maintenant un *précipité* confus de toutes les doctrines précédentes, et que l'ordre véritable, dans l'intelligence et dans la vie sociale, ne peut se rétablir que par une nouvelle doctrine qui combine harmoniquement les principes de l'organisation et de la liberté.

sophiques émises précédemment; il les développa dans un sens plus élevé, et conçut aussi le droit et l'État dans un rapport plus intime avec la religion et avec le christianisme, interprété au point de vue de la liberté.[1]

Cette transformation se fit sous l'influence visible de la spéculation de Schelling. Ce philosophe, d'abord disciple de Fichte, mais plus instruit que lui dans les sciences naturelles, chercha, dès le commencement, à s'élever au-dessus de l'idéalisme subjectif, à rétablir la Nature, si étrangement méconnue, dans ses droits, à concevoir Dieu, comme l'identité absolue, se manifestant dans le monde, sous deux faces opposées, comme monde idéel ou Esprit, et comme monde réel ou Nature. Ainsi furent jetés les fondements d'un nouveau panthéisme qui, d'un côté, idéalisa le monde physique, et de l'autre, unit le monde spirituel et moral à la Nature, montrant partout l'identité des principes d'après lesquels Dieu organise tout l'univers, rapprochant tout de tout, établissant enfin l'*analogie* et le *parallélisme* entre toutes les choses. Ce fut surtout l'importante idée de l'*organisme*, ou d'un tout dont les parties sont en rapport entre elles et dont chaque partie est encore déterminée par le principe ou le type du tout[2], qui fut éveillée dans l'esprit des naturalistes, et bientôt aussi appliquée dans le domaine du monde moral et social; toute institution fut conçue comme un organisme; l'individu, laissé jusque-là dans l'isolement, fut compris dans ses rapports organiques avec la famille, avec l'État, avec toute la société, dont il ne peut jamais se dégager complétement. Mais de même que d'après Schelling, c'est Dieu qui manifeste son action dans la nature par la création des organismes physiques, de même c'est Dieu aussi qui, dans le monde spirituel, crée les orga-

---

[1] Voy. l'ouvrage posthume de Fichte: *Die Staatslehre* (Doctrine de l'État), 1820. Voir aussi notre *Discours* cité p. 45.

[2] Cuvier, le plus grand naturaliste des temps modernes, constata plus tard la justesse de cette idée, quand il montra que d'après un seul os, on pouvait reconstruire l'animal auquel il appartenait, parce que le type du tout se manifeste encore dans la moindre partie.

nismes idéels, la *famille*, l'*État* et l'*Église*. Seulement, l'action divine, qui est nécessaire, fatale, inconsciente dans là nature, devient, dans le monde spirituel, libre, consciente, et se manifeste comme *volonté* universelle.

Ces principes devinrent, dans l'école de Schelling, les fondements d'une nouvelle doctrine du droit et de l'État, où cependant le caractère de l'organisme moral fut généralement trop confondu avec les organismes de la nature. Si auparavant la volonté individuelle a été considérée comme puissance créatrice de l'État et des institutions sociales, l'individu n'est plus regardé maintenant que comme membre intégrant et nécessaire d'un tout moral et social, créé par la volonté divine. C'est l'antithèse du contrat social, mais c'est en même temps la solution panthéiste du problème posé par Rousseau, celui de trouver une volonté générale au-dessus des volontés individuelles.

C'est le principe de la volonté générale ou absolue qui devint le fondement de toute la doctrine de Hegel sur le droit et l'État.[1]

Hegel combine d'une manière originale l'idéalisme de Fichte avec le système de l'absolu de Schelling et construit ainsi

---

[1] Dans sa *Philosophie du droit*, p. 314, Hegel rattache expressément sa doctrine à celle de Rousseau, et reconnaît à celui-ci le mérite d'avoir établi, comme base de l'État, un principe qui est la *pensée* même, la *volonté*; mais il lui reproche de ne pas avoir compris la volonté comme générale, c'est-à-dire comme principe rationnel, *objectif*, au-dessus des volontés individuelles. Cependant la volonté, qu'elle soit conçue comme individuelle ou comme générale, ne peut jamais être le principe du droit et de l'État; car la volonté n'est, dans l'homme et en Dieu, qu'une faculté d'action qui suppose, comme principe et comme but, le bien et le juste. De même que la volonté doit être psychologiquement distinguée de la raison, seule source de connaissance pour les principes du vrai, du bien et du juste, de même les hommes réunis en société doivent chercher des principes qui puissent donner une règle et une direction à leur volonté. Toute théorie qui part de la *volonté*, individuelle ou générale, reste dans l'abstraction et ne mérite pas le nom d'objective, parce qu'elle néglige le véritable objet du droit, c'est-à-dire le bien, dont le droit est un *mode* de réalisation. C'est parce que la doctrine de Hegel repose au fond sur le même principe que celle de Rousseau, qu'elle a pu être transformée dans ces derniers temps en une théorie tout analogue.

l'idéalisme absolu. Il conçoit l'absolu ou Dieu, comme se développant par degrés dans les divers domaines de l'univers, existant d'abord *en soi* dans ses attributs ontologiques, se manifestant ensuite *hors de soi* comme *nature*, et s'élevant par les divers ordres des existences physiques jusqu'à la production de l'*esprit*, où il existe *pour soi*, dans la conscience de lui-même. Cette conscience se révèle d'abord à l'état d'esprit subjectif, comme âme sentante, comme esprit pensant, et comme volonté pratique, par laquelle elle devient objective et crée un monde objectif, pour s'élever successivement à l'absolu par la religion, par l'art et par la philosophie, dans laquelle l'Esprit prend possession de lui-même. L'Être absolu, esprit objectif, est une volonté libre. Or, c'est par le *droit* que la volonté libre reçoit son existence; le droit est ainsi le *règne de la liberté réalisée*. Le droit se développe ensuite dans les divers degrés de la réalité objective de l'esprit. D'abord la volonté libre se manifeste comme *individuelle*, c'est-à-dire, comme *personne;* l'existence que la personne donne à sa liberté est la *propriété;* le droit est ici formel, abstrait. Mais la volonté libre s'élève plus haut, elle se réfléchit en elle-même; il en résulte le droit de la volonté *subjective* ou la *moralité.* Enfin la volonté libre se fait connaître à un troisième degré, elle devient sociale, substantielle, elle s'incorpore dans les *mœurs (Sittlichkeit):* là elle se montre sous trois formes successives, d'abord dans la *famille,* ensuite dans la *société civile,* qui comprend le système des besoins, l'organisation de la justice, la police et les corporations; enfin dans l'*État,* qui se développe de nouveau dans le droit interne, dans le droit externe et dans l'histoire du monde. Quant à la forme de l'État, la plus rationnelle est la monarchie constitutionnelle, où le prince est le sommet personnel, la pointe qui décide dans le gouvernement.

Pour comprendre le développement de l'État et sa marche progressive dans l'histoire du monde, il faut, dit Hegel, se rappeler que c'est Dieu, que c'est le divin qui se manifeste dans l'État et dans les diverses formes de son organisation. L'État est, comme s'exprime Hegel, le Dieu présent, il est l'univers spirituel où la raison divine s'est réalisée; par conséquent *tout ce qui existe est rationnel, et tout ce qui est rationnel existe,* car c'est Dieu qui vit dans l'État; tout est donc à sa place et vient ou viendra à son temps. L'individu n'a de valeur que par l'État, et tous ses droits y reçoivent leur vérité et leur signification. L'État est le but absolu; la base de l'État est la puissance de la raison qui s'effectue comme volonté. L'État, par son but absolu, a un droit suprême sur les individus, dont le devoir suprême est d'être membres de l'État. Car l'État n'est pas seulement une société civile, protégeant la propriété et la liberté personnelle: de même que la raison consiste dans l'unité du général et de l'individuel, de même l'État unit l'individualité et la liberté subjective avec la volonté générale.

Mais l'esprit du monde *(der Weltgeist)* s'individualise dans des esprits nationaux, et passe en une variété d'États qui se trouvent entre eux dans un rapport d'indépendance souveraine. Il n'y a pas de pouvoir de droit qui puisse décider entre eux. C'est donc la guerre qui doit prononcer. La guerre est un instrument de progrès et une force moralisante. La paix perpétuelle, rêvée par quelques philosophes, serait la stagnation morale pour les nations. L'histoire du monde est le spectacle du procédé divin par lequel l'esprit universel développe la richesse infinie de ses antithèses, et prononce sur les peuples le dernier jugement. Dans cette action de l'esprit du monde, les peuples, les États et les individus sont des moyens périssables, tandis que l'esprit lui-même s'élève toujours plus haut. Là où l'esprit du monde arrive à un degré supérieur, il exerce un droit absolu, et le peuple qui en devient le représentant est comblé de bonheur et de gloire, il domine de droit. Les autres nations sont vis-à-vis de lui sans droit; celles dont l'époque est passée ne comptent plus dans l'histoire du monde. L'esprit du monde parcourt quatre périodes de développement, dans les quatre empires qui ont une signification universelle : l'empire oriental, l'empire grec, l'empire romain et l'empire germanique, qui est le dernier. Tous les peuples ont leur fin dernière dans l'esprit du monde, et se réunissent en lui pour devenir les témoins de sa gloire.

C'est de cette manière que Hegel poursuit le développement de l'idée du droit à travers le droit privé, le droit de l'État, le droit des gens et l'histoire du monde. Ce qui frappe d'abord dans cette conception, c'est le point de vue objectif et universel sous lequel Hegel considère les principales institutions du droit ; ce n'est plus la volonté individuelle qui est la source des droits et des institutions sociales ; les individus sont les organes d'un esprit supérieur qui les mène, sans qu'ils en aient conscience, et qui forme et transforme tout ce qui existe dans la société. Cette conception, préparée par Schelling et poursuivie avec une haute puissance de dialectique par Hegel, devait exercer une grande influence sur tous ceux qui avaient compris et rejeté le caractère formel, abstrait, individualiste, inhérent aux précédentes théories du droit naturel.

Mais si, après avoir reconnu ce mérite qui tient à l'esprit général du système, on examine quelles sont les nouvelles idées vraies et fécondes dont Hegel a enrichi la philosophie du droit, on ne découvre qu'un vide désespérant ou de déplorables erreurs. D'abord, rien de plus vague que la notion même du droit. Le droit, dit Hegel, c'est la liberté réalisée : le point de départ est donc le système de Fichte, qui résume toute la personnalité humaine dans la liberté. Mais quand on considère de quelle manière la liberté se réalise, on voit aisément que Hegel aurait dû ajouter : le droit est la liberté réalisée par la fatalité ; car quelle liberté y a-t-il pour des êtres qui ne sont que les instruments de l'esprit universel, qui ne sont pas de véritables personnalités, mais les phases de développement de l'absolu, les moments de la personnalité que Dieu acquiert au terme de son évolution ? Quand on analyse ensuite les théories de l'auteur sur les matières spéciales, sur la propriété, sur la famille, sur l'État, on rencontre les notions les plus vulgaires, exprimées dans un langage obscur. Nulle part on ne trouve des idées qui tendent au-delà du présent et fassent entrevoir des réformes ou une organisation meilleure. C'est la réalité la plus commune logiquement étiquetée. De plus, la doctrine de Hegel renferme les erreurs les plus pernicieuses. D'abord quant au principe du droit, par suite de cette méthode dialectique dans laquelle les idées se métamorphosent sans cesse, se culbutent les unes les autres, l'auteur ne reconnaît aucun principe immuable de justice et de moralité sociale, parceque pour lui toutes les notions n'ont qu'une valeur relative, historique, déterminée d'après les phases de l'évolution de l'esprit universel. La doctrine de Hegel conduit donc au fatalisme, au quiétisme, à la justification des faits accomplis ou à la glorification de la victoire; elle est devenue le prélude philosophique de la maxime que la force prime le droit, professée particulièrement dans l'État d'où la philosophie de Hegel se propagea en Allemagne, avec l'apparence d'une victoire décisive, mais pour déchoir presque avec la même rapidité. Toutefois cette doctrine en ébranlant la conviction que les vérités éternelles du bien, du juste et de la moralité sont le fond substantiel et les fils conducteurs dans le tissu de l'histoire, que le vrai succès ne se laisse mesurer que d'après les nobles buts de liberté et de culture morale, intellectuelle et économique, dont les faits retardent ou accélèrent l'avancement, a en grande partie contribué à pervertir les notions du droit, à répandre la confusion dans les idées morales et politiques et à nourrir en même temps l'opinion orgueilleuse d'enfermer en quelques formules la science de Dieu et de l'univers. Quant à l'État, la conception de Hegel est toute païenne. Aristote aurait pu formuler la même théorie. Le christianisme, qui a élevé l'homme au-dessus du citoyen, n'a pas été compris, bien que Hegel cherche à l'assimiler sans cesse à sa doctrine. L'État a un pouvoir · absolu; il absorbe tout; il a le droit de tout régler, la moralité, les arts, la religion, les sciences; les individus n'ont de droits que par lui. Le panthéisme de Hegel se concentre ici dans le panthéisme politique. L'État, le Dieu présent, est le souverain investi du droit absolu. Cette apothéose de l'État peut avoir les sympathies des absolutistes politiques, dans quelque camp qu'ils se trouvent, monarchique ou démocratique, mais elle est profondément antipathique à la liberté humaine. Enfin, toute la conception philosophique de Hegel, à laquelle la théorie du droit et de l'État est intimement liée, est repoussée par la conscience et par la raison. L'idée d'un Dieu-progrès qui se développe à travers le monde pour arriver à une conscience de plus en plus claire de lui-même, est une monstrueuse application de l'anthropomorphisme, qui transporte à Dieu ce qu'il a trouvé dans les êtres finis et perfectibles; ce n'est pas là l'idée de Dieu, de l'Être infiniment et éternellement parfait, qui est le seul fondement des sentiments religieux et moraux de l'homme. Le Dieu-progrès a eu son école dans le hégélianisme et son temple dans le saint-simonisme (v. § 12); le temple n'est pas resté longtemps debout; l'école est entrée depuis longtemps dans la période de dissolution.

Depuis que les vices du système de Hegel, dans le fond et dans la forme, ont été généralement reconnus, on a appelé de toutes parts une réforme; mais comme au moment de la dissolution d'un système, ses éléments se séparent et cherchent souvent à prolonger, dans l'isolement, une vie qu'ils n'ont pu maintenir dans leur union, l'élément subjectif de Fichte se dégagea d'abord de l'élément absolu de Schelling. Schelling vint lui-même revendiquer le principe qu'il avait le premier conçu, et le droit de le développer dans une direction nouvelle; mais il ne put aboutir à quelque théorie précise sur le droit et l'État. Le principe de Fichte donna naissance, au sein du hégélianisme, à une jeune école qui, exagérant la liberté et l'autonomie personnelles, fit de nouveau du moi individuel l'être absolu, substitua l'homme à Dieu, et proclama, en termes formels, la destruction des lois éternelles de la religion, de la morale et de la politique. Cette école fit cesser l'équivoque que Hegel avait laissé planer sur toutes les matières et qui lui avait gagné des partisans des côtés les plus opposés. Mais toutes ces théories ne sont que les dernières conséquences d'une doctrine reconnue comme fausse dans ses principes et dont les erreurs ont pénétré dans un grand nombre de sciences.[1]

---

[1] Depuis vingt ans que ces lignes sont écrites, le mouvement tendant à la dissolution de tous les liens sociaux a fait encore plus de progrès, tant en France qu'en Allemagne, où il a été une des causes principales de l'avortement politique en 1848. L'*athéisme*, le culte pur soit de l'humanité, soit de l'homme individuel, a été enseigné sous des formes diverses, comme la seule doctrine propre à remettre l'homme dans la pleine possession de sa liberté, et à la fin un matérialisme éhonté a cherché à fonder de nouveau son règne dans la théorie et dans la pratique. Une grande divergence d'opinions toutefois s'est manifestée sur la manière dont cette liberté devait être établie dans la société. Les uns (comme une des dernières écoles éphémères en Allemagne, et en France *Proudhon*) proclamaient l'*anarchie*, l'absence de tout gouvernement, chaque individu étant monarque et autocrate. D'autres voulaient une espèce d'organisation, mais «sans Dieu et sans roi, par le seul culte systématique de l'humanité» pour arriver à un nouveau paganisme où le culte des héros joue le rôle principal: telle est la pensée d'*Auguste Comte*, dans son Discours sur le positivisme, 1850. Enfin comme dernier terme des doctrines démoralisantes s'est présentée en Allemagne celle de *Schopenhauer* qui érige ouvertement en principe l'athéisme, le pessimisme, le nihilisme, l'ironie qui ne voit dans l'existence du monde qu'un objet bon à faire mourir de rire. Mais cette doctrine, qui signale évidemment la chute de la philosophie, est déjà au déclin, et bien que les théories dissolvantes se propagent encore dans le milieu vulgaire, dans les hauteurs de la spéculation philosophique se préparent des doctrines plus saines par des recherches solides sur les fondements de la psychologie et de la logique.

Nous n'avons pas fait mention de la doctrine philosophique de *Herbart*, parce que dans le droit naturel elle n'a acquis aucune importance. La doctrine de Herbart forme la contre-partie de celle de Hegel; à l'unité absolue et infinie, qui fait ses évolutions dans le monde, Herbart oppose une infinité d'unités absolues, identiques et compassées, qu'il appelle monades, mais qui diffèrent de celles de Leibnitz du tout au tout: C'est l'atomisme, encore si répandu dans les sciences naturelles, bien qu'il fasse déjà place ici de plus en plus à la théorie des unités centrales de force, qui a été transporté d'abord dans la psychologie et ensuite dans toute la philosophie. A cause de la tendance généralement atomistique de notre époque, Herbart a formé école. Cette école essaie partout les explications mathématiques et mécaniques; mais dans la science du droit, dont elle cherche la source, d'un point de vue très-étroit, dans le

La crise qui a attteint la philosophie en général et qui s'est manifestée également dans la philosophie du droit subsiste encore aujourd'hui. Les défauts inhérents aux systèmes formels et subjectifs de Kant et de Fichte, et aux systèmes objectifs et absolus de Schelling et de Hegel sont connus. Les erreurs signalées dans ces théories ont donné une nouvelle force aux esprits qui repoussent tout système rationnel, et qui voudraient faire revivre les idées et les institutions du passé. Cependant le besoin du progrès devient de plus en plus général; on ne connaît pas bien l'avenir auquel on aspire, mais on connaît le passé et on n'en veut pas le retour. On entend maintenir les fruits de cette longue éducation intellectuelle, morale et politique, qui a été si laborieusement accomplie par tant de peuples, après tant de siècles. Les conditions du progrès social sont aussi mieux appréciées ; on est revenu de l'engouement qu'on avait montré pour de pures formes politiques ou pour certaines institutions sociales. On comprend qu'il faut saisir la vie humaine sous toutes ses faces, employer tous les leviers et les diriger avec ensemble pour opérer avec certitude. Aussi les doctrines exclusives ont-elles fait leur temps; partout on cherche une doctrine harmonique qui concilie par des principes supérieurs les vérités partielles entrevues dans les systèmes précédents, et qui, loin d'être une simple reproduction du passé ou un impuissant éclectisme, trace à l'activité humaine une route nouvelle, ouvre une issue pour sortir sans secousse de l'état actuel, et indique les réformes à faire dans l'avenir.

Or, ces conditions d'un système organique et harmonique sont, d'après notre intime conviction, les plus parfaitement

---

«déplaisir à la lutte» *(Misfallen am Streite)* elle ne présente que des considérations qui ne portent nulle part sur le fond des problèmes. Herbart, qui en ramenant tout à des combinaisons *formelles* de *volonté*, présente dans toutes les sciences pratiques ainsi que dans le droit comme le dernier terme le subjectivisme. Nous avons donné une exposition critique de cette doctrine dans le *Staats-Lexicon* art. Herbart.

remplies par la doctrine philosophique de Krause[1] (1780—1832),
qui nous servira de guide dans ce travail sur le droit naturel.
Comme cette doctrine se lie à tout le développement précédent de la philosophie en Allemagne, nous en présenterons
ici une rapide esquisse.

La théorie de Krause sur le droit et sur l'État résume
tous les progrès accomplis et contient toutes les idées fondamentales qui se sont produites dans la succession des
systèmes: elle est le *système organique et harmonique du
droit et de l'État*. Elle combine d'abord les deux méthodes
générales, l'*analyse* et la *synthèse:* son point de départ est
dans l'analyse de la nature de l'homme et de tous ses rapports, où le droit apparaît, comme un principe essentiel d'organisation; mais l'homme et l'humanité sont aussi ramenés
à leur principe, à Dieu, et dès lors la conception du droit
devient synthétique; la justice est comprise à la fois comme
idée *divine* et *humaine;* elle se présente comme un principe
d'organisation libre de la vie de tous les êtres moraux, comme
l'ensemble organique de toutes les conditions qui sont réalisées par Dieu et par l'humanité, pour que tous les êtres raisonnables, dans les diverses sphères de la vie, puissent atteindre leurs buts rationnels. Ensuite le droit est nettement
distingué de la *morale* et de la *religion*, et les tentatives

---

[1] Nous en avons donné une première exposition, encore imparfaite,
dans notre *Cours de philosophie.* Le second volume de ce cours a reçu
un complément dans l'*Exposition du système philosophique de Krause*,
par M. Tiberghien, aujourd'hui professeur à l'université de Bruxelles. —
M. Tiberghien a depuis fait connaître au public français d'autres parties
importantes de la doctrine de Krause dans la *Théorie de l'infini*,
Bruxelles, 1846; dans la *Science de l'âme* (Psychologie), Bruxelles, 1862,
et dans la *Logique* ou science de la connaissance, Bruxelles et Paris,
1865; 2 vol. in-8.
La doctrine de Krause est de plus en plus appréciée en Allemagne
dans son importance morale et sociale; ce que nous avons prédit, depuis
plus de vingt-cinq ans, commence à s'accomplir, après le naufrage des
autres systèmes, prônés pendant quelque temps, mais dépourvus de tout
principe de vie. La doctrine de Krause ne s'est répandue en Allemagne
que longtemps après la mort de l'auteur; mais elle aura des résultats
salutaires et durables qui maintiendront l'honneur de la philosophie, si
gravement compromis par les aberrations précédentes.

antérieures qui ont été faites sous ce rapport trouvent ainsi leur justification; mais, en même temps, le droit se présente dans la plus intime *union* avec la morale et la religion, avec tous les élements fondamentaux de la vie et de la culture humaines; il exprime leur face *conditionnelle*, il leur fournit les conditions d'existence et de développement, et devient le levier de leur progrès. Le droit s'engrène donc avec toute la destinée individuelle et sociale de l'homme; il est *universel*, car il n'existe aucune face de la vie humaine avec laquelle il ne se trouve en rapport. Le droit cependant n'intervient pas seulement pour limiter, mais avant tout pour aider l'activité intellectuelle, morale et physique de tous les hommes. La doctrine de Krause présente ainsi dans le domaine du droit un caractère éminemment *organique*. Dans toutes les matières du droit, elle reconnaît deux éléments principaux, dont l'un caractérise l'homme dans son *individualité personnelle*, l'autre dans ses *rapports organiques* avec les divers degrés de la sociabilité, avec la famille, avec la nation, avec l'humanité. Ces deux éléments, que nous avons appelés l'élément personnel et l'élément social, doivent être harmonisés dans toutes les institutions humaines; ils sont combinés dans l'exposition des droits absolus, de l'égalité, de la liberté, de l'association, dans la propriété, dans les contrats, dans le droit de société. Enfin la doctrine de Krause combine l'élément *subjectif* et l'élément *objectif* dans le système du droit et de l'État.

Dans la théorie de l'État, Krause harmonise encore les doctrines opposées qui ont été établies sur cette matière; il considère l'État comme l'institution spéciale du droit, et n'absorbe pas dans l'État l'homme et la société; il demande des organisations sociales distinctes pour la morale, la religion, les sciences, les arts, l'industrie et le commerce; mais il met l'organisation politique ou l'Etat dans un rapport intime avec toute l'activité humaine, avec toutes les institutions de la société. L'État a la mission de maintenir tout le développement social dans la voie de la justice, et d'assurer à toutes

les branches de la destinée humaine les moyens de se perfectionner. L'État est ainsi le médiateur de la destinée individuelle et sociale. Toutefois il n'est qu'un des organes principaux du vaste organisme social. La Société est un tout
organique, composé de diverses institutions qui se rapportent
chacune à une face importante de la vie humaine, et qui
toutes sont appelées, à une époque de maturité et d'harmonie
sociale, à constituer une unité supérieure; cette unité maintient à chacune son indépendance relative et les soumet toutes
à une direction générale pour l'accomplissement commun de
la destination de l'homme et de l'humanité.

La théorie de Krause respecte ainsi l'histoire et les institutions qui se sont successivement formées par l'évolution du
corps social; mais elle les anime d'un esprit nouveau, elle
les appelle à un développement harmonique; elle ouvre au
perfectionnement social un avenir où l'idéal sera progressive-
ment atteint par la réalité. L'humanité n'est pas, d'après ce
système, sur le déclin, mais dans l'âge de la jeunesse, elle
commence seulement à acquérir la conscience de son but social; un haut perfectionnement l'attend encore, et elle l'ac-
complira d'autant plus facilement, qu'elle comprendra mieux
les voies qui lui ont été tracées par la Providence.

CHAPITRE V.

§. 12.

LES DOCTRINES COMMUNISTES ET SOCIALISTES CONSIDÉRÉES COMME ABERRATIONS DANS LE DÉVELOPPEMENT DE LA PHILOSOPHIE DU DROIT.[1]

Les doctrines modernes du communisme et du socialisme,
nées presqu'en même temps en France et en Angleterre, et

[1] Voir Reybaud, Études sur les Socialistes modernes; Villegardelle,
Histoire des idées sociales 1846; Sudre, Histoire du communisme, 1849.

répandues depuis en Allemagne et dans la plupart des pays, ont une double origine: elles proviennent d'abord du changement qui s'est opéré dans les anciens rapports sociaux et surtout dans la condition de la classe ouvrière, si profondément modifiée par la destruction des liens corporatifs et l'introduction des machines; elles sont ensuite la conséquence des directions erronées que les théories sur le droit, l'État et la société ont prises dans leur développement. C'est à ces deux points de vue que le socialisme et le communisme devraient être jugés. Mais nous devons ici faire abstraction des causes *pratiques*, qui ne peuvent être exposées que dans une histoire plus détaillée de ces doctrines, et nous borner aux causes *intellectuelles* et *morales*, qui ont d'ailleurs exercé une influence décisive sur tous les changements sociaux.

Les doctrines communistes et socialistes se présentent, à cet égard, d'une part, comme une *réaction* contre quelques conceptions trop étroites du principe du droit et du but de l'État, comme un essai de compléter la théorie des *droits* purement abstraits et formels par la doctrine positive du *bien*, du *bien-être* et du *bonheur*, et de parfaire l'idée de l'État par l'idée de la *société*; d'autre part comme le résultat d'une confusion des principes du droit avec les principes moraux, et enfin comme un produit des doctrines *panthéistes* et *matérialistes*, qui ont envahi la société moderne.

En général l'apparition des doctrines communistes et socialistes à une époque est toujours le signe d'une réaction contre un état social qui, soit par des institutions arbitraires, soit par un régime de castes, d'esclavage, de corporations closes ou de priviléges, soit par des principes d'individualisme en général, a établi des différences et des rivalités excessives entre les hommes; il semble nécessaire alors de fortifier les liens de communauté, en rappelant à tous les citoyens leur qualité d'homme et le but commun qu'ils ont à réaliser par leurs efforts combinés. Les doctrines communistes et socialistes opposent ainsi un extrême à un autre;

elles font valoir l'élément commun et social de la nature humaine, qui en vérité doit être combiné avec l'élément individuel de la personnalité et de la liberté. L'histoire montre que ces deux éléments n'ont jamais pu se séparer complétement l'un de l'autre, qu'ils ont pris seulement d'une manière alternative un développement prédominant. En effet on peut constater qu'à des époques de culture inférieure et plus simple, l'élément social plus puissant se manifeste souvent par une communauté de possession ou d'exploitation, principalement des fonds de terre, comme cela se rencontre chez les peuples de l'ancienne Germanie, dans les communautés agricoles, qui se sont perpétuées en France jusqu'à la révolution, et encore aujourd'hui dans des communes slaves de la Russie; et que, d'un autre côté, le principe de la propriété privée se développe à mesure que la conscience de la personnalité et de la liberté se fortifie par le travail et l'exercice de toutes les facultés. Aujourd'hui nous touchons évidemment à une époque, où un grand capital social, accumulé dans les divers moyens publics qui servent au travail et à l'instruction, au bien-être et à la santé des habitants, est rendu accessible ou distribué à tous les citoyens, et où l'on entre dans la vraie voie sociale, en cherchant le complément de la liberté et de la propriété individuelle dans la libre association.

Considérées dans leur source, les doctrines communistes et socialistes peuvent naître de deux tendances diverses, soit d'une aspiration vers un idéal plus élevé, plus moral de la vie humaine, alors qu'une pensée religieuse répand ou vivifie le sentiment de l'égalité et de la fraternité des membres de la famille humaine, soit des appétits sensuels, quand le matérialisme égalise tous les hommes dans la jouissance et dans le néant. Mais ce qu'il importe surtout de constater à cet égard, c'est que les doctrines religieuses, unissant les hommes par le lien le plus noble et le plus énergique, ont eu seules la puissance de maintenir pendant quelque temps une certaine communauté de biens, tandis que les doctrines communistes ou socialistes fondées sur le matérialisme ont échoué aux premières tentatives d'application pratique. C'est pourquoi nous voyons, d'un côté, que Platon, à l'exemple de Pythagore, convaincu de la nature idéale et divine de tous les hommes, proposa de fonder sur cet idéal commun une communauté de vie et de biens pour les classes supérieures de son État; que le Christianisme fit naître dans les premiers temps de sa propagation une communauté, sinon de la possession, du moins de l'usage des biens; que la communauté des biens fut recommandée par plusieurs Pères de l'Église, qu'elle fut pratiquée dans la vie monacale, surtout par les frères mineurs, les dominicains et les franciscains; qu'au temps de la réformation religieuse, où paraissaient aussi les doctrines communistes de Thomas Morus (*Utopia* 1516), de Campanella (*Civitas solis*, 1620), de Valentin Andrex (*Reipublicæ christiano-politanæ descriptio*, 1619), un fervent sentiment religieux, souvent égaré par le fanatisme, amena en Angleterre les Millenaires 1648 et les Levellers, ailleurs les Anabaptistes sous Muntzer, les frères de la vie commune et les frères Moraves ou Herrenhutters à partir de 1742, ainsi que les Shakers (Quakers) et les Rappistes. D'un autre côté, quand après l'affaiblissement ou la destruction des idées religieuses, le problème est envisagé seulement du point de vue politique ou économique, que des opinions sensualistes et matérialistes se combinent avec les idées erronées sur l'omnipotence de l'État, que la volonté du peuple est érigée en source de toutes les lois et institutions, on en arrivera à admettre facilement qu'il suffit pour le peuple de vouloir, de décréter l'abolition de la propriété ou de faire de l'État le commanditaire ou l'associé de tous les travaux, pour créer aussitôt un meilleur ordre social et économique. Ce mouvement commence principalement à Rousseau qui, tout en regardant la propriété comme une institution nécessaire, la désigne comme la source de l'inégalité et des crimes; il est continué par Mably qui (*De la législation*, 1776) propose déjà le communisme et considère la propriété comme incompatible avec l'égalité; et par Brissot, l'auteur probable des *Recherches philosophiques sur le droit de propriété considéré dans sa nature*, 1780; enfin au milieu de la révolution française, quand les diverses formes ou combinaisons constitutionnelles se furent montrées insuffisantes pour remédier aux souffrances des masses, la conspiration de Babeuf éclata (1796) pour établir le règne de l'égalité et le bonheur par le communisme. C'est du reste un fait qui s'est produit plusieurs fois dans l'histoire: lorsque la question des *formes politiques* a trouvé chez un peuble une solution quelque peu précise, soit qu'on en reconnaisse l'impuissance, soit qu'on la regarde comme le premier pas accompli dans la voie des réformes, la *question sociale* s'élève et s'empare plus ou moins de l'esprit des masses. C'est ainsi que le peuple romain, après la conquête des droits et des dignités politiques, se préoccupe de plus en plus, dans la question agraire, de l'amélioration de son sort matériel. Babeuf apparaît de même, après bien des essais de constitutions, qui n'avaient nullement procuré au peuple les bienfaits qu'il en attendait; de nos jours encore nous voyons reparaître le parti socialiste, sous une forme plus savante, en 1830, lorsque la forme politique du pays n'est plus en question et que la charte semble enfin devenir une vérité; et pendant que les partis politiques s'échauffent de nouveau à propos de quelques questions de politique formelle, le parti socialiste se montre en 1848, quand le pays brise encore une fois sa forme politique, assez puissant déjà pour imprimer au mouvement, au moins pour quelque temps, une direction socialiste. Et qu'on ne croie pas que le socialisme puisse être vaincu par des moyens de politique purement formelle; le parti socialiste formera toujours la contrepartie et le contre-poids du parti de la politique formelle. Ces deux partis ne peuvent disparaître qu'à la fois devant une nouvelle doctrine, qui assigne à l'État la mission qu'il doit remplir dans la voie de la diffusion des biens intellectuels, moraux et matériels, en précisant ce qu'il peut entreprendre lui-même et ce qu'il doit abandonner à la liberté individuelle, et qui fasse ainsi la juste part à l'action du pouvoir et à celle des individus[1]. Or, c'est précisément ce genre de recherches qui a manqué jusqu'ici dans toutes les théories politiques; on ne s'est guère occupé, en France, que des formes du gouvernement, de la distribution des pouvoirs et des droits politiques. Cette politique formelle doit être échangée maintenant, non pas contre un socialisme qui confond tout, qui ne marque plus aucune limite entre l'État, la société et l'individu, mais contre cette politique positive, réaliste, qui remplit les *formes* politiques, utiles et nécessaires, du juste *fond* ou de la matière du bien qu'elles sont appelées à réaliser librement dans la société.

En Allemagne, le socialisme s'est formé, sous l'inspiration des idées françaises, en partie comme une réaction contre la doctrine trop étroite que l'école de Kant avait établie sur le but de l'État, où le formalisme politique est élevé à la hauteur d'un principe; en partie comme la conséquence dernière du panthéisme de l'école philosophique de Hegel.

C'est à ce point de vue philosophique que nous avons encore à considérer les doctrines socialistes et communistes. Elles sont, sous ce rapport, comme il a été dit plus haut, en liaison intime avec deux systèmes philosophiques en apparence opposés, mais aboutissant aux mêmes résultats, avec le *sensualisme* et le *matérialisme*, d'un côté, et le *panthéisme*, de l'autre. Ces deux systèmes se réunissent en un point important: ils méconnaissent un principe *propre*, spirituel et libre, dans l'homme, et nient par conséquent la *per-*

---

[1] Voir dans ce Cours la partie concernant *le droit public*. L'importance de ces recherches sur la nature de l'État et sa mission dans la société humaine, surtout pour la France, a été bien mise en évidence par *Fr. Bastiat*, dans ses *Mélanges d'économie politique*, article *État*, commençant par les mots: Je voudrais qu'on fondât un prix, non de cinq cents francs, mais d'un million, en faveur de celui qui donnerait une bonne, simple et intelligible définition de ce mot *l'État*; quel immense service ne rendrait-il pas à la société? etc. etc.

sonnalité humaine. Les théories socialistes modernes ont pris leur point de départ dans le sensualisme; mais cette doctrine s'est, en dernier lieu, amalgamée avec un genre particulier de panthéisme, dont les principes plus vastes et plus vagues se prêtent à toutes les évolutions du socialisme. Du reste, c'est la tendance générale vers les biens matériels, nourrie et propagée par le sensualisme, qui a conduit quelques esprits à l'idée de transformer toute la société humaine, assise sur des bases nouvelles, en une société de jouissance égale pour tous. En Angleterre et en France, ce plan fut conçu presque en même temps par *Robert Owen* et par *Charles Fourier*, bien qu'il fut exécuté par chacun d'une manière originale.

La doctrine socialiste d'*Owen*, 1771—1858, est la pratique conséquente du sensualisme. Owen a été influencé sous plusieurs rapports par les ouvrages de Rousseau[1], surtout par le *Contrat social;* cependant les bases de sa doctrine sont purement philosophiques. Le sensualisme part de la fausse opinion, qu'il n'y a rien dans l'intelligence qui n'ait été auparavant dans les sens *(nihil est in intellectu quod non antea fuerit in sensu),* et qu'ainsi l'âme ne soit qu'une table rase. Fidèle à cette maxime, Owen met à la tête de sa doctrine la proposition suivante: *L'homme n'est que le produit des circonstances extérieures.* Cette proposition contient toutes les autres; il en résulte notamment qu'en faisant les circonstances égales, on rendrait les hommes égaux en intelligence, en désirs et en jouissances. Rejetant dès lors la *liberté* et la *responsabilité* humaine, Owen cherche à fonder une société dans laquelle il n'y ait ni louange, ni réprimande, ni récompense, ni peine; où tous, recevant la même instruction, soient égalisés sous le rapport du caractère et des intérêts, et vivent, par la communauté des biens, comme une *seule famille,* sans distinction de familles particulières. C'est lo-

[1] Voir Louis Reybaud: *Études sur les réformateurs contemporains,* t. I, chap. IV, 2. L'auteur dit «qu'on retrouve çà et là, dans les travaux d'Owen, des pages entières dérobées au *Contrat social.*»

gique; car une fois qu'on nie l'existence d'un principe spirituel *propre* dans l'homme, il n'y a plus de raison d'admettre l'existence d'une propriété et d'une famille propres pour les individus. Mais cette doctrine était trop superficielle pour exercer un grand ascendant sur les esprits et pour devenir un levier d'organisation pratique. Owen, il est vrai, qui était un noble caractère, doué à la fois d'une grande bienveillance et d'une grande énergie, a pu, par son influence personnelle, diriger assez longtemps une société industrielle (New-Lanark) organisée sur la base de quelques-uns de ces principes; mais toutes les sociétés que des partisans ont voulu constituer en Amérique ont échoué au bout de peu d'années. Le Harmony-Hall, colonie près de Southampton, fut dissous en 1845.

La doctrine de *Charles Fourier* (1777—1837) révèle un véritable génie, une puissance de combinaison très-étendue et un grand talent d'analyse. Au premier aspect, elle paraît étrangère aux écoles philosophiques pour lesquelles l'auteur professe tant de haine et de mépris. Néanmoins, Fourier a pensé et écrit sous l'influence des idées philosophiques de son temps, et les a relevées par une conception panthéistique d'un genre particulier, qu'on pourrait appeler *mathématique*, parce que c'est surtout par les mathématiques que, selon lui, l'âme du monde opère dans la nature et dans la société. Mais la base sensualiste de la doctrine se remarque dans ses tendances constantes vers les jouissances sensibles, et dans le principe que le bien et le mal des hommes dépendent uniquement du *mécanisme extérieur* de la société. La doctrine de Fourier se distingue, comme celle de Locke, du sensualisme ordinaire, en ce qu'elle admet certaines facultés innées, sous le nom de *passions;* mais elle regarde à tort ces passions, telles qu'elles se présentent dans la vie humaine, comme étant toutes bonnes en elles-mêmes, sans être soumises à aucun pouvoir moral et modérateur. Les passions n'exigent, d'après Fourier, qu'un mécanisme extérieur pour devenir par leur concours d'utiles leviers de l'action sociale. C'est ce méca-

nisme qu'il applique au *phalanstère*, à la Commune idéale.
La même illusion a été déjà constatée dans la théorie de la
politique formelle. De même que celle-ci ne s'occupe que de
la forme de l'État, de la combinaison des pouvoirs, de leur
poids et contre-poids, et ne cherche ainsi qu'un équilibre ou
un mécanisme politique, de même la théorie phalanstérienne
est toute formaliste, n'attache d'importance qu'aux combinaisons des passions, sans en examiner le fond, et sans reconnaître les principes universels de bien et de justice qui sont
les plus puissants mobiles dans la vie humaine. Fourier ne
veut réformer l'homme que du dehors; il ne connaît pas la
moralité. Aussi sa doctrine ne saisit-elle pas l'âme et le cœur,
ce qu'il y a d'élevé et de divin dans l'homme. Elle ne pouvait être goûtée que de ceux qui, dans le jeu des formes et
des combinaisons, perdent de vue le fond, et qui, nourris
peut-être par des études mathématiques, dans lesquelles on
fait abstraction du fond des choses, s'étaient épris du caractère mathématique de ce mécanisme social. Il y a cependant
un côté par lequel elle se distingue du communisme; en admettant dans l'homme quelque chose d'inné, de propre, elle
ne veut pas non plus abolir la *propriété individuelle*, mais
seulement l'organiser dans le but de la production commune,
en distribuant les profits selon les trois forces qui y ont
coopéré, d'après le *talent* plus ou moins inné, le *capital* déjà
acquis, et le *travail* acquérant.

Nous ne parlerons pas ici de la partie cosmologique et
psychologique de ce système, qui, dans l'intention de son
auteur, devait être universel, embrasser toutes les sciences,
et opérer surtout par la méthode de l'*analogie*. Fourier, qui
en réalité n'a pas même l'idée d'un procédé scientifique et
méthodique, met arbitrairement tout en rapport et en parallèle avec tout, de sorte qu'il trouve pour ses passions des
symboles dans les astres comme dans les herbes. Mais cette
partie fantastique, qui ne forme guère dans l'école qu'un
article de foi, puisqu'on n'en possède pas la clef, n'a aucune

importance pour la partie pratique du système, dont toute la tendance se concentre dans la question sociale ou *économique*. C'est ici que Fourier montre un véritable talent d'analyse et de juste critique, par rapport à l'état commercial et industriel, amené par la concurrence illimitée. C'est là qu'il signale les dangers d'une féodalité industrielle, et qu'il insiste sur la nécessité de l'*association*. Mais les moyens d'association qu'il propose sont généralement ou impracticables ou insuffisants; il a seulement le mérite d'avoir mis en relief le principe même de l'association et d'en avoir montré quelques applications utiles. Les phalanges fouriéristes qui furent fondées, principalement dans les États-Unis de 1840 à 1846 ont toutes péri.

Le *saint-simonisme* (ou plutôt, selon la forme principale, l'*enfantinisme)* élève d'autres prétentions. En partant d'une explication assez superficielle que Saint-Simon (1760—1825) avait donnée du christianisme, et en s'appropriant plus tard quelques vues d'organisation économique de Fourier, il aboutit enfin à une espèce de panthéisme, où Spinoza d'abord et ensuite Hegel sont mis à contribution[1]. Le saint-simonisme ne veut pas seulement organiser la *production* et la *consom-*

[1] On sait depuis longtemps que le saint-simonisme a fait bien des emprunts aux ouvrages de Fourier, mais on ignore presque généralement de quelle manière il se rattache à la doctrine de Hegel. Lorsque en 1831 je pris à Paris connaissance du saint-simonisme, je fus frappé de la ressemblance que présentent ces deux doctrines dans leurs premiers principes; je pensai que les saint-simoniens, qui avaient formulé ce qu'ils appelaient leur dogme, avaient acquis quelque notion du système de Hegel par les leçons de M. Cousin; et j'exprimai cette opinion dans un article inséré dans l'*Ausland* (Revue étrangère d'Augsbourg). Mais quelque temps après, M. Jules Lechevalier, qui avait suivi les leçons d'Hegel, à Berlin, et qui, comme membre du collége saint-simonien, avait pris une part active à l'élaboration de la doctrine, me fit connaître le vrai rapport; M. P. Leroux en a communiqué depuis les détails dans la *Revue indépendante*. Ce rapport historique est d'autant plus important, que, dans ces derniers temps, les débris de l'école de Hegel ont donné la main à des écoles socialistes en France qui se rattachent plus ou moins au saint-simonisme. Mais là s'arrête la filiation. C'est tomber dans une singulière exagération que de prétendre (comme le fait, par exemple, M. *Bavoux*, dans son ouvrage: *Du communisme en Allemagne et du radicalisme en Suisse*, 1851) que la philosophie allemande est responsable des extravagances socialistes en France. Le socialisme français dérive directement du matérialisme et du sensua-

mation, mais fonder avant tout une nouvelle *religion* et établir par là des bases nouvelles pour la morale, pour la science et pour l'art. A cet égard, le saint-simonisme est supérieur aux doctrines précédentes, parce qu'il reconnaît au moins cette importante vérité, que les bases économiques de la société ont leurs racines dans des convictions religieuses et morales de ses membres; aussi est-ce le côté religieux qui attira pendant quelque temps les disciples en France; mais la doctrine elle-même présente le panthéisme dans ses conséquences les plus rebutantes, et renverse ainsi tous les fondements de la moralité. A l'instar de Hegel, qui admet le développement progressif *(processus)* de Dieu dans le monde, le saint-simonisme adopte un *Dieu-progrès;* et si, d'après Hegel, Dieu arrive dans la conscience de l'homme à la conscience de lui-même, le saint-simonisme exprime la même idée dans un sens plus pratique; il veut que Dieu se représente, en tout temps, sous sa forme la plus élevée, dans un homme, qui devient ainsi le *prêtre* ou le pontife suprême, la *loi vivante* (la *volonté générale* de Hegel, transformée de nos jours dans la théorie des hommes de *mission*), que les membres individuels de la société n'ont pas à créer, mais seulement à reconnaître. Ces principes ne pourraient conduire qu'à un nouveau Dalaï-lamaïsme, s'appuyant sur l'ordre des prêtres hiérarchiquement organisé et exerçant la direction suprême, en harmonisant entre eux l'ordre de la science et l'ordre de l'industrie. C'est l'ordre-prêtre qui doit, d'après la *capacité,* distribuer toutes les fonctions sociales aux membres de la société, et rétribuer chacun selon ses *œuvres.* Tout travail dans chaque sphère doit d'ailleurs être sanctionné par la religion. Pas de *propriété* réelle pour les individus, mais seulement une *distribution* proportionnelle de la jouissance.

lisme, enracinés en France plus que dans aucun autre pays, tandis que quelques doctrines socialistes modernes en Allemagne ne sont qu'une contrefaçon des théories françaises, ou sortent du panthéisme transformé en athéisme et en matérialisme.

Le saint-simonisme s'était encore attribué la mission d'unir la matière à l'esprit, ou le paganisme, qui représente dans l'histoire le principe matériel, au christianisme, qui représente l'esprit. Mais dans cette prétendue union, la matière n'est pas élevée à la hauteur de l'esprit, comme dans le genre idéaliste du panthéisme; c'est l'esprit qui est rabaissé jusqu'à la matière, et tous les rapports moraux sont matérialisés d'une manière d'autant plus repoussante, que le sensualisme est plus raffiné et couvert même d'un manteau religieux. Dans la doctrine de Saint-Simon, le panthéisme a donc donné la main au matérialisme et conduit aux mêmes conséquences que les théories précédentes. Le saint-simonisme, transformé par Enfantin, expira, à cause de ses doctrines immorales, devant les tribunaux en 1832.

Les théories socialistes modernes de MM. *Louis Blanc*, *Proudhon* et d'autres, à l'exception du *communisme* pur de *Cabet*, dont la colonie en Amérique n'a pas longtemps subsisté, ne renferment que quelques idées, empruntées aux grands systèmes précédents, telles que l'*organisation du travail*, ateliers nationaux dans lesquels cependant, à ce qu'il paraît, on ne voulait pas faire un essai sérieux, une nouvelle constitution des *banques*, etc. Ces vues partielles frappaient plus l'esprit de la multitude et étaient recommandées aux classes ouvrières comme des remèdes spécifiques[1].

En Allemagne, les théories socialistes n'ont été en général qu'une contrefaçon des formes françaises. Fichte avait déjà

---

[1] La théorie de M. Proudhon sur la «banque prêtant sans intérêt» a été spirituellement réfutée par F. Bastiat, dans les «Mélanges d'économie politique,» qui contiennent la correspondance échangée à ce sujet entre les deux écrivains. Du reste, M. Proudhon, esprit indépendant et critique, a été, sous plusieurs rapports, un élément dissolvant parmi les écoles socialistes, qu'il a attaquées à tour de rôle. Ses théories à lui, successivement établies et abandonnées, ne montrent qu'une seule chose, c'est que, livré à l'athéisme et au matérialisme, il n'a aucune conscience de cette vérité que les questions morales dominent toutes les questions économiques. Voir sur Proudhon et ses œuvres un bon article critique de M. Eugène Pelletan dans la *Revue des deux Mondes* du 15 janv. 1866, et sur les ateliers nationaux: L. Blanc, *Histoire de dix ans*.

en 1800 dans son: «*Geschlossener Handelsstaat*» (État clos de commerce) assigné à l'État la mission d'organiser et de surveiller la production et la consommation. Mais ces théories ont trouvé un nouvel aliment dans la doctrine de Hegel et se sont associées à toutes les tendances destructives qui se sont manifestées en Allemagne contre la religion, la morale, la famille et l'État, et qui ont leur racine dans le panthéisme naturaliste et dans le matérialisme.

Jetons maintenant un coup d'œil sur l'ensemble des théories socialistes. Toutes proclament la nécessité d'une nouvelle *organisation* de la société. C'est là le mot par lequel elles espèrent amener, comme par enchantement, un nouvel ordre social. Mais en examinant les moyens d'exécution, on reconnaît que les socialistes modernes n'ont généralement pas la moindre idée des conditions essentielles d'une vraie organisation, parce qu'ils ignorent l'existence et l'action des forces spirituelles et morales qui sont l'âme de la société. Ils sont et restent des matérialistes, bien qu'ils parlent souvent de la satisfaction à donner aux intérêts intellectuels et moraux; car ces intérêts sont ramenés par eux, en dernier lieu, à la jouissance matérielle. Aussi leur organisation ne tend-elle pas à établir des liens moraux plus élevés parmi les *hommes*, mais à combiner mécaniquement leur action pour la production des *choses*, sans songer que les rapports extérieurs ne sont en quelque sorte qu'un précipité des forces supérieures de l'homme, et que le ciment, le lien organique n'est donné que par les convictions spirituelles, morales et religieuses. Le plan des socialistes d'établir un nouvel ordre social sur la base tout économique des choses ou des biens matériels, atteste donc une complète ignorance des conditions vitales de toute organisation. De même que dans la nature ce sont les fluides impondérables qui dominent les corps pondérables, de même dans la société humaine ce sont les forces morales qui doivent régler toute la vie matérielle.

Mais parmi les doctrines communistes et socialistes nous

avons à distinguer, selon la position qu'elles prennent par rapport à l'État, deux genres de socialismes: le premier qu'on peut appeler le socialisme *privé*, demande seulement à se servir de la liberté commune pour former par les efforts individuels des associations en vue d'une meilleure organisation librement concertée des biens, de leur production et de leur distribution; le second au contraire, le socialisme politique, aspire à s'emparer du pouvoir, et veut s'en servir comme d'un instrument à l'effet de réaliser l'une ou l'autre de ses théories. Le socialisme privé ne présente aucun danger pour l'ordre politique. Comme dans le passé sous l'influence de presque toutes les religions des communautés se sont toujours formées, il ne serrait pas juste aujourd'hui de défendre aux citoyens d'établir par voie d'association telle ou telle organisation de biens qui peut leur convenir et qui témoigne peut-être d'une moralité très-élevée. Quant à ce genre de socialisme ou de communisme, l'État doit s'en rapporter à l'application pratique pour le réfuter d'une manière péremptoire ou pour développer ce qu'il renferme de vérités. Le socialisme *politique* est au contraire dangereux au plus haut degré pour la société, parce qu'il repose sur l'identification de l'ordre politique, qui n'a qu'un but spécial et restreint, avec l'ordre social tout entier, sur la confusion de la puissance publique et du domaine privé, sur la substitution de l'action de l'État à l'activité des particuliers et par suite sur la substitution du principe de contrainte au principe de liberté. Ce socialisme politique jette la perturbation dans tout l'ordre social en élevant des prétentions et des exigences qu'aucun État ne peut satisfaire; et comme il n'est jamais contenté, il s'en prend naturellement aux pouvoirs publics et cherche à les renverser.

Il est digne de remarque que ces deux genres de socialismes sont aussi un reflet de l'esprit et de l'organisation politique des peuples, au sein desquels ils sont nés. En Angleterre et aux États-Unis, où la constitution apprend au peuple

à prendre son sort en mains propres, à attendre son salut
et son bien-être, non du pouvoir de l'État, mais de l'action
individuelle et de l'association privée, les Owénistes et bien
avant eux d'autres sectes communistes ou socialistes, n'ont
jamais conçu la folle pensée de faire exécuter leurs théories
par l'État. En France au contraire (et en partie aussi en
Allemagne) où une centralisation excessive, maintenue par
tous les partis et attaquée seulement dans les derniers temps,
s'arroge la tutelle sur tous les domaines de l'activité sociale,
étouffe la spontanéité et l'autonomie des individus; on a pu
voir que le saint-simonisme, à son apogée, rêva sa prochaine
arrivée au pouvoir politique; que le fouriérisme, après quelques
essais avortés d'association privée, porta ses regards vers
l'État, et que M. L. Blanc entraîna le gouvernement à établir
les ateliers nationaux. Le socialisme a été en France en 1848,
par la peur qu'il inspirait justement à toutes les classes intéressées au maintien des principes d'ordre, la cause principale de l'aberration politique qui a conduit à la reconstitu-
tion d'un pouvoir presque absolu, quoique les esprits éclairés
sachent bien que ce pouvoir, partout où il renaît, brise ou
affaiblit les ressorts de la vie politique et fait tarir par la
perte de la liberté les sources les plus intimes de la culture
intellectuelle et morale. Les conséquences pernicieuses du
socialisme politique ont été mieux comprises depuis que de
saines doctrines d'économie politique, dont les principaux
représentants, surtout M. Bastiat, combattirent dès l'origine
les prétentions socialistes, ont trouvé une propagation de
plus en plus étendue. Mais avant tout, il importe que l'État
ne nourrisse pas lui-même les tendances et les illusions socialistes par une fausse centralisation; car le *selfgovernment*
appliqué dans l'organisation de l'État peut seul accoutumer
les particuliers à chercher l'amélioration de leur sort par
leurs efforts individuels et associés. Il n'est pas moins urgent,
que les sciences politiques, généralement négligées dans le
haut enseignement, élargissent le cadre étroit des discussions

sur les formes du gouvernement et de l'administration, pour aborder enfin et mieux préciser la question des rapports de l'État avec tout l'ordre social, pour déterminer ce que l'État peut entreprendre d'après son but public et ce qu'il doit abandonner aux efforts privés des individus et des associations[1]. L'État, comme nous le verrons plus tard, n'est pas une institution de simple police, de sécurité et de protection; sans dépasser son but propre il peut et doit aider au développement social, il peut et doit faciliter par des mesures légales la constitution et l'action de tous les genres d'associations qui se multiplient dans notre temps pour les divers modes de secours et d'assistance, pour les objets de consommation et pour la production commune. L'État qui régularise le mouvement économique par des institutions publiques, telles que les Chambres de commerce et d'industrie ou les Comices agricoles, peut aussi établir le cadre légal et général d'organisation pour le groupement et l'action des associations privées; mais il ne doit jamais intervenir dans les lois mêmes de ce mouvement et vouloir changer par la force des lois les motifs moraux dans le domaine de l'activité économique. L'impulsion nouvelle qui porte les hommes depuis plus de trois siècles à la recherche de tout ce qui, par les sciences, par les arts, par l'organisation politique, peut améliorer leur condition sur la terre, s'est aussi communiquée à la classe ouvrière: celle-ci cherche l'amélioration de son sort par une meilleure et plus juste organisation des rapports entre tous les agents qui par le talent, le capital et le travail coopèrent à la production des biens. Mais cette organisation ne peut être que l'œuvre de la liberté et de la moralité de tous les associés. De même que la science de l'économie politique démontre à l'évidence que toutes les grandes questions du capital, du crédit, de la production et de la distribution des biens, sont intimement liées à des questions

[1] Voir sur l'importance de ces questions le spirituel article de Bastiat: *L'État.*

morales de probité, de modération et d'épargne, de même les associations économiques devront arriver par la pratique à cette salutaire conviction que la meilleure partie de l'organisation du travail consiste non seulement dans la culture intellectuelle, mais avant tout dans la *moralisation* des travailleurs.

§. 14.

DE L'UTILITÉ DE LA SCIENCE DU DROIT NATUREL.

Les sciences philosophiques, dont le droit naturel fait partie, tirent leur importance, moins d'une utilité immédiate, que de la satisfaction qu'elles procurent à un désir légitime et élevé de l'esprit humain; et si le droit naturel n'avait d'autre résultat que de jeter plus de clarté sur l'origine de l'idee du droit, de mieux déterminer les principes généraux qui sont le fondement de la justice, son étude serait déjà à un haut degré digne de l'homme; car, étant doué de la raison, il veut aussi connaître les raisons des lois et des résolutions de la société. Mais de même que toute science, quelque abstraite qu'elle soit et quelque éloignée qu'elle paraisse d'abord de toute application, montre son côté pratique aussitôt qu'on l'approfondit, de même le droit naturel a toujours exercé une grande influence sur l'étude et le développement du droit positif.

D'abord la philosophie du droit, en exposant les premiers principes du droit et des lois, est seule capable d'introduire de l'*unité* et de l'*ordre* dans l'étude du droit positif. Les codes apparaîtraient comme une masse confuse de dispositions arbitraires, si l'intelligence ne saisissait pas le principe et le but d'une loi ou d'une institution, en cherchant dans la nature et les vrais besoins de l'homme et de la société les causes qui les ont fait établir. Sans la philosophie du droit, on ne saurait concevoir ni le premier principe de tout droit, ni aucune notion vraiment générale sur une matière de la législation; car les lois existantes, très-multiples et souvent opposées entre elles chez les différents peuples, manquent du caractère d'unité et d'universalité, et ne peuvent fournir l'idée générale du droit ou de la justice. Elles sont d'ailleurs plus ou moins imparfaites. Or, le principe du droit est une règle ou un criterium, d'après lequel on peut apprécier la bonté et la perfection relative des lois établies.

L'utilité *pratique* de la philosophie du droit est à la fois morale, juridique et politique. D'abord l'étude de cette science a pour effet d'éveiller et de développer, avec l'intelligence, le sens du droit et le sentiment du juste dans le cœur de l'homme, et de lui inspirer le noble désir de travailler pour l'application et la défense des vrais principes de la justice. Ce sens supérieur moral est le guide le plus sûr dans tous les jugements et actions de droit; et c'est ce sens moral qu'il importe avant tout de fortifier dans l'homme, le juge et le législateur.

Ensuite la philosophie du droit est éminemment propre à mûrir et à éclairer le jugement sur les lois et les choses positives. Sans elle, on peut bien acquérir une certaine habileté dans l'application formelle et toute mécanique des lois aux cas particuliers qui se présentent dans la vie; en faisant sur elles un travail plutôt de mémoire que d'esprit, on peut devenir assez bon *légiste;* mais quand le jugement n'est pas développé dans ses rapports avec la raison des lois établies, quand l'esprit est incapable de s'élever à des considérations générales sur chaque matière du droit ou sur les cas non prévus par la loi, auxquels il faut suppléer par le raisonnement, on n'est pas digne du nom de *jurisconsulte.* Pour mériter ce titre, il faut connaître les lois par leurs raisons, et ne pas oublier le droit, le *jus,* pour la loi, la *lex.* Or, ces *raisons* de la loi sont du ressort de la philosophie du droit.

De plus, cette science est pour l'*interprétation* des lois une source aussi féconde que l'histoire du droit. Quand il s'agit d'interpréter une loi, on peut sans doute recourir avec avantage aux dispositions antérieures sur la matière, expliquer la loi nouvelle en se fondant sur son identité, son analogie ou son opposition avec la disposition ancienne; mais il n'est pas moins essentiel de remonter à la raison de la loi, au motif qui a guidé le législateur, en supposant qu'il ait voulu ce qui est conforme aux intérêts et aux besoins de la société; on sera donc obligé d'entrer dans des considérations générales, plus ou moins empruntées à la philosophie du droit. Cette recherche de la raison d'une loi est souvent plus instructive que le raisonnement par analogie; l'analogie d'ailleurs n'est elle-même que l'application de la loi à des cas *semblables* à cause de l'*identité* de la raison. Chaque législation positive, quelque parfaite qu'elle soit, offre des lacunes, des obscurités, ou des défauts de décision pour des cas non prévus; et comme le juge doit posséder un moyen de prononcer dans tous les cas qui se présentent, le droit naturel peut alors devenir pour lui une source subsidiaire. Certes, il n'est pas permis de décider un cas contre la lettre de la loi écrite; car ce serait ôter à la loi son caractère général et uniforme, et mettre tout à la merci des vues personnelles et variables du juge; mais, quand la loi se tait, la conscience et la raison des juges doivent parler, et les opinions qu'ils se sont formées par l'étude de la philosophie du droit deviennent alors des motifs de décision. Cette vérité a paru si évidente, que plusieurs législations[1] ont reconnu expressément le droit naturel comme une source subsidiaire du droit positif.

Mais si la philosophie du droit présente une grande utilité pour l'interprétation et l'application de la *loi écrite*, son importance est encore plus grande quand il s'agit de la *loi à écrire*. Les lois ne sont pas immuables; elles changent avec les conditions, les besoins et les intérêts de la société qui

---

[1] Entre autres le Code autrichien, §. 7.

les ont fait naître; il s'agit souvent de modifier les lois existantes, par exemple, les hypothèques, les successions, ou d'introduire des principes nouveaux, par exemple, la divisibilité de la propriété, le divorce, ou même d'établir toute une codification nouvelle. Pour opérer ces changements, il faut s'appuyer sur une doctrine philosophique du droit. Et, en effet, tous les codes qui ont été établis dans les temps modernes [1], se sont plus ou moins ressentis des opinions philosophiques professées par leurs auteurs.

Il est surtout deux parties du droit positif qui sont liées, plus intimement qu'aucune autre, à la philosophie du droit: c'est le *droit pénal* et le *droit public.* La philosophie du droit, en déterminant mieux le but de la peine, sa mesure, la gravité des fautes et les degrés de culpabilité, a provoqué la réforme de la législation pénale qui a heureusement commencé de nos jours, mais qui est loin d'être achevée. L'influence de la philosophie du droit sur le droit public n'est pas moindre. Comme le droit public n'est que l'application du principe de la justice à l'organisation de l'État et de la société, il est basé sur la philosophie du droit; aussi les théories émises sur le droit public, pourvu qu'elles soient fondées sur des principes et non sur des raisonnements vagues et incohérents, sont-elles toujours conformes aux idées adoptées par leurs auteurs dans la philosophie du droit.

Nous voyons ainsi qu'il n'existe aucune partie du droit qui ne subisse plus ou moins l'influence salutaire du droit naturel. Son étude est donc d'une utilité incontestable; elle est surtout un besoin de notre époque, où il s'agit, d'un côté, de consolider et de développer les améliorations qui ont été opérées dans les différentes branches de la législation civile et politique, et, d'un autre côté, d'ouvrir au progrès des voies nouvelles, d'introduire d'autres réformes

---

[1] Le code de Frédéric en Prusse, le Code autrichien et le Code Napoléon.

adaptées aux besoins nouveaux et aux idées plus justes qui se sont répandues sur le but de la vie sociale. C'est donc de l'intelligence plus parfaite et de la diffusion des doctrines du droit naturel que dépend, en grande partie, l'avenir de la société civile et politique.

PARTIE GÉNÉRALE

DE LA

PHILOSOPHIE DU DROIT.

BASES PHILOSOPHIQUES ET DÉVELOPPEMENT DU PRINCIPE DU DROIT.

CHAPITRE PREMIER.

DES BASES PHILOSOPHIQUES DU DROIT.

---

§. 14.

RÉFLEXIONS PRÉLIMINAIRES SUR LA MÉTHODE.

L'analyse que nous avons faite des systèmes principaux établis sur le principe du droit, montre à l'évidence, qu'aucune doctrine, à quelque catégorie qu'elle appartienne, n'a réussi à concevoir l'idée complète du droit comme un prin-cipe à la fois objectif et subjectif, éternel dans son essence et néanmoins se développant dans l'histoire. La plupart de ces théories méconnaissent la face objective du droit fondé dans la substance des choses et de leurs rapports, et font dériver, selon l'esprit prédominant de l'époque moderne, le principe du droit d'une source subjective, c'est-à-dire de la *volonté* diversement comprise et interprétée. C'est ainsi que l'école qui part de la fiction d'un *état de nature* voit la source du droit et de l'État dans un produit de la volonté commune, dans le *contrat* ou la *convention*; que l'école de Kant ramène le principe du droit à la *liberté*, qui n'est que la manifestation rationnelle de la volonté; et que dans les autres écoles qui ont cru établir un principe objectif du droit, c'est encore la volonté qui est considérée comme la source de la justice, avec cette différence, que la volonté, d'individuelle qu'elle était dans les systèmes précédents, est transformée en une volonté plus ou moins générale ou absolue. C'est ainsi que l'école historique voit la source du droit dans les *coutumes*, établies par l'instinct, c'est-à-dire par la *volonté irréfléchie* du peuple ou d'une portion du peuple; que l'école théologique ramène le principe du droit à la *volonté divine*, telle qu'elle s'est exprimée dans la révélation; et qu'enfin l'école spéculative et panthéiste de Hegel considère le droit et toutes les institutions politiques comme des manifestations nécessaires et successives de la *volonté absolue* de Dieu.

Mais le droit, bien qu'il doive toujours être exécuté par une volonté, n'a pas sa source en elle, parce qu'il désigne une règle permanente pour les divers actes de la volonté. Cette règle ne peut avoir sa source que dans ce qui est invariable dans un être, c'est-à-dire dans sa *nature* ou son essence et dans le *bien*, qui en découle et qui est le but de tous les actes de la volonté, qu'elle soit attribuée à un individu, à un peuple ou à Dieu. Cette vérité a été aussi plus ou moins entrevue; car les uns, comme Hugo Grotius, cherchent en dernier lieu le principe du droit, en abandonnant l'hypothèse de l'état de nature, «dans la convenance avec la *nature rationnelle et sociale* de l'*homme*;» d'autres, comme Rousseau, déclarent que la volonté même du peuple ne peut rien établir de contraire à la *nature* du peuple ou de l'humanité, ou «qu'il ne dépend d'aucune volonté de consentir à rien de contraire au *bien* de l'être qui veut.» L'école théologique ensuite interprète la volonté de Dieu, d'après les idées qu'elle se fait de la nature de Dieu et de ses rapports avec l'homme; et l'école spéculative ne peut voir dans la volonté divine que la manifestation successive de *l'être*, de la substance ou de la nature de Dieu. C'est donc, en dernier lieu, le principe da la *nature* de l'homme ou de Dieu, ou le principe du *bien*, que ces écoles auraient dû concevoir comme la règle de la volonté et comme le dernier principe constitutif et interprétatif du droit. Mais ce principe n'apparaît, dans ces théories, que comme un rayon de lumière qui éclaire soudainement quelques parties, mais auquel on n'a recours que pour sortir d'embarras et substituer, à l'occasion, une règle fixe et invariable au principe de la volonté arbitraire. Toutefois, si ces diverses écoles n'ont pas établi philosophiquement un principe immuable, elles ont du moins indiqué la voie pour le trouver et l'instinct de vérité, qui se manifeste dans toutes les recherches sérieuses et approfondies, a designé la source où le principe du droit doit être puisé.

C'est la *nature de l'homme* qui, pour le droit, relatif à la vie humaine, est le premier fondement. De la nature de l'homme doit ensuite être déduite la notion du *bien*, qui est la règle et le but du *droit*. Car le droit, comme principe d'action, ne peut être qu'un *mode* spécial de réalisation du principe général du bien, but de toutes les actions et dominant aussi toutes les matières du droit privé et public, et la volonté n'est que la *faculté* par laquelle le bien est réalisé d'une manière juste, c'est-à-dire conforme à tous-les rapports et à toutes les circonstances dans lesquels l'homme se trouve placé. Nous voyons donc que la philosophie du droit, pour ne pas devenir une science abstraite, doit prendre son point de départ dans le principe du bien, et préciser ensuite d'une manière rigoureuse le rapport spécial dans lequel le droit se trouve avec le bien.

Reste à savoir quelle *méthode* nous emploierons dans nos recherches. On peut dans la philosophie du droit suivre les deux méthodes principales, *l'analyse* et la *synthèse*. La première, en partant de l'observation des faits ou des rapports particuliers, s'élève autant que possible à une notion générale, la seconde descend d'un principe universel, conçu par la raison, aux effets particuliers, en les liant entre eux, et en les éclairant sans cesse à la lumière du principe. La méthode analytique peut encore suivre, dans la science du droit, deux voies distinctes : l'observation des faits et des rapports *extérieurs*, et l'observation *interne* ou psychologique. Mais l'observation externe ne pourrait nous faire acquérir aucune notion certaine et vraiment générale du droit; le reproche que nous avons fait à l'école historique, de ne posséder aucun criterium pour l'appréciaton des lois et des institutions, s'adresse à la méthode experimentale. Sans doute, il est utile d'analyser les faits dans l'ordre historique et social, où la liberté humaine joue un rôle si important, de constater ce qu'ils ont de commun, pour les ramener, s'il est possible, à un principe unique; mais le principe qu'on obtient de cette manière n'offre aucune certitude; il est variable, relatif, incomplet, comme l'expérience elle-même. Le principe du droit repose sur un élément invariable, et cet élément doit être avant tout constaté par l'analyse de la nature de l'homme. C'est donc d'abord la méthode analytique, qui sera pour notre objet psychologique et anthropologique, que nous emploierons. Après avoir constaté l'idée du droit telle qu'elle se révèle dans notre conscience et vérifiée dans les langues dans lesquelles la conscience d'un peuple s'exprime aussi sur des rapports pratiques, nous en chercherons la source dans la nature de l'homme et enfin par la conception synthétique nous la ramènerons au principe absolu de tout ce qui est, à Dieu, pour la reconnaître aussi comme une idée universelle et divine.

Nous commencerons notre recherche par l'analyse psychologique de l'idée du droit.

§. 15.

ANALYSE DE L'IDÉE DU DROIT TELLE QU'ELLE SE MANIFESTE DANS LA CONSCIENCE,
ET DANS LES LANGUES.

Quand nous interrogeons, sur ce que nous appelons droit ou justice, notre conscience, ce miroir où viennent se refléter tous les actes et produits de nos facultés de l'esprit, les pensées et les sentiments, ce foyer dans lequel se concentrent tous les rayons de notre activité, nous reconnaissons d'abord que la notion du droit appartient au genre d'*idées* que l'on appelle *rationnelles*, parce qu'elles sont conçues *à priori* par la raison, et que l'expérience n'en peut présenter qu'une réalisation imparfaite et partielle. Parmi ces idées qui ne dérivent pas de l'expérience, qui sont au contraire les principes d'appréciation pour tous les actes et tous les faits de la vie réelle, sont les plus importantes celles du *vrai*, du *bien*, du *beau*, du *juste*. Ces idées existent virtuellement dans toute intelligence et constituent le caractère rationnel de l'homme; elles sont les éléments premiers de la pensée, la lumière qui éclaire et guide plus ou moins toute conscience humaine. Mais elles se développent par le travail méthodique de l'entendement ou de la réflexion.

Parmi ces idées, celle du droit se présente, à l'instar de l'idée du bien, comme un *principe de vie*. Les idées du vrai et du beau peuvent aussi exister dans les choses immuables, par exemple dans les formes éternelles et inanimées de l'espace; mais le droit n'existe que dans la vie et pour elle. Or, par rapport à la vie et à ses institutions, l'idée du droit se manifeste à la conscience par trois faits principaux. D'abord chacun se reconnaît la *faculté* de connaître et d'apprécier ce qui est juste ou injuste. Cette faculté n'est pas spéciale, c'est une application particulière de la raison. Ensuite nous prétendons aussi *juger* les lois et les institutions existantes d'après la notion, vraie ou fausse, complète ou incomplète, que nous nous sommes formée de ce qui est juste. L'esprit n'obéirait à aucune autorité qui voudrait lui défendre de porter de tels jugements, et lui commanderait de s'en remettre à la décision d'un pouvoir constitué ou même à l'opinion du plus grand nombre. On ne pourrait interdire que l'expression extérieure de ces jugements. Mais quand nous examinons ces idées en elles-mêmes, nous leur reconnaissons ce caractère commun, qu'elles expriment toutes un genre d'harmonie ou de conformité de l'une ou de l'autre de nos facultés et de leurs actes avec la nature d'un être ou d'un objet et de ses rapports. C'est ainsi que la vérité consiste dans la conformité de la pensée avec la nature d'un objet, que le beau, en lui-même une harmonie de forme, éveille les sentiments d'harmonie et que le bien exprime également une conformité de notre volonté et de ses actes avec la nature d'un objet. Ces idées ne sont pas séparées entre elles; le vrai, quand il devient un objet pour l'action volontaire, est un bien, et le bien compris conformément à sa nature, par la pensée, rentre dans le domaine de la vérité, et toutes les vérités et tous les biens harmoniquement ordonnés sont beaux; ces idées ne désignent donc que la position différente que l'homme, le sujet, prend selon la prédominance de l'une ou de l'autre de ses facultés, par rapport à l'ordre objectif universel des choses.

Mais avec l'idée du bien se trouvent le plus intimement liées, parcequ'elles se rapportent aussi à la volonté, d'un côté l'idée de la moralité, qui exprime la conformité des motifs subjectifs d'action avec le principe du bien, et d'un autre côté l'idée du juste ou du droit, qui désigne la conformité de l'action considérée en elle-même, avec des rapports objectifs de la vie humaine. Par cette raison on comprend aussi pourquoi l'idée du droit, bien qu'elle soit, en principe, toujours identique, invariable, s'adapte dans la vie réelle aux rapports tels qu'ils existent et se développent, tandis que la moralité est indépendante des circonstances et situations, des diverses conditions sous lesquelles elle s'accomplit. De là découle aussi l'importante vérité, que le droit n'est pas un simple principe subjectif de volonté ou de liberté, mais aussi un principe objectif concernant la matière des choses et de leurs rapports, dont il importe avant tout de scruter la nature, pour que le règlement juridique puisse y être conforme.

D'après cette analyse préliminaire nous pouvons définir le droit comme un principe réglant la conformité des actions avec la nature d'un objet, ou réglant l'usage de la liberté dans les rapports de la vie humaine.

Si, d'après une recommandation du droit romain[1], nous consultons les *langues* des peuples civilisés, dans lesquelles les notions qui concernent des rapports importants de la vie expriment souvent le génie du peuple sous une face saillante, nous trouvons que le mot *droit* signifie généralement la *direction* d'une action ou d'une chose vers un but déterminé. C'est ainsi que le français *droit*, l'allemand *Recht*, l'anglais *right*, le slave *pravo*, désignent le rapport le plus direct établi entre les choses. Droit est ce qui donne la direction vers un objet et va directement au but. Le génie des peuples qui ont adopté cette expression a voulu évidemment indiquer par là que ce qui est droit ou juste est dans les rapports les plus rapprochés et les plus convenables avec les êtres ou les objets qu'il concerne; qu'une action est juste quand elle est appropriée à toute la situation d'un être, qu'elle est une condition de son existence ou de son développement; et peut-être, en même temps, que ce qui est droit doit être fait sans autre considération que la chose même, ou qu'une action, pour être conforme à la justice, doit aller immédiatement au but, comme la ligne droite, qui est le plus court chemin d'un point à un autre. Ce qui prédomine cependant dans ces termes, c'est l'idée de direction; il en est de même dans le mot grec δικαιον, tandis que le sens fondamental du mot latin *jus* est un *lien* (entre les hommes).[2] Le droit, en effet, est

---

[1] Fr. 1, princ. Dig., de justitia et jure, «Juri operam daturum prius nosse oportet, unde nomen juris descendat».
[2] C'est l'étude comparée des langues indo-européennes qui, en jetant

essentiellement un principe qui donne aux actions de l'homme et de la société une direction vers le bien et en ordonne la réalisation, eu égard aux situations et aux circonstances du moment.

Mais ces indications fournies par l'étude psychologique et par les langues sont insuffisantes; nous n'apprenons pas par là de quelle espèce est la conformité que le droit doit établir et quels sont les genres de rapports qu'il doit régler. Ces lacunes ne peuvent être comblées que par une étude plus approfondie de la nature humaine et de l'ensemble des besoins et des buts qui donnent naissance aux rapports de droit.

§. 16.

DE LA NATURE DE L'HOMME EN GÉNÉRAL.

L'homme, placé au sommet de la création [1], apparaît comme l'être qui dans son organisation physique réunit d'une manière complète, dans un type supérieur d'harmonie et d'équilibre, toutes les fonctions et organes dont les diverses classes du

---

de vives lumières sur les racines communes et sur les degrés de leur parenté, a trouvé pour le mot *jus*, dont ont ignorait l'origine, un sens excellent qui exprime une face importante du droit, dans la racine sanscrite *ju*, qui signifie: lier, joindre; de sorte que *jus* est ce qui unit ou lie les hommes. Par là s'expliquent aussi les autres mots latins, dans lesquels se trouve la même racine, comme: *jungere, jugum, conjugium,* etc. — Le mot grec δίκαιον a pour racine *dik* qui est commune au grec et au latin et désigne: indiquer, montrer, diriger; δίκαιον est ce qui dirige, ce qui montre en quelque sorte le chemin vers un but; c'est aussi une règle. En latin, la même racine se trouve dans les mots *dicere, digitus, indicare;* combinée avec *jus*, elle forme *judicare,* montrer le droit.

[1] Sur la terre se présentent trois degrés et ordres d'êtres vivants, constitués par des principes et types d'organisation tout différents qui ne peuvent pas être considérés comme des développements purement graduels, comme le veulent de nouveau quelques naturalistes modernes et particulièrement l'anglais Darwin. Mais cette théorie toute hypothétique réfutée par la paléontologie a été déjà combattue victorieusement dans la forme, dans laquelle Geoffroy Saint-Hilaire la présentait, par Cuvier, qui fit voir la nécessité d'admettre un certain nombre de grands types invariables dans le règne animal. Et en effet les trois ordres du règne organique sont constitués chacun par un principe bien distinct.

règne animal manifestent le développement graduel et avec une prédominance de certains organes sur d'autres. Le règne animal présente donc une série ascendante de classes, dont chacune diffère des autres par la prédominance d'un système ou d'un organe, de manière qu'aucune espèce ne réalise complétement le principe de vie et d'organisation: elle n'est toujours qu'une fraction d'un tout ou d'une unité supérieure, qui n'existe pas dans le règne animal lui-même, mais en dehors et au-dessus de ce règne. En effet, le principe d'unité et d'harmonie ne se manifeste visiblement que dans l'organisation de l'homme, où tous les systèmes qui apparaissent successivement dans l'échelle animale, se trouvent à la fois dans une juste proportion et dans un accord parfait. Ce principe distingue si bien l'homme de toutes les espèces zoologiques que, même sous le rapport de l'organisation corporelle, il ne peut être rangé dans le règne animal pour en constituer l'ordre supérieur, mais qu'il forme un règne distinct, le règne hominal, réunissant en lui toutes les perfections qui sont distribuées séparément aux diverses classes de l'animalité. L'homme est le résumé et la conclusion de la création: il est le *microcosme* où se reflète en petit l'univers tout entier; les animaux ne sont en quelque sorte que des rayons épars de cette lumière qui, dans son unité, se manifeste dans l'homme, pour être de nouveau répandue par lui sur toutes les parties du monde[1].

---

[1] La conception de l'homme, comme être *harmonique* ou *synthétique* de l'univers, essentiellement distinct du règne animal, est due à la philosophie moderne. *Krause* a le premier établi ce principe de différence et en a déduit les plus importantes vérités physiques et morales. Cette conception a été depuis développée et vérifiée dans l'anatomie et la physiologie par le célèbre naturaliste *Carus* (de Dresde), ami de Krause, dans son ouvrage sur l'*anatomie comparée*. Plus tard, d'autres physiologistes et naturalistes, tels que Schulze, Ehrenberg, Wagner, Kaupp, ont également adopté le principe que l'homme, même sous le rapport physique, ne fait pas partie du règne animal, mais constitue un ordre à part. Dans mon «Cours de philosophie» (épuisé), Paris, 1836, j'ai exposé cette doctrine de l'homme plus en détail, en faisant voir que le caractère harmonique qui se reflète dans l'organisation physique de l'homme distingue aussi sa vie intellectuelle et morale.

Or, le même principe d'harmonie distingue aussi l'esprit
humain qui possède les facultés pour comprendre tous les
ordres de l'existence et pour saisir toutes les choses sous leurs
faces essentielles. Si l'animal dans son organisation physique
n'est en quelque sorte qu'un fragment plus ou moins étendu
de l'organisme humain, son intelligence reste également frag-
mentaire, ne saisit toujours les choses que sous leur face
partielle, isolée, contingente, finie, et ne peut jamais s'élever
à comprendre le côté général, universel des choses, les principes et les lois qui constituent l'ordre et l'harmonie dans
l'univers. On ne peut pas refuser à l'esprit animal la faculté
de saisir ce qui est sensible, de faire les distinctions, les
combinaisons et les abstractions les plus simples sur les
choses sensibles, mais jamais il ne parviendra à comprendre
un principe, une loi; s'il peut distinguer une certaine grandeur d'une autre, sentir ce qui est pesant, il ne comprendra
néanmoins jamais le principe mathématique des grandeurs ou
la loi de gravitation.

Il y a donc toute une face des choses, tout ce qui tient
à l'ordre général, aux principes, aux lois, à l'infini, à l'absolu,
à l'invariable et à l'éternel, qui est fermé à l'esprit de l'animal. L'homme au contraire est capable de ramener tous les
faits et phénomènes à des lois; tout ce qui est fini et relatif
à un infini et absolu. Si le matérialisme nie cette capacité
de l'esprit humain, il se met en contradiction avec ses propres
prémisses; car s'il rejette l'éternel absolu, il admet l'éternité
de la matière avec la fiction contradictoire du fini absolu de
l'atome. C'est que l'idée de l'infini et de l'absolu est tellement
inhérente à l'esprit humain qu'il n'a d'autre choix, que de la
placer en Dieu ou de la pervertir en la mettant dans la
matière.

Cette capacité de l'esprit humain présuppose en lui une
force ou faculté supérieure spéciale, qui imprime à toutes
les autres facultés dont l'esprit animal présente des analogies, un caractère supérieur, et les dirige, en les ordonnant

et en les harmonisant, vers des buts plus élevés. Cette force
est la *raison* par laquelle le simple bon sens a toujours
distingué l'homme de l'animal et qui, étant bien comprise
dans son caractère et ses effets, jette la pleine lumière sur
la nature de l'homme.

D'abord la raison est une force supérieure distincte et ne
peut pas être considérée comme étant seulement un plus haut
degré de développement des facultés inférieures de jugement,
de réflexion et d'abstraction, que les animaux possèdent aussi
dans une certaine mesure; car par cette faculté distincte l'esprit
humain ne s'élève pas seulement au dessus des sentiments ou
des perceptions simples, mais en fait de nouveau un objet de
son aperception et de son jugement supérieur. Or, de même
que dans la Nature, une force ne peut pas se saisir, et agir
sur elle-même, de même, dans l'esprit, une faculté ne peut
pas d'elle-même réfléchir sur elle-même, se replier sur elle-
même, faire d'elle-même un objet de la réflexion, mais présuppose à cette fin une faculté supérieure. Cette faculté est la
raison, par laquelle nous raisonnons nos sentiments, nos pensées et nos actes de volonté. Mais quand nous scrutons la
source d'où provient cette faculté de la raison, nous devons,
d'après le principe que l'effet doit être conforme à la
cause, en rapporter l'origine à l'Être infini et absolu dont
elle est une force particulière individualisée, personnifiée dans
l'esprit et qui, à l'instar d'un rayon de lumière renfermant encore toute l'essence lumineuse, revèle à l'esprit fini sous
d'autres rapports, la lumière des principes de l'infini, de l'absolu,
de l'ordre, de l'harmonie. La raison est ainsi l'organe de
Dieu dans l'esprit, la vue des idées divines, la force qui, unie
aux autres facultés simples, les élève en quelque sorte à la
seconde puissance, et devient la cause de ce que toutes nos
pensées, nos sentiments et nos volontés peuvent se réfléchir dans la lumière de la conscience. Déjà Leibnitz
avait vu dans la conscience propre une réduplication de
l'existence *(conscientia est reduplicatio existentiae)* et l'exis-

tence de cette force ou faculté supérieure distincte, sans laquelle les faits signalés sont inexplicables, est une preuve décisive de la différence non pas purement graduelle, mais qualitative entre l'homme et l'animal. La fiction du matérialisme qui ne voit dans l'esprit humain qu'un développement graduel de l'esprit animal, doit paraître en psychologie comme un nonsens égal à celui que commettrait un ignorant en physique, s'il soutenait qu'une seule force simple puisse se replier sur elle-même et faire avec elle-même toutes sortes de combinaisons. Considérons maintenant les faits principaux qui découlent de l'existence de la raison.

D'abord l'esprit humain résume par cette force supérieure son être et son activité dans l'unité du *moi*, en ce concevant comme une personnalité. Dans la conscience propre du moi se révèle de prime abord la force de l'infini, parce que, ce qui n'a été guère remarqué, l'esprit, en se concevant comme un moi, se détache du tout infini des choses et s'oppose à l'univers entier par un acte de spontanéité absolue. L'esprit participant par la raison à l'absolu est aussi pénétré dans son être et dans son activité d'un élément infini et éternel qui lui communique l'impulsion incessante d'élargir à l'infini le domaine de son action, de chercher dans tous les domaines de l'existence le complément de sa vie. Cet élément éternel et infini assure à l'esprit un perfectionnement infini, au delà de cette vie terrestre par une immortalité personnelle qui sera une croissance et une élévation continue de l'esprit.

La conscience propre du moi, est de plus un témoignage irréfragable contre toute espèce de panthéisme qui ne voit dans tous les êtres individuels et personnels que des manifestations passagères de l'évolution de la substance infinie appelée âme du monde, esprit universel ou Dieu. Le panthéisme, qui du reste ne peut expliquer aucune existence individuelle, est réfuté par la conscience propre attestant qu'il y a en nous un principe substantiel capable de prendre une direction vers lui-même, de se constituer comme centre d'attraction et de gravitation. Si les êtres individuels, surtout ceux doués de la conscience du moi, n'étaient que des phénomènes sans noyau substantiel, il serait inconcevable, que le moi pût tenir si fortement à soi, tomber dans l'égoïsme même le plus outré, rapporter, faire graviter tout à lui. Car, s'il n'était qu'un pur phénomène de la substance absolue, il ne pourrait avoir qu'une seule tendance, celle de retomber d'une manière accélérée dans l'absolu qui l'a fait jaillir momentanément de son sein. Mais le principe propre, qui se manifeste d'une manière si énergique dans tous les individus, dépose déjà à lui seul contre le panthéisme, qui avec le matérialisme trouble aujourd'hui tant d'intelligences.

Dans l'unité du moi se distinguent ensuite trois facultés principales, la faculté de penser et de connaître ou l'intelligence, la faculté de sentir, et celle de vouloir, dont chacune exprime un rapport particulier et également nécessaire de l'esprit avec tout ce qui est. Tandis que dans la pensée l'esprit *distingue* et soi-même comme sujet des objets et tous les objets entre eux, et arrive ainsi à connaître clairement et véritablement chaque objet dans sa nature propre, il manifeste dans le sentiment une fonction d'*union* et d'assimilation de l'objet senti avec tout son être, et il se met de tout son moi, de sa personnalité entière dans la volonté, comme *cause* exerçant une action sur tout ce qui est; et pour cette raison l'homme est jugé avant tout d'après ce qu'il a voulu. Ces trois facultés sont également nécessaires pour constituer le rapport complet de l'esprit avec tout ce qui existe. Par la pensée seule, il resterait avec les objets conçus dans un rapport de lumineuse distinction, mais de froide clarté; mais le sentiment s'y joint pour rapporter et unir l'objet avec l'être entier de l'esprit et ajouter à la lumière la chaleur; par la volonté enfin, l'esprit est une cause de mouvement et acquiert un pouvoir d'action sur tout ce qui est. Ces facultés, bien qu'elles soient des rameaux d'une seule et même tige du moi, ne dérivent pas l'une de l'autre et ne sont pas de simples degrés de développement d'une seule et même faculté, comme le prétendent quelques psychologues qui mettent des fictions à la place de l'observation; ces facultés exercent des fonctions bien différentes et tendent vers des buts distincts. Car la pensée tend vers la vérité, le sentiment vers ce qui est agréable, la volonté vers ce qui est conçu ou senti comme un bien; et ces facultés peuvent même être en opposition et en lutte entre elles, quand l'intelligence et la conscience condamnent d'après les idées de vérité ce que le sentiment, resté en arrière de la culture de l'intelligence, désire encore comme agréable.

Mais ces trois facultés manifestent leur action à trois degrés, qui ordinairement ne sont rapportés qu'à la faculté de penser et de connaître, mais existent également pour les deux autres. Ces degrés sont ceux de la sensibilité, de la réflexion (de l'entendement ou de l'intellect) et de la raison, dont le premier caractérise l'esprit du côté fini, le dernier du côté infini, et dont le second est un degré intermédiaire. Nous allons les considérer en détail.

- La *sensibilité* désigne l'état inférieur dans lequel les trois facultés se dirigent sur ce qui est individuel, particulier, fini, toujours variable dans le temps, soit que l'objet vienne des sens extérieurs, ou des sentiments internes et de l'imagination. Pour la volonté cette sensibilité est une source d'innombrables motifs, mais qui sont toujours fugitifs et contingents. Quand la volonté obéit à de pareils motifs, l'homme se perd dans la poursuite de jouissances sensibles, qui, bientôt épuisées, ne peuvent le satisfaire, et qui, toujours changeantes, ne le laissent jamais parvenir au repos. L'homme, qui devrait se maintenir dans l'unité du moi au-dessus de toutes les tendances partielles, est alors en quelque sorte frappé et brisé dans son pouvoir unitaire et supérieur; il se trouve abandonné aux impressions du moment, il ne se possède plus et devient l'esclave des sens et de la jouissance. Cet état de sensualisme est susceptible de plusieurs nuances.

L'homme peut déchoir jusqu'à se rapprocher de l'animal.
Toutefois, dans chaque homme, hors le cas de maladie mentale, s'annoncent toujours, ne fût-ce qu'à de rares intervalles,
quelques tendances plus nobles, qui, avec le sentiment du
dégoût ou du repentir, provoquent quelquefois un effort vers
le mieux, et prouvent encore suffisamment la différence qualitative qui subsiste entre l'homme et l'animal.

La *réflexion* (entendement, *Verstand*) est cette fonction,
par laquelle l'esprit cherche à acquérir, par la comparaison
et la généralisation, des notions communes ou abstraites, qui
sont toujours variables, contingentes, sujettes à être infirmées
par d'autres expériences et n'atteignent jamais le caractère
des idées générales ou des principes. La réflexion, base de
tous les systèmes philosophiques qui, à l'instar de celui de
Locke, ne reconnaissent pas des idées originaires dans l'esprit, ne fournit à la volonté que des motifs tirés de l'observation des rapports particuliers dans lesquels l'homme se
trouve placé, et qu'il cherche à exploiter à son profit. L'individu peut ici gagner par expérience une grande habileté à
saisir et à combiner ces rapports, user de beaucoup de prudence, de ruse ou de modération, en renonçant à des avantages momentanés pour en obtenir de plus grands à l'avenir;
il peut mener une conduite pleine de circonspection, réglée
d'après les circonstances; mais toujours est-il qu'il regarde son
propre intérêt comme le but de ses efforts, et le centre vers
lequel il fait tout converger. Ce n'est donc pas le bien en
soi, ni aucun but supérieur de l'humanité ou de la société,
qui est le mobile de ses actes; il ne connaît pas l'amour
désintéressé du vrai, du bien, du juste; il mesure tout au
point de vue de l'utile, d'après les considérations plus ou
moins personnelles. Les systèmes de morale, qui érigent l'intérêt, l'intérêt bien entendu, la félicité ou l'eudæmonisme
en général en motifs d'action, prennent leur source dans la
réflexion. Néanmoins, à ce degré d'intelligence, de sentiment
et de volonté, l'homme apprend au moins à se modérer, à

8*

maîtriser ses passions, à coordonner même, s'il le faut, son intérêt avec l'intérêt commun, et il devient par là plus capable de s'élever jusqu'au degré supérieur, où la volonté suit les motifs vraiment moraux fournis par la raison.

La *raison* élève les diverses facultés au degré suprême de leur action où elles se rapportent à ce qui est infini et absolu. — D'abord l'intelligence comme faculté de *penser* et de connaître devient capable de saisir cet ordre supérieur de vérités qui se rapportent aux principes des choses et à Dieu, raison dernière de toute existence. La raison comprend par les principes supérieurs la cause des choses, l'ordre et l'enchaînement qui existent entre elles. L'idée de l'ordre et de l'harmonie, si importante dans les sciences morales, parce qu'elle est le principe organisateur, ne peut être conçue que par l'être qui, image de Dieu et représentant l'unité dans le monde, est aussi appelé à établir dans la science et dans la vie l'unité et l'ordre qui se manifestent dans tous les domaines de l'existence. Cependant, la raison humaine ne doit pas être identifiée avec la raison divine, dont elle n'est qu'un rayon; en s'unissant avec l'esprit fini, elle devient une fonction susceptible d'altération et de fausse direction, ou sujette à l'erreur. La raison n'est donc pas tout-à-fait impersonnelle dans l'homme, comme quelques philosophes l'ont admis, car elle est l'élément supérieur constituant la personnalité; toutefois elle nous fait concevoir les idées divines, infinies, éternelles, qui elles-mêmes sont impersonnelles, objectives, et qui nous conduisent à Dieu, quand elle suit la juste méthode qui part des faits et en cherche la cause.

Dans la faculté de *sentir*, la raison éveille l'amour pour tout ce qui s'élève au-dessus des sens, pour le vrai, le bien, le beau, le juste, pour tout ce qui, dans le monde, manifeste l'action de principes infinis et éternels. Dans l'homme même, l'amour devient un sentiment qui embrasse tous les ordres de l'existence, depuis Dieu jusqu'à l'être le plus infime dont l'homme peut encore se réjouir.

La faculté de *vouloir* est élevée par raison à la *liberté*. Car la liberté n'est pas identique à la volonté, la simple faculté de causalité, de détermination et d'action; elle est le résultat de l'union du principe absolu avec la volonté. L'homme n'est vraiment libre que par ce pouvoir divin qui le rend capable de dominer tout ce qui est fini, et d'interrompre d'un seul coup, par les idées infinies du vrai, du bien, du juste, la suite actuelle finie de ses actions, pour commencer une autre série de pensées, de sentiments, de désirs, et même toute une vie nouvelle, quand la force de la raison est assez grande pour changer complétement les motifs de ses actions. La liberté est généralement comprise d'une manière négative, comme l'absence de contrainte; mais ce n'est là qu'une face subordonnée; l'homme est vraiment libre quand, affranchi des impulsions partielles qui l'entraîneraient et lui feraient perdre son équilibre, il sait tout dominer et maîtriser par sa force centrale, en se guidant dans ses actions d'après le principe unique du bien. Alors il acquiert la détermination propre, l'autonomie, dans ses actes: c'est réellement *lui* qui agit, c'est son moi supérieur, élevé par le principe du bien à sa plus haute puissance, qui juge avec calme, sans être préoccupé d'une vue exclusive ou d'un intérêt égoïste, en choisissant ce qui est le plus conforme à l'ensemble des rapports auxquels l'action s'applique. La liberté rationnelle ne détruit pas le choix, le libre arbitre, mais le déplace: l'homme ne peut pas moralement choisir le mal; il a déjà perdu sa vraie liberté, quand il fait le mal; le vaste domaine du bien s'ouvre à son choix, pour qu'il fasse ce qui est le *mieux*, c'est-à-dire le bien le plus approprié à toutes les circonstances dans lesquelles il agit. Toutefois, cette liberté morale n'existe encore d'une manière complète dans aucun homme; c'est un idéal à réaliser de plus en plus dans la vie. Mais elle existe virtuellement en toute personne, et lui donne le pouvoir de se dégager du mal et des motifs vicieux, et de commencer à tout moment une série nouvelle d'actes conformes au principe du bien, alors même qu'on n'a pas la force de se maintenir constamment dans cette voie.

Enfin la raison qui constitue l'*unité* et l'*égalité* supérieure de tous les hommes, étant tous capables de comprendre les principes rationnels et d'ordonner, d'après eux, leur vie, est aussi la cause de la *perfectibilité* infinie de toutes les facultés de l'esprit. Les facultés de penser, de sentir et de vouloir sont inépuisables, parce qu'elles tendent sans cesse à embrasser, par les principes infinis, tout le domaine fini des choses et de leurs rapports. De là la tendance constante de l'esprit vers l'infini, vers l'assimilation de tout ce qui est donné dans les divers ordres de l'existence. Le besoin qui naît toujours chez un être du sentiment de ce qui lui manque encore, est infini pour l'homme. La pensée pénètre de plus en plus profondément dans le domaine de la vérité, des principes et des faits; le sentiment s'élève et s'universalise; la volonté acquiert une plus grande énergie dans un champ d'action plus étendu. L'homme est ainsi doué à la fois de la plus haute spontanéité et d'une réceptivité universelle. La vie est un foyer actif dans lequel se concentrent les rayons projetés des divers ordres de la réalité. Et l'homme, quand il a bien compris sa nature à la fois finie et infinie, est toujours plus vivement poussé par le désir de combler les lacunes qui se présentent, à mesure qu'il avance, de parfaire ce qui est resté imparfait, de compléter sa vie par l'adjonction de tout ce dont il éprouve le besoin. C'est ainsi qu'il tend à se parfaire, par la religion, dans ses rapports avec Dieu, par la science et par l'art dans ses rapports avec toute existence. C'est ainsi que l'individu, qui n'est qu'un organe de l'humanité, cherche à se compléter successivement dans les organismes toujours plus vastes de la famille, de la cité, de l'État et des confédérations nationales. Partout il tend à constituer, en complétant de plus en plus sa personnalité propre, des associations pour tous les buts rationnels de la vie, et dans ces associations, le lien qui leur donne la force de la cohésion, est toujours un but

moral, établi par la raison. C'est la raison qui unit éternellement les hommes entre eux et avec l'Être suprême pour
tous les buts de la vie.

Le principe divin de la raison assigne donc à l'homme une
destination qualitativement différente de celle de tous les
autres êtres, elle est la source d'un système infini de besoins,
de biens et de buts pour l'homme.

§ 17.

DE LA DESTINATION DE L'HOMME, DU SYSTÈME DES BESOINS, DES BIENS ET DES BUTS DE SA VIE.

Tous les êtres finis du monde, doués d'un principe de vie
qui les pousse à l'évolution successive de tout ce qui est ren-
fermé dans leur essence, ont une destination conforme à leur
nature. Tout ce qui est réalisé dans la vie d'un être conformément à sa nature est son bien[1]. De même que tous les
êtres des diverses classes et degrés forment l'ordre universel,
dont la raison dernière est en Dieu, de même tous les genres
de biens ordonnés entre eux ont leur source en Dieu, qui est
le bien suprême, parce qu'il renferme en unité et plénitude
infinie tout l'être, toute l'essence, à laquelle participent à des
degrés différents tous les ordres de l'existence.

L'homme, l'image parfaite de Dieu, l'être harmonique réunissant en lui dans une synthèse supérieure les perfections
départies partiellement aux autres règnes, est aussi destiné
à se développer harmoniquement dans ses facultés intérieures
et ses rapports avec tout ce qui est. L'homme étant doué
par la raison d'une force de développement infini, a aussi

[1] La science du bien et de ses divers modes de réalisation dans la
vie est aujourd'hui appelée *Éthique*. Au fond le mot grec ἦθος exprime
la même chose que le mot latin *mos*. Toutefois on prend aujourd'hui le
mot d'*éthique* dans une acception plus large que celui de *morale*, qui
n'en désigne alors que la partie se rapportant au mode subjectif de
la réalisation du bien, tandis que l'éthique est la science du bien en
lui-même et de tous ses modes de réalisation, en tant que la volonté y
entre comme un élément constitutif.

des besoins infinis et universels, qui forment aussi pour lui un ordre, un système harmonique auquel correspond l'ordre harmonique des biens. Car, à ce point de vue, *bien* est tout ce qui est apte à satisfaire un *vrai*[1] besoin, c'est-à-dire conforme à la nature supérieure de l'homme. Ce ne sont donc pas des tendances partielles, des besoins factices ou immodérés nuisant à la santé du corps ou de l'esprit, auxquelles il doit s'abandonner; il ne doit satisfaire que les besoins vrais et bons, selon l'ordre et l'harmonie dans lesquels toutes les facultés sont unies et rapportées à l'ordre universel de l'existence. L'homme, capable de comprendre l'ordre harmonique de l'univers, doit aussi maintenir et créer l'ordre harmonique du bien. De même qu'il peut reconnaître à chaque genre d'êtres un but et un bien spécial, consistant dans le développement de sa nature, et unir tous les buts et tous les biens partiels dans la fin dernière, le but universel des choses, il doit d'un côté traiter chaque genre d'êtres conformément à sa nature et faire concourir le bien que cet être réalise au bien général, et d'un autre côté il doit maintenir dans le développement de ses propres facultés et de ses rapports l'ordre, la mesure, la proportion qui découlent de l'empire de soi, et de la soumission des penchants inférieurs aux tendances plus élevés. Et comme tout ce qui est vrai, bien, beau, juste, est une face particulière de l'ordre divin, une manifestation de Dieu dans ses rapports avec le monde, on peut soutenir que dans une vie idéale conforme à la nature supérieure de l'homme, la conscience et le sentiment de Dieu et de ce qui est divin devrait accompagner toutes les actions pour les élever, les purifier, et les maintenir dans les justes rapports avec les principes divins. Le développement, le bien et le but de l'homme doit donc être harmonique, ordonné

---

[1] Notre collègue et ami M. Roscher a ajouté dans son *Économie politique* à la définition ordinaire de la notion du bien, comme étant tout ce qui est capable de satisfaire un besoin, le mot *vrai*, en unissant par là l'économie politique avec l'éthique par un principe commun, fondamental.

d'après ces principes divins. C'est dans ce développement harmonique que consiste la vrai *culture* humaine. Si, dans la Nature physique, tous les ordres de l'existence sont par des lois nécessaires tellement liés les uns avec les autres, qu'ils se complètent réciproquement, que les règnes végétal et animal, présupposant le règne inorganique, trouvent leurs conditions d'existence et d'accroissement l'un dans l'autre, l'homme est appelé par la raison à constituer par la *liberté* un ordre harmonique de culture pour ses facultés intérieures et pour tous ses rapports, dans lesquels chaque partie se complète, se fortifie, et croît par le secours que lui apportent toutes les autres. L'homme est donc appelé à augmenter la culture dans la Nature elle-même par une combinaison rationnelle des forces et éléments physiques, et à créer, dans sa propre vie, un ordre de culture susceptible d'un agrandissement infini. Mais dans l'ordre complet de la vie humaine il faut distinguer deux séries d'ordres particuliers, dont l'un embrasse tous les biens qui sont à réaliser, l'autre les personnes individuelles et morales par lesquelles ils sont poursuivis [1].

I. L'ordre de culture, qui embrasse les divers biens et buts de la vie, est de deux espèces; il comprend d'un côté la culture de toutes les faces, qualités et facultés qui constituent la personnalité humaine, et d'un autre côté il est constitué par la culture de tous les rapports que l'homme par ses diverses facultés entretient avec tous les ordres de l'existence. On pourrait appeler les biens de la première espèce, les biens personnels ou subjectifs, les autres, les biens objectifs.

La *première* espèce de biens à cultiver comprend d'abord la *vie* elle-même qui dans ses deux phases de vie physique et spirituelle est à conserver en elle-même et dans sa santé comme le fondement de tous les autres biens; ensuite les

[1] Cette distinction formera la division fondamentale dans le droit; voir la fin de la Partie générale.

qualités, qui, réflétant le principe de la raison, confèrent à la personnalité un caractère et une valeur absolue, comme la dignité et l'honneur, l'égalité dans les aptitudes fondamentales, la liberté et la sociabilité pour tous les buts rationnels; enfin les *facultés* qu'il importe de développer harmoniquement par l'exercice, le *travail*, qui ne produit pas seulement les diverses espèces de biens, mais qui a pour résultat non moins important, de faire des facultés des forces ou des aptitudes, et de leur faire contracter de bonnes habitudes. Car tout ce que l'esprit produit par sa spontanéité d'action, bien que cette opération s'exerce au dehors, reste en lui, s'accumule et se conserve dans la mémoire comme un capital qui agrandit sa puissance et facilite par le libre ressouvenir de nouvelles productions. Ce développement successif, cette véritable croissance de l'esprit lui donne une forme, une forme idéelle, qui, sans être dans l'espace, n'est pas moins réelle, dont le type plus ou moins noble et élevé est tracé par le mode et le degré dont l'esprit exprime les idées divines du vrai et du bien, du beau et du juste, constituant la matière spirituelle de la vie.

La *seconde* espèce de l'ordre de culture et de biens est constituée par les *rapports* dans lesquels l'homme entre et se développe, par l'emploi de ses facultés, avec tout ce qui est, avec Dieu, la Nature et ses semblables. Les divers genres de ces rapports fondamentaux qui forment autant de buts principaux, sont constitués par l'action, non isolée mais prédominante, de l'une ou de l'autre faculté de l'esprit. Les buts qui en dérivent sont la religion, la science, les arts (les beaux-arts et les arts utiles), l'éducation, le commerce des personnes et des biens, la moralité et le droit.

Toutefois ces divers buts doivent être ramenés à une *unité* supérieure de but, au but *d'humanité*, qui consiste dans l'accomplissement du bien à la fois divin et humain. Car chacun de ces divers buts, même la religion, présente une face divine et humaine, infinie et finie, et est sous sa face finie susceptible et de déviations et de perfectionnement. De là résulte pour l'ordre social la conséquence importante qu'aucun de ces buts ne doit être placé au-dessus des autres, que la religion elle-même, qui présente d'ailleurs les plus graves aberrations dans l'histoire, ne peut prétendre à régner sur les autres, parce que tous sont égaux sous leur face divine et humaine, et tous également appelés à se perfectionner. Examinons maintenant les buts spéciaux.

1° La *religion*, naissant du sentiment de dépendance de l'être fini vis-à-vis d'une puissance infinie et constituée par l'union de la personnalité humaine dans l'intimité une et entière du moi avec Dieu, existant aussi pour soi dans sa conscience propre comme personnalité absolue, s'est montrée comme la plus haute puissance qui dans la vie des hommes et des peuples ait ému l'esprit et le cœur, comme le lien le plus intime et le plus durable entre les hommes eux-mêmes. Il est vraiment étrange qu'à de certaines époques l'homme qui ne peut juger de la réalité des choses que d'après les effets qu'elle produit, puisse douter de la réalité de Dieu dont l'idée a été toujours le levier le plus puissant dans le mouvement des peuples, et détermine le cours et la direction de toute leur vie. L'histoire démontre aussi que les rapports sociaux ont été toujours un reflet de la manière dont les hommes ont conçu leurs rapports avec la Divinité.

Le polythéisme qui brsia l'unité de Dieu, n'a jamais fait concevoir l'unité du genre humain et l'égalité spirituelle et morale. A mesure que le lien entre Dieu et l'homme s'obscurcit dans la conscience et le cœur, il s'affaiblit également entre les hommes, et les rapports deviennent froids, durs, parce que chacun cherche alors le point de gravitation dans son propre moi. L'égoïsme dans les diverses formes étend toujours son règne, quand les croyances religieuses perdent leur empire. C'est une loi de l'esprit de reconnaître un absolu; si l'homme ne le reconnaît pas au-dessus de lui, il tend à se constituer soi-même comme l'absolu vis-à-vis de ses semblables, et à soumettre tout à sa domination. L'absolutisme politique, dans une forme plus ou moins prononcée, apparaît toujours dans les époques d'affaissement religieux et moral. La démence de l'impérialisme romain était la dernière conséquence du polythéisme qui, en brisant l'unité divine, amena en dernier lieu la substitution de l'homme à Dieu; et dans notre époque la tendance assez prononcée vers l'impérialisme et le règne de la force est un signe manifeste de la décadence morale, amenée ou favorisée par toutes ces doctrines qui, en attaquant la croyance en Dieu et en une âme immortelle responsable, finissent toujours par changer la soumission libre à l'autorité morale dans le joug d'un pouvoir de contrainte extérieure; car à mesure que l'homme perd l'empire moral de soi, l'empire de la force brutale doit prendre de l'extension. La religion, la source suprême de la communauté et de l'égalité de tous les hommes, forme aussi le fonds idéal commun, la substance dont se nourrissent également tous les esprits, faibles ou forts, grands ou petits. La religion est l'idéalisme qui est aussi accessible aux masses. L'homme et tout l'ordre social doit donc chercher son dernier appui dans le principe qui est la source et le but de la vie. Les progrès de tout genre dans notre époque en font une nécessité impérieuse; car l'ordre moral et social se développe comme l'ordre physique dans les deux forces d'expansion et de concentration; par conséquent plus l'homme étend son intelligence et son pouvoir, comme aujourd'hui, sur tous les ordres de l'existence physique, plus il a aussi besoin de se recueillir, de se concentrer, de retremper ses forces à la source de toute vie, de conserver dans le changement perpétuel qui s'accomplit dans les temps, la conscience et le sentiment de Dieu et des principes éternels qui, avec la patience donnent à l'esprit la constance inaltérable dans la poursuite du bien.

2° La *moralité*, intimement liée et néanmoins distincte de la religion, consiste dans la pureté des motifs de la volonté, dans l'accomplissement du bien; la moralité transporte l'absolu, dont la religion fait pénétrer l'âme entière, dans la faculté de volonté, en exigeant que l'homme fasse ce qui est bien d'une manière absolue par le seul motif du bien. Si l'homme parvient à concevoir la source de tout bien en Dieu, il comprendra aussi qu'il doit faire le bien absolument dans la pensée et l'amour de Dieu, parce que chaque bien est une manifestation de l'être divin. L'action morale pure désintéressée présente encore deux degrés, dont le premier est formulé par la théorie de l'impératif catégorique de Kant (§ 7) qui, sans ramener le principe absolu de faire le bien pour le bien à la cause absolue, le constate seulement comme un commandement de notre conscience. A ce degré de moralité se trouvent bien des hommes qui, sans se rendre ultérieurement compte de leurs motifs d'action, font le bien par devoir, sans motifs intéressés, par bienveillance. Mais c'est une situation morale flottante qui manque de fermeté. L'homme doit chercher pour ses motifs une base réelle, en lui-même ou en Dieu, dans son moi fini, en érigeant un motif égoïste plus ou moins prononcé, l'intérêt propre, l'intérêt bien entendu, le bonheur, la félicité etc. en mobile de ses actions, ou dans l'Être infini et absolu dont sa raison est l'organe, en faisant le bien en vue de l'ordre et de la volonté de Dieu. Et qu'on ne pense pas que les motifs par lesquels un bien est accompli soient indifférents, pourvu que le bien en lui-même se fasse. D'abord l'homme doit attester par la moralité de ses actions la force supérieure par laquelle il ressemble à Dieu, ensuite le motif désintéressé élargit la vue du bien et facilite le choix de ce qui est objectivement le mieux, et enfin l'action elle-même tire une force nouvelle de la source pure d'où elle s'inspire. En se pénétrant du sentiment que le bien qu'il veut faire d'une manière désintéressée s'accomplit aussi avec l'aide de la Providence, qui laisse mûrir et fructifier tout bien en temps et lieu, l'homme acquiert, dans la poursuite du bien, une force de volonté et une persévérance, qu'aucun pouvoir au monde ne saurait lui donner ni lui ravir; et en même temps il gagne cette sérénité d'âme qui fait qu'il s'en rapporte à Dieu pour le succès de son œuvre. Aussi sont-ce les hommes vraiment religieux et moraux qui ont le plus fait avancer la vie de l'humanité dans la voie du bien, et lui ont acquis les biens les plus durables. Au contraire les hommes guidés par des vues personnelles, par l'intérêt, l'orgueil ou la gloire, ont souvent opéré de grands changements dans le monde, mais ces changements étaient accompagnés de maux, qui effaçaient en grande partie le bien qu'ils pouvaient contenir; encore ce bien était-il généralement semé depuis longtemps par des hommes mieux inspirés. D'ailleurs l'homme qui agit par égoïsme, tout en faisant objectivement un bien, intervertit l'ordre des choses, en faisant de ce qui est but absolu un moyen utile pour lui; par l'égoïsme une bonne action est en quelque sorte entrecoupée dans son nerf vital d'avec le centre, la source divine, qui lui donne la force et lui assure la continuité des bons effets. L'égoïste veut, pour ainsi dire, révoquer le bien qu'il a fait dans la sphère étroite de son moi; mais de même que dans la Nature les corps noirs absorbent toute lumière, de même l'égoïste qui rapporte tout à lui, est un esprit sombre qui, n'étant pas éclairé par la lumière divine du bien, ne répand pas son amour sur l'humanité. L'homme moral au contraire, s'inspirant à la source du bien, se considère comme la force conductrice du bien et n'attend que de l'accroissement du règne général du bien sa propre croissance et son propre bonheur.

Ce que nous venons de dire de cette obligation supérieure d'agir moralement, est si peu au-dessus de nos forces, qu'il est en accord avec la conscience la plus intime, avec les sentiments les plus purs, qui, alors même qu'ils semblent éteints, s'éveillent facilement au premier appel fait à la nature morale. Chacun se trouve intérieurement blessé à l'idée qu'un autre lui fait du bien par des motifs intéressés. Et ce que l'on désapprouve chez les autres, on doit le condamner en

soi. La voix de la conscience morale, il est vrai, est souvent
étouffée; mais chacun peut l'entendre, quand il veut s'interroger, et son approbation ne nous est acquise que lorsque
nous faisons le bien pour lui-même, avec moralité. C'est
alors que nous éprouvons une véritable satisfaction, que notre
être semble s'épanouir, se dégager de sa nature finie et entrer en rapport avec ce monde supérieur d'où dérivent les
principes éternels de la vérité, du bien, du beau, de l'ordre et
de l'harmonie.

Tel est le bien moral de l'homme. C'est à l'accomplissement de ce bien que se rattachent nos *devoirs*. Le devoir
est d'abord *un*, et se rapporte au bien moral, comme au
principe unique de toute action. Mais il se divise ensuite en
autant de devoirs particuliers pu'il y a de biens et de buts
principaux. Il y a des devoirs concernant la vie religieuse,
la culture intellectuelle et artistique, le travail industriel ou
agricole; il y a des devoirs qui se rapportent à la manière
dont nos facultés spirituelles doivent être développées pour
devenir de bons instruments d'exécution des premiers devoirs;
les uns sont subjectifs, les autres objectifs, parce qu'ils re-
gardent les biens ou les buts qui sont à réaliser dans la
vie. Les devoirs subjectifs sont, par exemple, ceux de la modération, du courage, de la persévérance.

Le devoir moral, accompli avec cette constance qui forme
le caractère de l'homme et ainsi devenu une *habitude*,
constitue la *vertu* ou la volonté constante, habituelle du
bien. La vertu est d'abord *une*, mais se diversifie d'après les
biens et les devoirs principaux. Il y a donc une vertu de la
religion, la sainteté; une vertu du vrai, la véracité; une vertu
du droit, l'équité ou la justice; une vertu du beau ou de
l'art, la virtuosité, et la vertu morale proprement dite, qui
consiste dans la volonté ferme et constante de faire le bien
pour le bien lui-même.

La moralité, comme nous venons de voir, est le *mode* absolu de l'accomplissement du bien et il ne doit pas être con-

fondu avec le bien lui-même. Le manque de clarté qui se
remarque si généralement par rapport à ces notions, a sa
source dans cette confusion. Il faut distinguer les notions du
bien, de la moralité, et du bien moral. Le bien en lui-même
consiste dans la conformité d'une action avec la nature ou
l'état de l'être auquel l'action se rapporte. A cet égard, beaucoup d'actions peuvent être effectuées, qui produisent un
bien, quoiqu'elles ne soient pas inspirées par le motif pur et
désintéressé du bien, et manquent ainsi de moralité. Quand
on assiste un malheureux, non pas dans la seule intention de
rendre un service à son semblable, mais dans un but d'os-
tentation ou par tout autre motif intéressé, on fait cer-
tainement du bien, l'action est bonne, au point de vue objectif, mais elle n'est pas morale et ne confère aucun mérite à
celui qui la commet. D'un autre côté, une action peut être morale, sans être bonne elle-même. L'homme qui fait une action
sans motif égoïste, inspiré par le seul amour du bien, mais
qui se trompe sur la conformité de son action avec l'ensemble des rapports dans lesquels il vit, fait une action qui
est morale, sans être bonne. Celui, au contraire, qui sait que
ce qu'il fait n'est pas bon et l'accomplit néanmoins, parce
qu'il s'en promet un avantage, a une volonté perverse ou
méchante; l'action est à la fois immorale et mauvaise, et le
degré de la faute se mesure d'après l'extension du mal et la
force intentionnelle dans laquelle il est fait[1]. L'homme a donc
le devoir, non seulement de maintenir sa conscience pure et
sa volonté morale, mais de rechercher aussi ce qui est bien
en soi, conforme à l'être ou à l'état auquel se rapporte son
action et en harmonie avec les idées du vrai, du juste, de

---

[1] L'opinion de quelques philosophes, que l'homme peut faire sciemment le mal, dans le seul but de mal faire, est erronée. Il n'existe pas
de perversité absolue. L'homme le plus dépravé cherche encore dans le
crime un bien personnel, ne fût-ce que la satisfaction d'un désir ou
d'une passion. S'il y avait une méchanceté absolue, l'homme ne pourrait jamais être relevé. L'amendement est toujours possible, quand on
éveille peu à peu le principe divin qui est en nous et qui ne disparaît
pas complétement.

l'ordre et de l'harmonie qui doivent régner dans la vie. C'est alors que son action est moralement bonne.

C'est en cela que consiste le *bien moral* ou la perfection morale, dans laquelle les deux éléments d'une bonne action, l'élément objectif du bien et l'élément subjectif de la moralité, sont réunis. Cette perfection est l'idéal que l'homme doit chercher à réaliser d'une manière de plus en plus complète, en faisant de sa vie comme une œuvre d'art, où dans le fini des éléments et des rapports éclate encore l'infini du bien et de la beauté morale. La perfection infinie et absolue du bien dans la volonté sainte n'appartient qu'à Dieu; à l'homme est échu le perfectionnement graduel, qui implique l'immortalité de l'âme, et qui doit être conçu comme une progression consciente, libre et morale dans le domaine infini du bien, comme un rapprochement incessant vers la Divinité, source de tout bien. Ce perfectionnement de l'homme dans le bien amène comme conséquence le vrai *bonheur*, quand l'esprit sent le bien comme bien et se met avec lui en quelque sorte à l'unisson. Lorsque le sentiment n'est pas cultivé en harmonie avec le bien, le bien peut affecter l'homme comme s'il était un mal; il nous fait souffrir, et nous impose l'obligation, quand on veut l'accomplir, de lutter contre des sentiments encore vicieux. L'accord du bien comme principe, avec le bonheur comme résultat, est un problème que l'homme doit réaliser par son perfectionnement.

3º La *science*, naissant de la faculté de penser et de connaître, et poursuivant comme but la *vérité*, ou la conformité de la pensée avec la nature d'un objet, doit se constituer comme un système de vérités correspondant au système des êtres et de leurs rapports. La science, qui est une prise de possession, une assimilation du monde des objets par le sujet, pourvoit l'esprit d'un fonds substantiel de notions qui sont les éléments de croissance spirituelle. Mais dans la science le but principal pour l'esprit est de saisir l'ordre harmonique des choses constitué par les principes et les lois qui éta-

blissent le lien entre tous les faits et phénomènes. Par cette
raison le caractère essentiel de la science consiste à sub-
ordonner l'individuel au particulier, celui-ci au général et tout
ce qui est général à l'infini et l'absolu. La méthode à cet
égard est double, analytique, quand elle monte par induction
des faits individuels aux principes généraux, synthétique, quand
elle descend par déduction du général au particulier. D'après
ces deux méthodes, il y a deux genres de sciences, l'ensemble
des sciences analytiques, expérimentales, et l'ensemble des
sciences rationnelles, philosophiques proprement dites. Mais
ces deux méthodes et ces deux genres de sciences doivent
être combinés dans tous les domaines de la réalité pour constituer la science complète (v. § 2). La science qui, par la
connaissance des lois, donne à l'homme le pouvoir sur les
choses, est aussi devenue depuis les trois derniers siècles la
puissance qui a le plus accéléré la marche des peuples.

4° *L'art*, à la fois l'opposé et le complément de la science,
consiste dans le pouvoir d'individualiser des idées et des notions dans un objet déterminé. Ce que l'esprit s'est assimilé
par la science ou ce qu'il possède originairement comme un
don de génie ou de talent, il aspire à lui donner une forme,
un corps sensible. L'art se crée par l'ensemble des facultés
de l'esprit, mais principalement sous la prédominance de
l'imagination qui est la faculté et le monde des formes sensibles. L'art, comme la science, a une double face; elle tend
vers l'infini et l'absolu, ou vers le fini et les utilités relatives;
il a donc pour but où le beau ou l'utile. Le beau, en général
une harmonie de forme, est avant tout un principe formel;
toutefois elle ne doit pas être séparée du fonds, de l'idée
qu'elle exprime, et avec laquelle elle doit être en harmonie,
et enfin cette idée elle-même doit être en harmonie avec tout
ce qui est vrai, bien, moral; quand le beau exprime cette
triple et parfaite harmonie, il éveille aussi toutes les facultés,
de penser, de sentir et de vouloir, fait épanouir tout notre
être à cette harmonie qui donne à l'âme, en l'élevant, la plus

douce satisfaction. Les beaux-arts, quand ils restent fidèles
à leur véritable but, sont un noble élément de culture, parce
qu'ils entretiennent les tendances idéales de la vie, qu'ils
élèvent l'homme au-dessus de la réalité donnée dans une
sphère de formes, produites par la libre force créatrice, et
qu'ils lui rappellent dans l'harmonie de la forme l'ordre harmonique réel établi par Dieu dans la Nature comme dans le
monde spirituel. Au contraire, si les beaux-arts prennent une
fausse direction en se mettant au service des tendances matérialistes, ils contribuent, dans une forte mesure, par le raffinement des sens, à accélérer la corruption des mœurs. — Les
arts utiles produisent des œuvres qui, sans avoir le but principal en eux-mêmes, sont destinés à d'autres buts; ils peuvent
se rapporter au domaine spirituel, p. ex. à l'instruction, et
au domaine physique, ou ils trouvent l'application la plus
étendue dans la production première (industrie agricole, fo-
restière, métallurgique), comme dans la production technique
et manufacturière. Les arts utiles ont principalement pour
but, de soumettre les divers règnes de la nature au pouvoir
de l'homme et de satisfaire non seulement ses besoins physiques, mais aussi à lui faire gagner, par l'emploi croissant
et toujours mieux combiné des forces physiques, un plus grand
loisir pour sa culture spirituelle. Les arts utiles, en tant qu'ils
produisent des biens fixés, de l'une ou de l'autre manière,
dans une matière sensible, sont des arts économiques qui
avec le commerce constituent l'ensemble des biens économiques. Il y a enfin un troisième genre d'arts qui réunit le
beau et l'utile, comme par exemple un poème didactique ou,
dans l'ordre physique, l'architecture, et qu'il importe de cultiver dans tous les domaines qui l'admettent. Quant à la
notion d'utilité, il est à remarquer qu'elle s'étend au-delà du
domaine de l'art, à tout ce qui pour la vie pratique est encore sous l'un ou l'autre rapport relatif; car ce qui est avant
tout but en soi-même peut encore, sous l'un ou l'autre côté,
servir d'aide à d'autres biens; c'est ainsi que la religion, la

9*

morale, les sciences, les beaux-arts et tout ce qui entre dans
la vie pratique, a encore un côté utile. Dans l'organisme de
la culture humaine tout doit donc se servir réciproquement,
et nous verrons que le droit est principalement appelé à
régler l'ordre de service de tous les biens dans toutes les relations de la vie humaine.

5° La science et l'art sont destinés à s'unir dans tous les
domaines. Il se forme une science (théorie) de tous les arts
et toute science est aussi à développer comme une œuvre
d'art qui reflète la beauté formelle de l'ordre harmonique des
vérités. L'union la plus intime de la science et de l'art s'accomplit dans l'*éducation* dont la mission consiste, dans une
première période, à développer l'idée de l'humanité, ce qui
est essentiellement humain, à former le caractère dans
chaque homme, et à cultiver en lui toutes les facultés pour
tous les biens à tel degré que dans la seconde période de la
vie il puisse principalement par ses propres forces se perfectionner de plus en plus dans tout ce qui est divin et
humain.

6° Enfin pour tous les biens se forme le *commerce*, dans
son sens le plus étendu, qui est d'une part un commerce
de biens tout personnels des hommes ou ce genre de sociabilité libre dans laquelle chacun communique de sa vie personnelle dans des rapports d'amour, d'amitié ou d'entretien
plus ou moins général; d'autre part un commerce de biens
objectifs, spirituels ou physiques qui forment, quand ils sont
représentés dans un objet matériel pour un but d'utilité,
l'ensemble des objets du commerce économique.

Chacun de ces buts, tout en étant constitué par un mode
spécial de l'activité humaine, ne se rapporte pas exclusivement à une partie, mais saisit toujours sous une face particulière la vie entière. C'est ainsi que la religion doit élever
la vie entière à Dieu, que la morale doit la purifier à sa
source dans les motifs de la volonté, que tout doit être scruté
par la science, formé par l'art, devenir un objet du commerce

intérieur ou extérieur. Tous ces buts et biens doivent donc former une harmonie dans laquelle tous se prêtent un mutuel appui.

II. Tous les biens et buts de la vie que nous venons de considérer et auxquels s'ajoute le droit, que nous aurons à examiner encore plus en détail, doivent être réalisés dans deux genres de sphères de la sociabilité humaine; l'un comprend les sphères qui embrassent les personnes complètement dans la totalité de leurs buts et qu'on peut appeler les sphères intégrales ou *complètes* de la vie personnelle, comme d'abord la personne *individuelle*, la source éternelle de toute vie, la *famille*, constituée par le mariage pour la vie entière et pour tous les buts des conjoints, la *commune* avec son but à la fois civil et politique, religieux, économique et d'instruction, la *nation*, fédération des communes, enfin la fédération *cosmopolite* des nations; l'autre genre comprend les associations *spéciales* qui se forment pour les divers buts principaux mais *particuliers*, la religion, la morale, les sciences, les arts, surtout les arts économiques, le commerce et le droit. Ces associations spéciales ont toujours leur champ d'activité au sein des sphères du premier genre qui sont en quelque sorte les tiges maintenant l'unité de ces diverses branches. Mais pour que les divers buts et biens dans leur unité intégrale et dans leur diversité puissent être poursuivies dans les divers genres et degrés de la sociabilité, il est nécessaire qu'il y ait un principe qui règle tous les *rapports* sociaux en vue de l'*ordre* commun. Ce principe d'ordre et d'organisation est, comme nous verrons le *droit* et l'organisme social qui le réalise comme but spécial, l'*État*.

§ 18.
DÉDUCTION DU DROIT COMME PRINCIPE D'ORDRE ET D'ORGANISATION DE LA VIE HUMAINE.

La vie humaine, comme nous venons de voir, présente un tel enchaînement de toutes les sphères de personnes et de

biens, que l'existence et le développement des unes est plus
ou moins déterminé par celui de toutes les autres. Ce rapport, dans lequel des êtres ou des objets existent simultané-
ment, *se déterminent réciproquement* dans leur existence et
leur action, est désigné par la notion de la *condition*. Il importe d'abord de ne pas confondre cette notion avec celle de
causalité, par laquelle une chose existe par une autre et est
toujours comme effet, sous un rapport essentiel, conforme à
la nature de la cause. C'est ainsi que l'organisme corporel
est bien la condition de l'activité de l'esprit, mais n'en est pas
la cause, parce que les actes spirituels ne se laissent pas
expliquer par la nature et les lois de l'organisme physique.
L'univers, ayant sa raison d'existence en Dieu, présente lui-
même à la fois un système de causes qui se subordonnent
et un système de conditions, dans lequel tout est aussi co-
déterminé par les êtres et les objets coexistants et dans lequel
non seulement ce qui en soi est supérieur, peut être une
condition de l'inférieur mais aussi réciproquement, parce que
tout ce qui est dans le monde est encore, sous l'un ou l'autre
rapport, fini, ne se suffit pas et a par conséquent des conditions d'existence et de développement dans d'autres êtres ou
objets. Cette face conditionnelle de l'existence a trouvé sa
réalisation complète et visible dans la Nature où elle constitue le caractère de l'organisme dans lequel tout, centre
et parties, se déterminent réciproquement, où le moindre grain
de poussière est déterminé par son milieu ambiant, où tous
les milieux, tous les systèmes et ordres de vie physique sont
déterminés par le caractère, les forces, les lois de la Nature
infinie.

Mais cet organisme, qui se présente dans la Nature sous
le caractère de l'enchaînement *nécessaire* de tous les ordres,
des forces et des lois doit devenir un produit de la *liberté*
dans l'ordre moral de l'homme et de la société. Cet ordre
est, par l'unité d'origine et de principe, également lié dans
toutes ses parties, de sorte que tous les hommes comme

membres de l'humanité et tous les biens ét buts se conditionnent et se complètent réciproquemen. pour la culture
morale et sociale. Mais cet ordre ne se réalise pas par la
puissance irrésistible de ses lois; l'homme est appelé à
créer par la liberté un ordre moral et social à l'image de
l'organisation établie par Dieu seul dans la Nature. Cette
création de l'ordre moral et social ne s'accomplit que lentement dans le temps et l'espace; tandis que dans la Nature
un tout visible réel, qui se développe dans ses parties, forme
toujours le point de départ et maintient constamment la cor-
rélation et une juste mesure dans la croissance des diverses
parties, dans le monde moral et social l'ordre n'existe qu'idéellement en essence et ne se réalise que successivement dans
le temps, en ajoutant une partie à l'autre et en développant
souvent une partie d'une manière démesurée en opposition,
en hostilité avec les autres, produisant ainsi le désaccord
au lieu de l'harmonie. C'est seulement à mesure que l'esprit
s'élève à comprendre l'idée de l'ordre en elle-même et dans
son origine divine, qu'il fait des efforts pour réaliser cet
ordre dans la vie sociale; au contraire, quand l'idée de Dieu
s'obscurcit ou s'efface dans l'intelligence, l'idée de l'ordre
s'affaiblit ou disparaît également et l'homme se concentre en
lui-même, n'ayant en vue que son moi propre et sa liberté
individuelle, et en oubliant que la liberté a pour but la réalisation de l'ordre du bien dans un ordre harmonique de culture. C'est principalement dans notre temps que la philosophie, en pénétrant d'abord plus profondément dans l'idée de
l'organisme quant à la vie physique, en a reconnu la parfaite
analogie dans le monde spirituel et moral, et a compris que
l'organisation de la vie et de la culture sociale doit présenter
sous le caractère de la liberté l'ordre divin qui se manifeste
d'une manière prédominante, sous le caractère de la nécessité,
dans l'organisation de la Nature. Or, cette organisation ne
peut être réalisée dans le monde moral et social par la volonté
libre qu'à l'aide d'un principe d'organisation qui établit et main-

tient dans tous les rapports de la vie humaine et sociale les
conditions dont dépend l'existence et le développement des diverses sphères de personnes et de biens. De même que dans la
sphère des personnes, chaque individu, la famille, la commune,
dépendent, dans leur vie et leur développement, de conditions
qui doivent leur être fournies en grande partie par toutes
les autres parties de l'ordre social; de même, dans la sphère
des biens, la religion ne peut vraiment et pleinement élever
l'esprit à Dieu qu'à la condition qu'il soit aussi moralisé,
cultivé dans l'intelligence et dans son sentiment (prédication,
musique etc.); il en est de même des biens économiques qui,
pour prospérer, présupposent la culture religieuse, morale,
scientifique, artistique, etc. Il en résulte pour l'homme la
mission de rechercher et de réaliser pour le tout et pour
chaque partie de l'ordre et de l'organisme social, non pas
d'une manière partielle mais en totalité bien combinée, l'ensemble *organique* des conditions dont dépend le développement de l'homme et de la société dans chacun des domaines
de la culture. C'est Kant qui le premier introduisit le terme
important et précis de la condition dans la notion du droit
(§ 7); mais ce terme fut presque abandonné par ses successeurs, qui n'en comprirent pas la fécondité ou qui, comme
les jurisconsultes, n'avaient en vue que le sens étroit dans
lequel il est pris le plus souvent dans le droit positif. Kant
lui-même avait d'ailleurs fait abstraction de l'ordre de bien
et de culture, et placé le but du droit dans le maintien de
la liberté subjective. C'est Krause qui, partant de l'idée de
l'ordre divin, organisé avec nécessité dans la Nature et à organiser librement dans le monde moral et social, conçut le
principe de condition dans son sens complet comme le terme
caractéristique pour exprimer les rapports organiques de détermination, d'action et d'influence réciproques, dans lesquels
existe et se développe aussi tout dans le monde moral et
social; et ce principe organique régulateur, destiné à maintenir l'harmonie et la santé du corps social, fut reconnu par

lui comme le principe complet du droit, déterminé dès lors comme « l'ensemble organique des conditions libres (dépendantes de la volonté) pour l'accomplissement harmonique de la destination humaine. » Cette notion, si simple par l'unité de principe, renferme, comme nous verrons encore plus en détail (§ 20), tous les éléments essentiels du droit qui dans d'autres théories ne sont que partiellement saisis; elle découle en toute évidence de l'analyse complète de la nature de l'homme, des biens et des buts qu'elle renferme et qui sont à réaliser librement par l'activité individuelle et commune; et le droit lui-même apparaît comme celui des buts par lequel tous les autres buts et biens sont protégés, liés ou ordonnés entre eux pour leur aide mutuel. Et comme dans la société humaine les hommes doivent aussi s'associer entre eux pour réaliser en commun le but religieux, moral, scientifique, artistique, industriel, comme des branches organiques de la culture sociale, le grand organisme social comprendra un ensemble de systèmes et d'organismes particuliers, dont chacun a une activité propre et un but spécial et qui tous sont liés entre eux, dépendants les uns des autres, se servant mutuellement de but et de moyen, concourant comme des parties d'un corps organisé à une fin générale. Et de même que dans l'organisme physique de l'homme, le système nerveux forme le lien organique de toutes les parties avec le centre et entre elles, de même le droit exerce cette fonction organique dans l'ordre social par laquelle toutes les sphères de personnes et de buts, tout en ayant une existence propre et une indépendance relative, sont liées entre elles de telle sorte, que les conditions que toutes les parties ont à se fournir réciproquement forment pour le tout et pour chaque partie une espèce de système nerveux qui maintient la circulation et tous les rapports d'action réciproque. Le droit exerce ainsi une fonction complémentaire qui, dans l'ensemble harmonique, fait de chaque partie un tout, en complétant chaque partie qui en elle-même ne se suffit pas, par les conditions qu'elle a à rece-

voir de toutes les autres parties. L'organisme social présente
ainsi, par le principe et sous le caractère de la liberté, la
contre-partie et le reflet de l'organisme de la Nature, dont
l'étude approfondie peut toujours servir à rappeler à l'esprit
les conditions d'une véritable organisation, quoiqu'il ne doive
jamais oublier, qu'elle doit être réalisée dans l'ordre social
par la liberté, et que la Nature et la société humaine sont ainsi
les deux réalisations particulières de l'ordre divin dans le monde.

. Enfin le droit se présente encore, sous un autre rapport, à
la fois comme contre-partie et comme complément de la moralité[1]. La moralité et le droit expriment en effet les deux
modes principaux de la réalisation du bien et de tous les
biens. La moralité exprime le mode interne, subjectif de
l'accomplissement du bien; le droit en constitue le mode objectif, et s'adresse également à la volonté libre; toutefois
comme les conditions de vie et de développement doivent
être préalablement réalisées et que leur abscence entraînerait
la cessation de toute vie, il s'ensuit que l'accomplissement de
ces conditions doit être assuré, au besoin, par la contrainte.
Ces deux modes, il est vrai, devraient toujours être en accord
dans une vie parfaite; les hommes devraient réaliser de bonne
volonté les conditions nécessaires du développement de leurs
semblables, car ces conditions sont elles-mêmes une partie
intégrante du bien. Cependant les deux modes restent distincts; ils présentent le bien, l'un sous son caractère absolu,
l'autre sous son caractère conditionnel, et doivent toujours
être distingués dans la vie sociale, pour que le pouvoir public n'empiète pas sur ce qui est avant tout du domaine de
la conscience individuelle.

[1] C'est principalement sous cet aspect que le droit a été présenté
dans les éditions précédentes de ce Cours. Nous croyons cependant que,
dans l'exposition actuelle, la position du droit dans l'ensemble des
biens et de l'organisation sociale sera mieux comprise.

§ 19.

DU DROIT COMME PRINCIPE ORGANIQUE ET ORGANISATEUR, CONSIDÉRÉ
DANS SES TROIS FONCTIONS OU MODES D'APPLICATION.

Le droit, appelé à régler dans l'organisme de la vie humaine les rapports réciproques conditionnels entre toutes les sphères de la vie, entre toutes les personnes et toutes les sphères qui s'organisent socialement pour les biens et buts principaux, pour la religion, les sciences, les arts etc., doit exercer sa mission dans trois directions principales, conformément aux rapports constitués par tout organisme vivant.

1° D'abord chaque sphère de vie, qu'elle soit constituée par une personne individuelle ou collective, a une *indépendance* relative, qui exige qu'elle soit respectée dans son existence et son activité propres. La personne individuelle est la racine et la source première de toute vie sociale; l'individu et la société sont, il est vrai, les deux foyers qui, par leurs rayonnements convergents, doivent sans cesse augmenter la force de la lumière et de la chaleur qui répandent les idées divines du vrai, du bien, du beau et du juste; et entre les individus et la société, il doit y avoir communication continue de tous les moyens de perfectionnement. Mais la personnalité humaine ne doit être absorbée dans une communauté sociale, sous quelque forme qu'elle se présente; car la personnalité, constituée par un principe divin, est supérieure à tous les genres de sociabilité plus ou moins passagère, et doit être conçue comme le but, tandis que la société n'est qu'un moyen qui par l'aide ou l'assistance facilite l'accomplissement de tous les buts humains. D'un autre côté, la personnalité ne peut s'isoler de la vie sociale, et s'enfermer dans l'égoïsme; elle doit, au contraire, se soumettre aux règles qui garantissent, dans la société, à tous les hommes les moyens de développement, et contribuer, pour sa part, à accroître la somme des biens spirituels ou matériels qui constituent le fonds social ou le domaine des utilités communes, dont tous, sans exclusion, peuvent profiter. Toutefois la personnalité étant le fondement de toute association, la première fonction doit consister à faire respecter la personnalité en elle-même et dans son domaine d'activité propre.

Il est de la plus haute importance que cette vérité si simple, mais si souvent oubliée par les gouvernements, mus généralement par des vues de domination, pénètre dans la vie pratique, et que partout où on veut sérieusement jeter les premiers fondements de la liberté, on commence par assurer à chaque personne individuelle et morale une sphère d'action dans laquelle elle puisse se mouvoir à son gré, poursuivre son but à la manière dont elle le comprend le mieux, en empêchant seulement les empiètements qu'elle pourrait exercer sur d'autres. La vie personnelle propre à chaque centre est la source d'où jaillissent par les forces les plus intimes des courants de vie toujours nouveaux, maintenant la fraîcheur et la santé du corps social. L'homme n'est pas un produit de la société ou de l'État, mais il en est la cause et le but; l'ordre social ne doit pas absorber l'homme, mais le protéger et l'aider dans son activité propre.

Eu égard aux rapports de la personne individuelle avec l'ordre social on peut distinguer chez les peuples modernes trois époques principales: d'abord l'époque du moyen-âge, dans laquelle prédomine l'indépendance et la spontanéité de formation et d'action des divers groupes sociaux qui se constituent en corporations closes pour les buts déterminés, s'organisent chacun comme un petit État, se trouvent entre eux dans une juxta-position et ressentent à peine l'influence et l'action du pouvoir politique faiblement constitué; vient ensuite l'époque dans laquelle le pouvoir central commence à dégager son action des entraves intérieures, à faire sortir l'ordre social de l'état d'aggrégation des corps et corporations, à constituer une plus forte unité centrale, et à entrer ainsi dans un mouvement de centralisation, qui en France fut accompli dans des directions diverses par Louis XIV et la révolution, porté à l'apogée par Napoléon, imité plus ou moins par d'autres États du continent, mais qui ne forme que l'opposé de l'aggrégation particulariste du moyen-âge; enfin une troisième époque s'ouvre par les besoins de liberté toujours plus vivement sentis, surtout dans des pays centralisés comme la France, parce qu'on commence à comprendre que même la grandeur et la puissance ont leur source dans la liberté qui permet l'éclosion et le complet exercice de toutes les facultés ou forces d'une nation s'exerçant pour le bien général par le système représentatif. Ce mouvement heureux, commencé depuis quelque temps, doit être accéléré par les théories plus vastes, qui font comprendre que dans un véritable organisme social, l'unité n'est pas une force séparée du tout, mais une puissance dont l'action bienfaisante doit s'exercer par le jeu libre, la coopération essentielle de toutes les forces et sphères particulières. La théorie organique du droit doit donc insister sur ce qu'il soit garanti à chaque personne individuelle ou morale une sphère d'action, dans laquelle elle puisse se mouvoir librement, poursuivre ses buts licites à la manière dont elle le juge le plus convenable. C'est en cela que consiste le principe de *selfgovernment* applicable à toutes les sphères de la sociabilité humaine, depuis l'homme individuel qui est maître dans sa propre sphère de vie et de droit, par les degrés de la famille et de la commune, le noyau intermédiaire le plus important, jusqu'à la nation dont le droit propre s'exerce par le gouvernement du pays par le pays.

Ce droit d'autonomie fut déjà reconnu par l'ancien droit romain, quand les douze tables établissaient par rapport aux corporations le principe: *Pactionem quam velint sibi ferre dum ne quid e republica corrumpant.* La limite, il est vrai, entre ce qui revient à une sphère sociale par son droit propre et ce qui doit être attribué à un pouvoir central pour le but de la surveillance, ne se laisse pas déterminer facilement et est aussi soumise aux variations résultant des divers

caractères et degrés de culture des peuples; mais en général
le cercle d'action de chaque personnalité est tracé par son
but spécial, et par les forces ou facultés qui le réalisent. La
première fonction du droit consiste donc à garantir à chaque
sphère sociale son autonomie, à établir ce qu'on peut appeler
son droit *interne*, en vertu duquel il exerce son droit selon
ses propres vues dans ses rapports intérieurs (dans la maison, la famille, la commune etc.), et par lequel il lui est *permis*
d'aller dans cet exercice jusqu'à la dernière limite compatible
avec les lois générales du droit. De là résulte aussi la règle
si souvent invoquée pour la liberté personnelle, que tout ce
qui n'est pas défendu par une loi, doit être juridiquement
permis[1]. Il doit donc y avoir pour chaque personne physique
ou collective une sphère de vie et d'action dans laquelle elle
soit en quelque sorte chez elle, et cette sphère n'est pas
seulement physique mais aussi intellectuelle et morale, et demande aussi à être protégée sous ce rapport, p. ex. par le
secret des lettres. Cette *première* fonction du droit peut être
appelée la fonction réglant le principe *d'autonomie*.

  2° Comme toutes les personnes physiques et morales se
trouvent aussi dans des rapports extérieurs de coexistence,
il faut que les conditions de cette coexistence soient réglées
de manière qu'aucune personne ne dépasse dans ses actions
les limites tracées par la loi dans l'intérêt de tous, qu'elle
n'empiète sur la sphère d'action d'aucune autre personne, et
que de cette manière la paix soit maintenue dans l'ordre
social. Cette *seconde* fonction, réglant les conditions de *coexistence*, a été considérée par la plupart des systèmes comme
formant le seul caractère essentiel du droit, et c'est prin-

---

[1] Il faut bien distinguer cette espèce de *permission* de celle que nous
signalerons (§ 21) comme impliquant une fausse vue sur les rapports
entre le droit et la morale. En vérité, le droit ne permet pas ce que la
morale défend, il y a seulement des ctes d'immoralité sur lesquels le
droit n'a pas d'action. La permission dont il est ici question appartient
exclusivement à l'ordre du droit et se fonde principalement sur ce
qu'une loi qui est toujours générale, doit être individualisée par une personne dans son domaine propre, d'après le principe de l'autonomie.

cipalement Kant (§ 7), qui a établi à cet égard la formule
la plus précise; mais cette fonction ne constitue que le côté
négatif, limitatif ou restrictif du droit, insuffisant pour faire
comprendre toute l'action du droit; car comme les hommes
ne se trouvent pas seulement dans des rapports de juxta-
position ou d'aggrégation atomistique, et qu'ils ne sont pas
seulement tenus de ne pas se faire de mal, mais aussi de
s'entr'aider, il faut que l'assistance réciproque dans les diverses
situations de la vie soit également réglée dans tout l'ordre
social.

3° La *troisième* fonction du droit consiste donc à établir
les conditions sous lesquelles doit s'opérer l'*aide* ou l'*assistance*
des hommes dans la société. Une opinion erronée, encore
très-répandue, surtout parmi les jurisconsultes, veut éliminer
du domaine du droit toutes les obligations qui portent sur les
divers genres d'assistance et les reléguer dans le domaine de
la morale; mais celle-ci ne concerne que les motifs des actions
qui, si elles sont ou impliquent des conditions essentielles de
la vie humaine, rentrent aussi dans le domaine du droit.
L'erreur vient de ce que les jurisconsultes n'ont généralement
en vue que le droit privé qui, étant dominé par le principe
de l'action propre des personnes, ne consacre l'assistance
obligatoire que dans les cas les plus urgents; cependant
chaque peuple un peu avancé dans la culture s'est vu obligé
de pourvoir par le droit aux besoins les plus pressants d'assistance pour tous ceux qui ne peuvent pas s'aider eux-
mêmes. C'est ainsi que pour les enfants, les mineurs, les
aliénés s'établit la puissance et la représentation paternelle,
la tutelle et la curatelle, et tandis que par ces institutions
s'organisent l'aide et la représentation *nécessaire*, toute une
grande partie du droit, les obligations et principalement les
contrats, constituent les formes juridiques, dans lesquelles
s'opère *librement* soit un don gratuit soit un échange de prestations et de services. C'est par les diverses formes d'obligation, que les hommes exercent librement un acte de

bienfaisance envers d'autres, ou opèrent un échange en donnant un objet contre un autre dont ils on plus besoin. Et plus la division du travail, de la culture humaine fait de progrès, moins les hommes peuvent se suffire à eux-mêmes et plus ils sont obligés de chercher le complément de leur vie dans l'échange des services; et c'est précisément le droit qui formule pour chaque genre d'échange les conditions spéciales, sous lesquelles il s'opère.

Cette fonction du droit, concernant l'aide et l'assistance, s'exerce sur un champ encore plus vaste dans le domaine du droit public. L'État n'est pas une institution de simple police; il doit de son côté aider au développement social, parce qu'il y a des cas et des rapports où l'action et l'assistance privées ne suffisent pas, où, à cause de la généralité des besoins, il faut aussi que l'État y pourvoie par des lois générales et par une action publique.

Toutefois c'est cette fonction de l'État qui, en constituant la face la plus importante de son activité, a aussi le plus besoin d'être bien déterminée, parce que, étant mal appliquée, elle peut devenir une source d'oppression et de despotisme. Ce danger se présente toujours quand l'action publique se met à la place de la liberté individuelle, et maintient sous sa tutelle de forces qui, abandonnées à leur propre impulsion, produisent en meilleure qualité une plus grande somme de biens. Mais il ne suffit pas d'établir simplement le principe que l'État doit aider ou favoriser le développement social, car au fond toutes les sphères de l'activité sociale s'aident les unes les autres, mais chacune selon la manière qui est propre à son caractère; les sciences et les arts aident au développement matériel; celui-ci est d'un grand secours pour la vie intellectuelle et morale; la religion et la morale pénètrent l'ordre social de ces principes supérieurs qui élèvent toutes les forces et en empêchent la déviation. Il faut donc bien déterminer en quoi consiste le genre spécial d'aide, qui est à fournir pour l'État; cette recherche trop souvent négligée

sera instituée plus tard (v. *Droit public*, *du but de l'État*);
mais nous pouvons déjà ici reconnaître en principe, que l'État
comme l'ordre du droit doit seulement établir les conditions
générales qui rendent *possible* le développement que toutes
les personnes physiques et morales doivent *réaliser* avant
tout par l'emploi de leurs facultés ou forces propres; l'État
doit seulement rendre les biens généraux de l'ordre intellectuel, moral et physique (instruction, éducation, voies de communication etc.) accessibles à tous ses membres; et à mesure
que la culture des peuples avance, l'État peut augmenter le
domaine des biens publics, dont il offre l'usage à ses membres; mais l'État ne doit jamais empiéter sur l'activité que
les diverses sphères exercent pour leur but spécial, en donnant une autre direction aux lois, auxquelles cette activité
est soumise, et en changeant, en affaiblissant ou en dénatu-
rant des motifs d'action qui, dans certains domaines, sont les
conditions essentielles d'une bonne gestion. Une telle altération
des motifs aurait lieu, si par exemple dans le domaine de l'é-
conomie politique, qui ne peut prospérer que par le stimulant
de l'intérêt propre, la circonspection etc., l'État intervenait par
des secours qui, en altérant son propre but, le constitueraient
commanditaire, associé, banquier d'une ou de toutes les entre-
prises de l'ordre économique. Le champ de l'action du pouvoir politique, par laquelle il peut favoriser positivement le
développement de toutes les sphères sociales, est très-étendu,
mais cette action s'exerce, en principe, d'une manière formelle
par de bonnes lois générales qui maintiennent un juste équilibre et le progrès harmonique de tous les genres et ordres
de la culture sociale.

La fonction d'aide, inhérente à la notion du droit, reçoit
une dernière application dans le droit des gens. Les peuples
ne se trouvent pas non plus dans de simples rapports de
coexistence. Il y a entre toutes les nations une solidarité de
culture et d'intérêt, qui, dans certains cas que la pratique
doit sans doute peser avec une haute prudence, peut aussi,

sans un contrat préexistant, déterminer une nation à venir
en aide à un peuple, menacé dans ses droits existants ou
dans les conditions essentielles de culture humaine. Si les
nations chrétiennes se préoccupent de la situation des peuples
chrétiens encore opprimés de la Turquie et stipulent en leur
faveur, ils remplissent une obligation, qui leur est aussi im-
posée par une vue supérieure de justice internationale.

Les trois fonctions ou modes d'application du principe du
droit, que nous venons de caractériser sommairement, résultent, de toute nécessité, de la conception féconde de toute
la vie humaine, depuis la personne individuelle jusqu'à la vie
collective des peuples, comme d'un *organisme*, dans lequel
chaque partie doit avoir une existence et une vie propre, se
maintenir dans de justes rapports de coexistence avec toutes
les autres parties et se développer avec elles par un échange
réciproque de services et d'influences bienfaisantes. Ce sont
ces considérations qui feront encore mieux comprendre pourquoi, dans la théorie de Krause, le droit est défini comme
l'ensemble *organique* des conditions du développement humain, parce que pour chaque partie et dans chaque matière
les conditions doivent être déterminées eu égard à tous les
rapports qu'elle soutient avec d'autres parties et objets dans
l'organisme social.

§ 20.

DÉTERMINATION MÉTHODIQUE DU PRINCIPE DU DROIT
SOUS SES FACES PRINCIPALES.

Le principe du droit, déduit de la nature et de la destination de l'homme, compris dans ses fonctions principales,
doit encore être méthodiquement déterminé dans ses éléments
constitutifs et dans ses rapports principaux. Le droit, que
nous avons défini «l'ensemble des conditions dépendantes de
la volonté et nécessaires pour la réalisation de tous les biens
individuels et communs qui forment la destination de l'homme

et de la société,» doit être considéré dans sa *raison*, dans sa *cause* et dans son *but*, dans sa *matière* et dans sa *forme*, dans son caractère *objectif* et *subjectif*, dans son *étendue* et ses *limites*.

1° La *raison* du droit se trouve dans la *nature* à la fois *finie* ou bornée et infinie de l'homme, ou plus exactement dans le rapport entre le fini et l'infini, par lequel l'homme est sans cesse poussé à parfaire le fini, à se perfectionner à l'infini; le droit est un effet de la création d'êtres *libres* et finis qui sont appelés à se compléter sans cesse par leur liberté. Comme ce rapport est permanent, inhérent à l'essence humaine, le droit est un *principe*, constitué par les rapports essentiels de la vie et ne peut disparaître, comme quelques-uns l'ont voulu, à mesure que la moralité devient plus parfaite. Le droit est une idée éternelle, qui s'harmonise avec la moralité, mais qui en reste toujours distincte. *Stahl*, qui dans les temps modernes a le plus approfondi la raison d'existence du droit, considère le droit, à son point de vue théologique, comme une conséquence de la *chute* de l'homme; il fait remarquer qu'au fond les rationalistes eux-mêmes voient la raison du droit et de l'État dans le péché, puisqu'ils admettent que les hommes, guidés par leurs passions, n'obéissent pas spontanément à la loi rationnelle, et qu'ils conçoivent dès lors le droit comme un principe *coactif*, et l'État comme un pouvoir qui fait exécuter les obligations par la contrainte. L'observation de Stahl est juste par rapport à quelques auteurs qui appartiennent surtout à l'école sensualiste; mais elle prouve seulement que ces écrivains ont conçu le droit sous un point de vue trop étroit, en faisant de l'exception la règle, et en déterminant le droit d'après un caractère qui atteste toujours une imperfection de la volonté. La nature humaine, sans doute, n'est pas absolument parfaite, puisqu'elle est limitée, mais elle n'est pas non plus radicalement mauvaise, puisqu'elle est unie au principe divin. L'homme est naturellement capable de bien et de mal. C'est

le considérer comme un être purement sensible, privé de liberté
et de moralité, que de prétendre qu'il ne peut de lui-même
obéir aux lois de sa nature. Dans nos sociétés déjà, le droit
et ses obligations sont heureusement plus souvent exécutés
de bon gré que par contrainte, et nous pouvons concevoir un état social encore plus parfait, où les prescriptions
de la justice seraient généralement remplies avec moralité,
sans perdre leur caractère juridique. Il s'ensuit que le droit
ne présuppose pas nécessairement une volonté vicieuse, et
ne peut être ramené à la nature pervertie, à la chute de
l'homme. Le droit est plutôt une idée d'élévation et de perfectionnement. C'est un principe universel résultant de l'*ordre*
et du *plan divin* du monde, où tous les êtres libres et finis
sont appelés à réaliser, par leur activité volontaire, les conditions nécessaires pour s'élever à des degrés toujours plus
hauts de culture individuelle et sociale. Telle est la raison
générale du droit; mais il y a aussi des raisons spéciales pour
tous les genres de rapports, raisons qui résident dans des éléments ou des besoins spéciaux de la nature humaine.

2° La *cause* du droit, que l'on doit bien distinguer de la raison, est ce qui porte la raison à se manifester, ce qui donne
naissance aux rapports fondés dans un élément ou un besoin
de la vie. La raison est toujours une et la même, les causes
peuvent être diverses. C'est ainsi que la propriété a sa raison dans la personnalité de l'homme; les causes qui la font
naître peuvent être différentes. Les causes qui font naître
des rapports de droit sont ou des faits particuliers indépendants de la volonté humaine, ou des actes de cette volonté
(v. § 29).

3° Le *but* ou la *fin* du droit est en général le perfectionnement de la *personnalité* et de la *société* humaines. Le droit
a donc pour but de parfaire, autant que possible, la vie humaine, d'en reculer sans cesse les bornes, de compléter, par
la vie commune, l'insuffisance de la vie individuelle, afin que
l'individu, qui n'est qu'une partie de l'humanité, devienne un

être complet, acquière par sa propre activité et par celle des
autres les conditions nécessaires à l'accomplissement de son
but. Le droit, en partant de l'imparfait, du fini et du conditionnel, tend au parfait, à l'infini et à l'absolu; il doit mettre
une fin aux imperfections de la vie, achever l'existence humaine. La vie de l'homme et de la société flotte en quelque
sorte entre les besoins et les moyens de les satisfaire. C'est
au droit de régler la manière dont les besoins qui se rapportent à des biens essentiels doivent être satisfaits. Les
biens forment la matière par laquelle la vie humaine est sans
cesse perfectionnée; et le droit établit les conditions sous
lesquelles un bien est acquis, et une personnalité humaine
complétée et perfectionnée par les autres. Le droit n'est pas
lui-même ce complément, ce bien, mais le principe qui règle
par les conditions, la manière dont la vie de tous doit être
complétée. Le droit est donc le principe d'appui réciproque
pour tous les hommes vivant en société. L'un soutient l'autre,
et tous sont appelés à se prêter aide et assistance dans
toutes les choses où les forces individuelles sont insuffisantes.
Si cette condition d'appui n'est pas remplie, le droit est lésé,
et l'injustice commise envers l'un devient la cause qui empêche
celui-ci de remplir à son tour les conditions qu'il avait à
fournir pour le développement commun. Par le droit, tous
sont donc solidairement unis; le droit de l'un présuppose la
reconnaissance du droit de tous les autres. Il existe ainsi
une *solidarité* entre tous les hommes vivant en communauté,
et le droit exige que la vie et l'activité de la communauté
deviennent un complément, une force d'élévation et de perfectionnement pour la personnalité individuelle. C'est là la raison de l'instinct qui porte les hommes vers la société, et
Hugo Grotius avait raison de voir dans l'*instinct de sociabilité*
la source du droit et de l'État. Car partout l'individu cherche
à se parfaire dans les divers genres et les divers degrés de la
sociabilité. C'est ainsi que l'homme se complète dans la personnalité collective fondée par le mariage, qui crée tous les

rapports de famille, que les familles et les communes trouvent leur complément dans l'État. Même par rapport aux *choses*, le droit a pour but d'achever l'existence humaine, par exemple dans la propriété, qui est à la fois le reflet et le complément de la personnalité dans le domaine matériel. Le but général se spécifie comme le bien dans un système de buts particuliers, et tout rapport de droit, fondé dans une raison, existe pour un but déterminé, qui caractérise le rapport spécial (v. § 30).

Nous voyons ainsi que le droit se montre partout comme un mode spécial par lequel la vie humaine, en elle-même bornée ou finie, est perfectionnée et complétée. Toute personnalité humaine, individuelle ou collective, dépend dans son existence et dans son développement de conditions, pour la réalisation desquelles elle doit compter en grande partie sur le concours d'autres volontés.

Ici nous reconnaissons le sens profond de ce principe particulier du droit, exprimé dans toutes les législations positives, à savoir que le droit consiste *à attribuer à chacun ce qui lui est dû (suum cuique tribue)*. Déjà Platon avait conçu comme une face de la justice, que chacun reçoive ce qui lui convient (προσῆκον). Mais la loi positive prend généralement ce principe dans un sens trop étroit. Ce que chacun doit recevoir en justice comme le sien, *suum*, comme ce qui lui est dû, comprend d'abord ce qu'il produit par son activité individuelle, ensuite ce qui lui doit être fourni par d'autres ou par l'État, comme condition de sa vie et de son développement, c'est-à-dire ce qui doit être ajouté à l'insuffisance de ses moyens d'action, par la coopération de ses semblables. Car le droit, qui saisit tous les hommes, comme membres d'une communauté dans laquelle tous se conditionnent réciproquement, a aussi pour but d'opérer un *échange* de prestations. Chacun effectue, par suite des rapports naturels dans lesquels il se trouve, ou par suite de conventions, ce dont les autres ont besoin, et l'échange ensuite contre les services ou les biens qui lui semblent utiles pour réaliser son but particulier. Le plus souvent, en faisant une action de droit, l'homme agit à la fois pour le bien d'autrui et pour son propre bien. C'est ce caractère du droit que M. Warnkœnig paraît avoir eu en vue, quand, déduisant le principe du droit des tendances ou des motifs de la volonté humaine, il soutient que la *justice* tient le *milieu* entre l'*amour-propre* et la *bienveillance*. Il faut remarquer cependant que ces deux tendances de la volonté sont, dans la plupart des cas, satisfaites à la fois, parce que le droit est un principe objectif qui embrasse toutes les impulsions légitimes de l'esprit humain.

Mais c'est le grand principe de la *perfection* et du *perfectionnement*, conçu par Leibnitz comme le but du droit [1], et mis ensuite par Wolff à la tête de sa doctrine du droit naturel, qui ressort ici avec clarté dans toute son importance. Malheureusement ce principe n'a pas été assez développé par Leibnitz, et Wolff, au lieu de le saisir dans sa pureté, le transforme en un principe eudémoniste, et ne fait pas nettement, dans l'œuvre du perfectionnement, la part de la morale et celle du droit. Néanmoins le principe de Leibnitz a communiqué à la doctrine de Wolff ce caractère progressif et pratique qui lui a assuré une propagation si rapide dans toute l'Europe, et qui la distingue même avantageusement de l'école postérieure de Kant. Nous avons vu plus haut, en traitant de la destination de l'homme, que le perfectionnement est un principe éthique, par conséquent *commun* à la morale et au droit, qui doit être réalisé par chacune de ces sciences pratiques d'une manière spéciale. Par la moralité, l'homme se perfectionne intérieurement, en ac-

---

[1] Leibnitz, dans ses *Obss. de principio juris*, § II (opp. ex ed. Dutens, t. IV, lib. 3, p. 272), dit, après avoir fait observer que la protection de la société humaine ne peut pas être le principe de la justice (humanae societatis custodiam non esse principium justitiae): Sed tamen putem, justum esse quod societatem ratione utentium *perficit*. Le principe du *perfectionnement* est ici clairement indiqué.

quérant l'habitude de faire le bien pour le bien lui-même,
sans condition. Par le droit, l'homme doit se perfectionner
en obtenant les moyens qui sont nécessaires à ce but, et qui
dépendent en partie de sa propre activité, en partie de l'activité d'autrui. Mais toujours est-il que le perfectionnement
sous tous les rapports est la mission principale du droit et
de l'État, et que tout droit est ainsi un droit de culture humaine.

4° Considérons maintenant le droit d'après sa *matière* ou
objet, d'après la *forme* ou la manière dont il est réalisé, et
d'après son *contenu*.

La *matière* du droit est double; elle est constituée d'un
côté par les biens ou les buts qui sont à réaliser dans les
rapports de droit, et d'un autre côté, par les objets qui forment les moyens de la réalisation. Dans un rapport de droit
il y a au fond deux biens dont l'un est le but et l'autre le
moyen, mais le dernier forme l'*objet* du droit dans le séns
strict du mot, quoique le but soit aussi souvent désigné
comme objet. C'est ainsi que la vie, la santé etc. sont des
biens et buts à protéger, à conserver par des actions, des
prestations, des choses qui forment les objets immédiats du
droit. Dans les relations du droit, un bien apparaît donc toujours, par rapport à un autre, comme le bien conditionnel
ou relatif, c'est-à-dire comme l'*utile*; car l'utilité désigne précisément le rapport de subordination d'un bien à un autre,
ou du moyen au but. Le droit, envisagé sous une face importante, est donc un principe et un système d'*utilité*: nous
reconnaissons ici la vérité contenue dans la doctrine de Bentham (v. § 8). Mais la grande différence qui sépare notre
conception de celle de Bentham, c'est qu'au lieu de ramener
l'utilité aux sensations toutes subjectives et variables du plaisir, nous lui donnons une base objective dans le principe du
bien dont elle présente la face relative. Pour apprécier l'utile,
il ne faut donc pas interroger le sentiment individuel, il faut
rechercher le but de l'homme, le bien qui doit être réalisé

dans la vie, et qui renferme un système de biens, dont les uns sont moyens pour les autres. Si l'utilité n'est pas rapportée aux biens plus élevés, bien déterminés, elle s'égare et disparaît dans la contradiction des appréciations individuelles. Il n'y a qu'une branche du droit public, l'économie politique, science des biens matériels, des conditions de leur production et de leur distribution, où l'utilité, dans le sens du mot, reçoive une juste application. Toutefois, si l'on veut employer le terme dans un sens plus général, on peut concevoir toute la vie humaine comme un échange incessant d'utilités, par lequel les hommes se prêtent mutuellement aide et concours. Cependant il faut toujours se rappeler que le droit n'est pas l'utile en lui-même, mais le principe qui règle les utilités, un ordre pour un arrangement tel de tous les biens de la vie, que les biens inférieurs servent aux biens supérieurs, tandis que les biens d'égale dignité ou de même valeur se soutiennent les uns les autres.

Le droit est, de son essence, un principe *formel*, parce qu'il exprime la forme, c'est-à-dire la manière dont les rapports entre les hommes doivent être réglés et ordonnés d'après les conditions nécessaires pour que chacun puisse atteindre dans le but et le bien de la communauté son but et son bien propres. Cependant le droit n'est pas un principe formel abstrait, tel que Kant l'avait conçu, qui fasse abstraction de la matière, des objets et des buts des rapports qu'il règle; au contraire le droit, pour déterminer les conditions de réalisation des biens et des buts, doit nécessairement y avoir égard, établir les justes rapports entre les buts et les moyens, entre tous les ordres de l'activité sociale, qui poursuivent la production et la distribution des divers biens de culture.

Le *contenu* du droit (v. § 29) distinct de l'objet, est constitué par les conditions qui en sont, comme il a été déjà suffisamment constaté, l'élément spécifique. Les conditions, dont la notion est prise dans le droit positif, dans un sens trop étroit, sont à envisager à un double point de vue, objectif et subjectif, d'abord en elles-mêmes, comme étant constituées par les rapports objectifs des choses, et formant pour les volontés, qui doivent les réaliser, une règle selon laquelle elles ont à se guider; ensuite cette règle, en s'adressant à des volontés, implique en général des *prestations* auxquelles l'une des parties est *obligée* et auxquelles l'autre peut *prétendre*. Le contenu propre du droit est donc formé sous le rapport objectif par des règles du droit, sous le rapport subjectif par des obligations et des prétentions. Ces deux faces du contenu du droit, comme principe objectif et subjectif, sont encore à examiner un peu plus en détail.

5° Le droit est à la fois un principe objectif et subjectif de la vie humaine.

Le droit, comme principe *objectif*, exprime une règle, un ordre, une harmonie de rapports essentiels et nécessaires à la vie humaine; il découle des rapports essentiels des choses et est, à cet égard, indépendant de l'opinion et de la volonté des hommes. Si les actes ne sont pas dans de justes rapports avec le bien individuel et commun, le droit est lésé, et cette lésion exercera tôt ou tard une influence funeste sur la vie sociale. Ni les individus, ni les assemblées ne doivent croire qu'il dépende uniquement de leur volonté d'établir le droit privé ou public d'un pays. Sans doute, le droit, comme tout principe qui s'adresse à la volonté humaine, permet une certaine latitude dans l'application, en ce sens que certaines erreurs ou déviations de la liberté peuvent aussi être redressées par la liberté. Mais quand les principes, dans une matière de droit, sont vicieux ou ne sont pas appropriés au degré de culture, à l'état moral d'un peuple, l'ordre social est troublé, les rapports sont pervertis, et des crises plus ou moins violentes en seront la conséquence. Si, par exemple, dans le droit privé, les principes concernant la propriété, l'acquisition, le transfert ou la distribution des biens, sont erronés, ou si, dans le droit public, une constitution n'est pas en harmonie avec l'état intellectuel, moral et matériel d'un pays, avec ses rapports intérieurs et extérieurs, il se produira nécessairement des perturbations qui attestent à la fois le malaise et l'instinct de conservation du corps social. Pour éviter des méprises et épargner à la société des commotions malheureuses, il faut donc s'enquérir non seulement de ce qui est bien en général, mais encore de ce qui est bien eu égard à l'état de développement d'une nation, il faut consulter les *mœurs*, qui expriment le degré auquel un peuple s'est assimilé le bien, et qui se forment et se réforment de la même manière que les habitudes chez l'homme individuel. Le droit, qui est cet ensemble de conditions sous lesquelles le bien peut être réalisé chez un peuple, exige avant tout la continuité dans le développement, de manière que, d'un côté, les réformes soient réellement effectuées quand le progrès des mœurs les réclame, et que, d'un autre côté, elles ne devancent pas trop la culture intellectuelle et morale de la nation. L'histoire, les traditions, les coutumes, les mœurs, doivent donc être prises en sérieuse considération dans les institutions du droit. La volonté passionnée des majorités ou des minorités peut bien leur imposer silence pendant quelque temps; mais la puissance, qui jaillit des sources les plus intimes de la vie nationale, est plus forte et plus tenace que toutes les passions. Montesquieu avait raison de dire que *les lois sont les rapports nécessaires qui dérivent de la nature des choses.* Dans le droit privé et public, ce sont donc avant tout ces rapports qu'il faut étudier, pour établir des lois justes, capables d'opérer le bien et d'ouvrir les voies à un progrès assuré et continu.

Mais le droit est aussi, à d'autres égards, un principe *subjectif.* Car d'abord il existe toujours pour un sujet, pour une *personne* individuelle ou collective; ensuite, il doit être réalisé par la *volonté*, faculté qui exprime le plus énergiquement le *moi*, comme sujet, en opposition avec tout autrui; enfin dans chaque rapport juridique il y a toujours pour les personnes, ou sujets qui les composent, d'un côté, des *prétentions*, de l'autre, des *obligations* par rapport à un objet. La volonté, qui exécute le droit, doit sans doute être éclairée par la connaissance des rapports réels de la vie, ou des conditions sous lesquelles un bien peut être réalisé; mais, comme expression de l'individualité, elle doit aussi avoir une sphère dans laquelle le moi puisse se mouvoir librement, et poursuivre son but avec les moyens qui lui paraissent le mieux y répondre.

Toutefois le droit, tout en étant aussi un principe subjectif, ne doit jamais être détaché ni de la règle qui ressort des rapports subjectifs des choses, ni des biens et des buts qui en constituent la matière. Nous avons vu antérieurement que, du point de vue subjectif, Rousseau ne pouvait pas faire sortir de la volonté de tous une véritable volonté générale et que Kant ne pouvait trouver par la liberté individuelle un principe ou une règle de limitation de la liberté de chacun dans la coexistence de tous; car la liberté qui dans l'espace moral flotte dans le vide, si elle ne rencontre pas la matière morale dans les divers biens et buts de la vie, n'est pas susceptible de limitation que par des objets que la liberté rencontre dans son action. Ce sont cependant principalement ces théories de Rousseau et de Kant qui ont conduit à ces doctrines libérales, vides et abstraites, qui, partout où les obstacles extérieurs du développement social ont été vaincus, manquent même de sens pratique, et ne produisent d'abord qu'un enthousiasme superficiel, auquel succède bientôt la torpeur ou l'indifférence. Certes, si jamais la cause de la liberté pouvait être perdue, elle le serait par ces théories qui la séparent du bien et de la moralité de l'homme. Pour que la liberté se relève dans l'opinion et dans la pratique, il faut une doctrine plus vaste qui s'occupe d'abord du but et du bien de l'homme, et détermine ensuite la part respective que la liberté individuelle et l'action sociale doivent prendre à la réalisation de ce bien. Car les peuples, comme les individus, cherchent avant tout le bien dans l'ordre matériel, intellectuel et moral, et si la liberté en fait abstraction, ou ne peut le leur procurer, ils l'accepteront de la main du despotisme. Une voie nouvelle est donc indiquée par l'expérience même à la science du droit, et c'est à la philosophie à la mettre en rapport avec le but de l'homme et de la société.

6° Le droit, comme principe d'ordre et d'organisation, a été déjà considéré plus en détail (§ 19). Or, le droit, comme principe d'ordre, est aussi un principe d'*harmonie;* car, en établissant une conformité de rapports entre toutes les personnes et toutes les choses, il harmonise la vie sociale. C'est cette idée de l'harmonie que Platon, le premier, a comprise comme un caractère distinctif de la justice. Selon lui, la justice est la vertu par laquelle les autres sont liées, coordonnées et harmonisées entre elles. Elle est la même, ajoute-t-il, dans l'individu et dans l'État. En effet, de même que l'homme individuel mène une vie juste quand il cultive chaque force de l'âme en elle-même et en harmonie avec les autres, de même la justice de l'État consiste à maintenir toutes les forces, toutes les parties du corps social dans des rapports harmoniques. Cette conception de Platon est vraie et profonde, et il importe de la rappeler aujourd'hui où les esprits semblent oublier que la justice bien ordonnée commence par soi-même, c'est-à-dire que chacun doit mettre d'abord l'ordre dans son âme et dans toutes ses forces actives, s'il veut qu'un ordre réel et durable s'établisse dans la société.

7° Considéré d'après son *extension* et ses *limites*, le droit est enfin un principe *universel* et *positif*, parce qu'il concerne tous les rapports et tous les buts de la vie, mais sous une face spéciale, en tant qu'ils dépendent de conditions à réaliser par l'activité volontaire de l'homme. Le droit regarde la vie privée comme la vie sociale, et facilite l'accomplissement de tous les buts de l'homme, de la religion, de la science, de l'art, de l'industrie, de l'agriculture, du commerce, de l'éducation et de la moralité. Mais le droit est aussi un principe *limitatif*, *restrictif* et *négatif*. Car, comme il y a plusieurs ordres de vie, déterminés soit par les différents buts, soit par les divers degrés de la sociabilité humaine, et qu'il importe, pour le maintien des justes rapports entre tous ces domaines, d'en fixer les bornes, le droit a la mission d'assigner à chaque sphère d'action des individus et des associations, les limites conformes au but spécial que l'on veut réaliser. Il doit prévenir et réprimer les empiétements que les membres individuels ou collectifs de la société pourraient exercer les uns sur les autres. La juste limitation de tous les rapports et de toutes les sphères d'action est une condition pour le développement harmonique et progressif de toute la vie humaine.

Le droit est ainsi, sous le rapport *objectif*, un principe qui fixe et règle les conditions sous lesquelles les hommes peuvent individuellement et socialement poursuivre leurs buts rationnels; au point de vue subjectif, il implique toujours pour un sujet une *demande*, une *prétention*, pour un autre une *obligation* par rapport à ces conditions auxquelles l'un peut prétendre, tandis que l'autre est engagé pour une raison et pour un but déterminés.

Après avoir déterminé le principe du droit, nous avons encore à examiner ses rapports avec la morale.

§ 21.

DISTINCTION ET RAPPORTS ENTRE LE DROIT ET LA MORALE. [1]

Les rapports si importants du droit et de la morale, se manifestant dans toutes les matières principales du droit, doivent être envisagés à un triple point de vue, d'après leur

[1] La question de la distinction entre la morale et le droit n'a pas seulement un intérêt théorique; elle est aussi d'une grande importance, quand il s'agit, dans le droit public, de déterminer les limites d'intervention de l'État dans les autres sphères de la vie et de l'activité humaine. Si l'État, qui est l'institution sociale pour l'application du droit, même par voie de contrainte, pouvait aussi embrasser dans ce but la moralité intérieure des hommes, toute liberté de conscience disparaîtrait. Rien n'empêcherait alors l'État d'imposer aux membres de la so-

base commune, qui réside dans le bien objectif, d'après leur *distinction* et d'après *l'influence* réciproque que le droit et la morale exercent l'un sur l'autre.

I. La base *commune* pour le droit et la morale est constituée par le *bien* objectif. Nous avons reconnu *l'éthique* comme la science générale du bien et de la réalisation harmonique de tous les biens particuliers qui y sont contenus. Bien, en général, est tout ce qui se fait conformément aux lois, aux principes qui régissent les choses et expriment leur essence intime. Le bien est donc le principe universel objectif pour toutes les actions humaines, à quelque ordre qu'elles appartiennent. Tout ce que l'homme fait, doit être bien, un bien. Le bien comprend ainsi tout ce qui est juste, moral, religieux, tout ce qui se fait, dans l'ordre spirituel et physique, conformément aux principes qui les dominent. La vérité elle-même est un bien, quand elle passe dans la vie, quand elle est réalisée. Mais nous avons vu qu'il y a deux modes ou matières d'effectuer le bien dans la vie humaine. Le bien peut donc être envisagé sous deux points de vue principaux:

Comme *bien en soi*, ou comme la *matière*, le contenu des actions humaines;

Comme *bien* sous le rapport de la *forme;* celui-ci est double, selon les deux modes principaux dont le bien est réalisé: l'un est le bien par rapport à *l'intention*, au *motif* qui guide l'agent, et l'autre, le bien par rapport aux *moyens*

ciété une morale comme il l'entendrait, de prescrire telle religion qu'il jugerait convenable, et d'employer, à cette fin, les forces dont il dispose. C'est par cette raison que les philosophes et les jurisconsultes les plus éminents en Allemagne ont cherché à bien fixer la distinction ainsi que les rapports entre le droit et la morale. Mais la distinction ne doit pas conduire à une séparation. Kant et son école, en poursuivant la route ouverte par Thomasius, sont tombés dans cette erreur qui ne peut être évitée que si l'on reconnaît dans l'éthique le lien commun entre le droit et la morale. La confusion d'idées qui se remarque encore dans cette question importante vient surtout de ce qu'on ne distingue pas nettement les notions de bien objectif, de moralité subjective et la notion harmonique de bien moral (v. § 18).

et aux *conditions* nécessaires à son accomplissement, abstraction faite de la bonne ou de la mauvaise intention de l'agent.

Le *bien en soi* se présente ainsi, selon ses modes de réalisation, sous *deux* faces principales, dont l'une est constituée par la *moralité* et l'autre par le *droit*. Nous avons donc trouvé dans l'éthique une unité supérieure pour ces deux sciences. Il nous sera facile maintenant de préciser leur base commune, leurs différences et leurs rapports. Nous pouvons poser le principe suivant:

1º Toute action humaine est d'abord *une*, dans sa cause et dans ses effets, depuis son origine jusqu'à sa fin; elle est une d'après le principe objectif du *bien*, parce qu'elle est ou bonne ou mauvaise; elle est une d'après le principe subjectif de la *moralité*, parce qu'elle est ou morale ou immorale. Il n'y a aucune action qui ne se présente sous l'un ou l'autre de ces caractères, parce que le bien et la moralité embrassent toute la vie humaine; ils sont les cercles généraux dans lesquels se meuvent tous les cercles particuliers de notre activité. De là résulte qu'il n'y a aucun acte de droit, aucun rapport juridique qui ne soit en même temps moral ou immoral, bon ou mauvais. Toutefois il y a aussi les différences suivantes:

2º A l'*ordre moral* appartiennent les actions en tant que leur caractère principal réside dans l'intention ou dans le motif pur et désintéressé qui préside à leur accomplissement, en tant que leur mérite ou leur démérite doit être apprécié par la conscience. C'est ainsi que la gratitude, l'amour, l'amitié, la bienveillance constituent avant tout des rapports moraux; bien qu'ils puissent se manifester par des actes externes, leur valeur est dans l'intention; les effets extérieurs ne sont que des signes dont le sens est à chercher dans l'intimité de la conscience;

3º A l'*ordre juridique*, au contraire, appartiennent les actions en tant qu'elles sont une condition d'existence et de développement pour la vie humaine, et que leur réalisation doit être indépendante de la bonne ou mauvaise intention. Leur valeur est relative et appréciable dans ses effets par l'individu ou par une autorité sociale.

II. La *différence* qui existe entre la morale et le droit, peut se résumer dans les points suivants:

1º La morale considère le *motif* par lequel une action est accomplie; le droit regarde l'*action en elle-même:* l'une envisage plutôt l'acte dans sa source, l'autre dans ses effets.

2º Les préceptes moraux sont *absolus, invariables,* indépendants des lieux et des temps; les préceptes du droit, ou les lois juridiques, sont *relatifs* et *variables*; parce que les conditions d'existence et de développement changent avec les situations, les époques de culture, les mœurs. Sans doute le principe fondamental du droit est invariable, éternel: il impose partout et toujours l'obligation de réaliser les conditions nécessaires pour le développement de l'homme; mais ces conditions elles-mêmes varient avec la nature des individus et des nations.

3º La *conscience* est seule juge de la moralité; mais comme le droit se laisse reconnaître extérieurement, on peut et l'on doit établir des lois sociales applicables à chacun par une *autorité* constituée à cet effet.

4º De là résulte que les obligations de droit peuvent être exigées, au besoin, par la contrainte: elles sont *coercibles.* Ce caractère n'est cependant que secondaire pour la distinction du droit et de la morale; car la différence subsisterait alors même que la moralité des hommes serait assez parfaite pour rendre toute contrainte superflue.

5º La morale enfin est une science *formelle* et *subjective,* parce qu'elle considère surtout l'intention du sujet qui la manifeste: la moralité est la forme subjective du bien; le droit, au contraire, qui considère les actions et les rapports en eux-mêmes, est plutôt à cet égard une science *objective.*

La différence entre la morale et le droit se trouve ainsi

établie d'après les caractères essentiels qui résultent de la nature de ces sciences. Nous n'avons pas adopté ces distinctions superficielles qui, au premier aspect, paraissent satisfaisantes, mais qui s'évanouissent aussitôt qu'on approfondit cette question et qu'on en tire des conséquences pratiques. Nous ne disons pas que la morale se rapporte à l'individu, et le droit à la vie sociale, ou que le droit est la morale appliquée à la société, parce que les deux sciences concernent également la vie individuelle et sociale de l'homme. Nous n'admettons pas non plus que la morale existe seulement pour la vie de l'esprit, tandis que le droit se rapporterait à l'homme comme être physique et spirituel à la fois; car l'homme doit aussi moraliser ses rapports physiques. Nous rejetons également l'opinion qui voit dans la différence entre la morale et le droit une simple question de temps ou de culture humaine, et qui considère le droit comme cette portion toujours croissante de la morale, que la conscience publique aurait jugée actuellement applicable dans la société et exigible au besoin par contrainte. La distinction entre les deux sciences repose sur des caractères qui ne peuvent pas s'effacer avec le temps. Par ce motif, nous n'admettons pas non plus que le droit ait sa raison dans l'imperfection morale, ou même dans la dégradation de l'homme, et qu'un ordre de droit soit inutile, sans objet, si tous connaissaient et remplissaient leurs devoirs moraux. Car le droit est fondé dans un élément intégrant, indestructible de la nature humaine, dans cette nature *conditionnelle* qui établit éternellement la différence entre l'homme et l'Être absolu. Il en est de l'élément du droit comme de tous les éléments constitutifs de notre nature, qui, par le développement successif de la vie, ont acquis une existence sociale. Ces éléments subsisteront toujours dans l'individu comme dans la société. Le droit ne sera pas plus absorbé un jour dans la morale, que celle-ci ne le sera dans la religion, ou que la religion, comme le veut une doctrine moderne, ne s'effacera dans la philosophie.

6° Quant à l'*extension* différente qui existe entre la morale et le droit, on peut établir les règles suivantes:

a. *Tout ce qui est commandé ou défendu par le droit est aussi commandé ou défendu par la morale.* Car celle-ci attire dans son domaine tous les préceptes et tous les actes du droit et les revêt d'une nouvelle sanction. Elle prescrit à chacun, comme devoir, de remplir ses obligations juridiques, non-seulement en vue d'une autorité extérieure qui peut l'y contraindre, mais avant tout de bonne volonté, librement. Cette sanction des préceptes du droit, établie par la morale, ne détruit pas leur caractère juridique, pas plus que la sanction plus élevée, donnée par la religion. Celui qui est pénétré de la conviction que l'ordre de droit est dans la volonté de Dieu, regardera une infraction à cet ordre comme une désobéissance à une loi divine, et s'en abstiendra sous peine de remords, sans égard à la peine comminée par la loi.

b. *Mais tout ce qui est commandé ou défendu par la morale, n'est pas commandé ou défendu par le droit.* Non pas que le droit puisse défendre ce que la morale commande, ou prescrire ce qu'elle défend; mais comme la morale est, du côté subjectif, plus vaste que le droit, il s'ensuit que son cercle embrasse, sous une face importante, toutes les actions du droit; tandis que la sphère plus restreinte du droit, qui concerne, non pas le motif, mais le fond des actions, ne se rapporte pas à toutes les obligations morales. A cet égard, les actions morales, ou plutôt les motifs moraux sont, par leur source interne, en dehors de la sphère du droit. Celui-ci ne s'en occupe pas, et ne peut ni les commander ni les défendre.

Pour exprimer cette différence entre la morale et le droit, on dit quelquefois que le droit *permet* ce qui est défendu par la morale. Mais l'expression est impropre; car le mot de *permission* implique une connexité, une espèce de complicité entre le droit et une action moralement illicite. Or, le droit ne se trouve dans aucun rapport direct avec elle, il lui est

11*

étranger; l'action n'existe pas pour le droit. C'est ainsi que
la morale défend l'égoïsme, l'ingratitude, la haine; le droit
ne permet pas ces actes, il n'a point de prise sur eux, parce
qu'ils sont en dehors de son domaine. On peut seulement dire
que le droit admet ou *laisse faire* ce qu'il ne peut empêcher, à
cause de la liberté morale, qu'il doit respecter dans chacun.
Il en est, à cet égard, du droit humain comme de la justice
divine. Dieu ne permet pas, mais, à cause de la liberté morale des hommes, il laisse faire ou s'accomplir bien des actes
immoraux, sous la responsabilité de leurs auteurs.

   III. Quant aux *rapports* et aux influences réciproques entre
le droit et la morale, les considérations qui précèdent font
d'abord comprendre avec évidence qu'il n'y a point d'*opposition* entre ces deux sciences. Il ne peut pas y avoir une
morale injuste, ni un droit immoral; leurs domaines, tout en
étant distincts, se trouvent dans des rapports nombreux et
intimes. La morale et le droit concourent au même but: le
perfectionnement de l'homme et de la société; mais leurs
voies sont diverses. L'une s'attache à améliorer l'homme intérieur, la source de tous ses actes, la volonté; l'autre, pour
assurer à la vie ses moyens de développement, les rend indépendants de la bonne ou mauvaise volonté des individus,
comme garantie de la marche régulière de la société. De
plus, le droit, dont les préceptes reçoivent de la conscience
morale une nouvelle sanction, aide de son côté au développement de la moralité. Car le perfectionnement moral est un
but essentiel de l'homme et de la société, et le droit, qui
donne à tous les buts de la vie les moyens de réalisation,
doit aussi fournir les conditions individuelles et sociales de
la moralité humaine. Le droit et la morale se prêtent ainsi
un mutuel appui; séparés ou confondus, ils jetteraient le
désordre dans la société; mais distincts et unis, ils sont deux
puissants leviers de tout véritable progrès. En montrant le
danger qui résulte de la confusion de ces deux sciences, nous
n'insistons pas avec moins de force sur la nécessité de leur

accord. Que les législateurs, les publicistes, les hommes politiques n'oublient donc pas qu'il n'y a aucune loi, aucune institution qui puisse se maintenir ni produire un bien social, si elle est contraire aux lois de la morale et de la conscience; qu'ils se rappellent que les moyens qui peuvent être employés pour agir sur les hommes, tout en étant légaux et juridiques, doivent encore être moraux. L'histoire des peuples prouve, par bien des exemples, qu'ils ont souvent chèrement expié la faute d'avoir sacrifié à un intérêt plus ou moins passager les éternels principes de la morale. Il faut donc des lois civiles et politiques en accord avec la morale, des hommes qui les exécutent dans l'esprit de la moralité, et un gouvernement qui, loin de heurter les principes et les sentiments moraux, s'attache à les développer par tous les moyens que le droit met à sa disposition. On ne peut pas faire avancer une cause juste par des moyens immoraux, par le mensonge, la ruse, l'astuce ou la violence. Il est possible qu'une cause, juste en elle-même, triomphe malgré ces moyens vicieux; mais il est certain qu'elle se ressentira toujours de cette tache originelle; si la faute n'est pas effacée par une réparation morale toujours difficile, elle restera comme un mal interne qui tuera l'œuvre établie par de tels moyens.

Quand nous examinons après cette considération générale le rapport du droit avec la morale plus en détail, nous avons d'abord à établir la règle:

1º Que le droit, ayant à protéger et à favoriser le développement de tous les biens, doit aussi entourer de sa protection la moralité et la liberté, qui est, de son essence et dans son unité supérieure, une liberté morale. Il y a donc aussi un *droit de moralité* qui renferme plusieurs principes particuliers.

D'abord le droit protége la liberté morale en ce qu'il rejette comme vicieux tous les motifs d'action, par lesquels la liberté d'action est en elle-même détruite. C'est ainsi que le droit romain fut moralisé par le préteur, quand il ôta l'efficacité aux actes déterminés par dol *(dolus)*, violence *(vis ac metus)*, ignorance *(ignorantia)*, en accordant au lésé des exceptions *(exceptiones)*, correspondantes. Les législations modernes ont adopté le même principe.

Le droit refuse sa protection à certains actes qui, tout en s'enveloppant de formes de droit (par exemple, du contrat), sont, quant à l'intention ou au but, immoraux, comme l'est par exemple le jeu. Par cette raison les législations n'accordent au gagnant ni une action ni une exception. Le droit romain permit même de redemander pendant cinquante ans le payement fait.

Le droit accorde une action pour faire valoir des buts moraux, stipulés en forme de conditions (v. § 30), et il donne au donateur une action, afin de révoquer une donation pour cause d'ingratitude.

Le droit protége la moralité, en défendant des manifestations publiques par la presse, par les arts, par des expositions qui blesseraient la moralité. Le traitement cruel des animaux doit aussi être défendu de ce point de vue.

2° D'un autre côté le droit, qui interdit toute contrainte dans la vie morale, ne doit pas non plus maintenir par voie de contrainte un rapport qui est à la fois moral et juridique, quand l'élément moral doit, comme c'est la règle, dominer l'élément juridique. Par cette raison, par exemple, le droit ne doit pas établir l'indissolubilité du lien conjugal revêtu d'un caractère éminemment moral, bien qu'il puisse soumettre à des conditions difficiles la dissolution du mariage.

3° Enfin, quand il s'agit dans le droit pénal de l'imputabilité d'une action, celle-ci ne doit pas être jugée en premier lieu d'après ses effets extérieurs, mais d'après tout son caractère moral, d'après les motifs qui ont déterminé l'action, d'après le but qui l'a inspiré, d'après les circonstances qui ont diminué ou anéanti la liberté d'action. Une action est avant tout *une* et on ne peut pas la séparer en deux moitiés, l'une morale, l'autre juridique. La moralité s'imprègne dans l'acte

entier et doit être la base pour tout jugement. Au fond
c'est toujours la personne morale, c'est l'homme entier qui est
jugé dans l'un de ses actes. Enfin, quand dans un acte le but
final est bon, juste, mais que les moyens sont pervers, injustes,
l'acte est punissable, mais il peut donner lieu à une atténua-
tion de la peine, par exemple, quand un vol est commis dans
l'intention de secourir un malheureux.

C'est ainsi que des rapports réciproques nombreux existent
entre le droit et la morale, entre lesquels on doit établir souvent une distinction, mais pas de séparation.

§ 22.
LE DROIT CONSIDÉRÉ SOUS LE POINT DE VUE SYNTHÉTIQUE, COMME JUSTICE DIVINE.

Le droit est un principe de vie qui découle de la création
d'êtres finis doués de la raison et de la liberté, et destinés
à se perfectionner dans un ordre social. Mais tous les ordres
et degrés de la création sont ordonnés les uns en vue des
autres, et cette unité d'organisation par des lois à la fois
distinctes et harmoniques, doit avoir sa raison dans l'existence
d'un Être suprême, Dieu, qui, source de toute intelligence,
n'est pas une force ou substance immobile et aveugle, mais
l'intelligence absolue et la providence du monde, qui maintient les principes éternels dans l'évolution et dans les aberrations possibles des êtres finis.

Dieu lui-même est la justice absolue; il réalise les conditions d'existence et de développement pour les êtres vivants;
Dieu, il est vrai, a donné à chacun par sa nature même
les forces et les moyens correspondants au but qui lui a été
assigné dans l'ordre de la création; chaque genre d'êtres finis,
doué d'une force propre et d'une indépendance relative, peut
encore dévier de l'ordre général, mais Dieu, qui fait sortir
de sa puissance éternelle l'astre, comme le moindre végétal, maintient aussi du pouvoir de sa volonté les lois de

l'ordre et de l'harmonie générale du monde. La justice est
donc un principe divin universel qui règle les justes rapports
entre tous les êtres.

Dans la vie de l'humanité la justice divine est un élément
intégrant de l'ordre du droit. Les hommes vivent non-seulement entre eux, mais aussi et avant tout avec la Divinité
dans un ordre de droit, dans une société qui doit réaliser
de plus en plus le règne de Dieu sur la terre par le règne
harmonique de tous les principes du vrai, du bien, du beau
et du juste; et ce règne de Dieu s'est de plus en plus ap-
proché des hommes, à mesure que ceux-ci se sont élevés de
toutes les forces de leur âme vers Dieu.

Chez tous les peuples qui ont joué un rôle dans le progrès
de la culture humaine, on rencontre l'idée fondamentale qu'il
y a une justice divine qui domine la vie des hommes et des
nations. Dans l'antiquité grecque et romaine, dans laquelle
Dieu n'est pas encore compris comme une providence intelligente, sa justice est aussi considérée comme une *Némésis*
fatale, aveugle. La philosophie fit un grand progrès quand
Platon conçut le droit comme une idée divine, destinée à
établir l'harmonie dans toutes les fonctions de l'âme de l'homme,
l'État en petit, et entre toutes les fonctions et branches d'activité de l'État, l'homme en grand, pour la réalisation de
plus en plus parfaite de l'idéal divin; et quand Cicéron, rendant
la pensée de Platon en termes encore plus explicites, désigna
le monde entier comme une cité commune *(civitas communis)*
de Dieu et des hommes. Le christianisme, dont les doctrines
se sont en partie formées sous l'influence d'idées platoniciennes
et stoïciennes et dont tous les rayons de vie pratique s'unissent dans la pleine lumière du règne de Dieu, que chacun
doit realiser d'abord dans son intérieur, pour qu'il puisse
advenir comme un nouvel ordre social, comprit la justice
comme un attribut de Dieu et du règne providentiel du
monde; il assigna à l'homme comme devoir supérieur, de se
mettre, de toute sa vie morale, dans les justes rapports avec

Dieu, appelés dans la religion la justification, que le protestantisme ramena des formes, des rites, des œuvres externes à la source intime de tous les rapports entre l'homme et Dieu, à la foi qui, étant vivante et forte, engendre de bonnes œuvres, comme un arbre sain produit de bons fruits[1]. Toutefois la justice divine a été généralement considérée sous un point de vue trop étroit, comme s'exerçant principalement par les récompenses et les peines; mais la justice divine s'opère aussi par tous les actes d'aide, de révélation, au moyen desquels Dieu intervient dans la vie des hommes, des peuples et de toute l'humanité.

La justice divine est un élément intégrant et un complément nécessaire de l'ordre humain du droit, parce que les hommes n'ont pas seulement besoin de se secourir réciproquement, mais parce que les individus et les peuples ont aussi besoin de l'aide de Dieu, pour que les lois du progrès soient assurées, que le mal capable d'envahir tout l'organisme social rencontre sa dernière limite dans une puissance suprême, que les injustices commises soient expiées par le repentir et l'amendement, que tout bien, ayant sa source en Dieu, soit sans cesse fortifié et augmenté par le secours que Dieu prête à toutes les bonnes actions et à leurs suites.

L'idée de la justice divine peut seule éclairer le cours des événements historiques, donner à tous ceux qui se vouent à une œuvre de bien une force infatigable avec la foi dans la victoire finale des principes du bien et de la justice. L'histoire, il est vrai, est pleine de succès plus ou moins durables des plus grandes injustices, mais on peut dire avec un célèbre écrivain (Barante dans la préface de son *Histoire des ducs de Bourgogne*): « étudiés isolément, les exemples de l'histoire peuvent enseigner la perversité ou l'indifférence; on y peut voir la violence, la ruse, la corruption justifiées par

---

[1] Voir sur ces doctrines l'*Histoire de la philosophie du droit* à la fin de ce volume.

le succès; regardée de plus haut et dans son ensemble, l'histoire de la race humaine a toujours un aspect moral; elle montre sans cesse cette Providence qui, ayant mis au cœur de l'homme le besoin de s'améliorer, n'a pas permis que la succession des événements pût faire un instant douter des dons qu'elle nous a faits.»

La justice divine se manifeste dans l'histoire à la fois comme un pouvoir de punition et de réparation et comme un pouvoir d'aide pour tout le perfectionnement. Les hommes et les peuples, par suite de leur liberté, peuvent dévier de la route du bien et du juste, commettre des actes pervers et des injustices atroces; mais il y a une justice supérieure, qui, quoiqu'elle n'atteigne pas toujours les individus dans la courte durée de leur vie actuelle, frappe toujours les grandes personnalités collectives, les nations, les gouvernements, les classes ou les ordres sociaux, dans lesquels l'aberration et la perversité se sont manifestées. Chaque injustice commise, voulue, désirée par une nation, ou dont elle souffre l'exécution, retombera sur elle-même selon les divers degrés de culpabilité, sous les diverses formes des maux et des peines. Le peuple romain en fournit la démonstration la plus évidente; inspiré par la passion de domination, subordonnant à ce but toute autre considération, subjuguant presque tous les peuples, il dut pendant des siècles subir lui-même le joug le plus atroce d'empereurs en démence. On veut souvent rendre les gouvernements seuls responsables des maux qu'une nation subit ou fait subir à d'autres. Mais généralement les gouvernements sont l'expression concentrée des dispositions ou impulsions de toute la manière de voir et de sentir d'un peuple ou d'une classe prédominante; et si un gouvernement est mauvais, tous ceux qui peuvent émettre une opinion ont à examiner, avant tout, si ce n'est pas une maladie interne de l'organisme moral qui s'est portée sur l'organe central. Il se peut qu'un gouvernement pousse à outrance une fausse disposition ou une mauvaise passion dont une nation est atteinte; mais l'excès paraît souvent nécessaire pour faire comprendre même aux classes les moins intelligentes la source et le remède du mal, pour faire monter la rougeur au front d'une nation coupable et couvrir de honte tout ce qu'elle a fait ou laissé faire et dont elle porte ou partage la responsabilité. Mais un peuple ne se guérit pas d'un mal par des moyens extérieurs, par le simple changement d'un pouvoir ou d'une constitution écrite, mais par un changement moral, par l'intelligence du mal, l'aveu, le repentir et l'amendement; et la justice divine veille à ce que les moyens de réparation propres à conduire à l'amendement, seul but de la punition, ne soient épargnés à aucun peuple qui a fait ou laissé commettre du mal et des injustices.

C'est à notre époque que la foi en la justice divine a surtout besoin d'être ramenée dans les cœurs. Car partout se manifeste chez les peuples un affaiblissement moral, en ce que les principes de liberté sont sacrifiés à une fausse unité; que, dans la juste tendance d'unir tous les éléments et parties d'une nationalité dans un faisceau plus compact, on paralyse les meilleures forces par une fausse centralisation, et qu'il se montre plus ou moins partout une passion d'agrandissement qui ne recule devant aucune violence. Les actes ne sont pas appréciés d'après des principes moraux, mais d'après le succès matériel[1]; l'histoire même est démoralisée par des écrivains qui admettent une double morale pour les hommes privés et pour les gouvernements, et qui vouent toute leur sympathie à des hommes qui ont centralisé ou agrandi un État. Mais il y a une justice supérieure qui brise tôt ou tard toutes les puissances de la terre, quand elles deviennent un

---

[1] La doctrine professée à Berlin par Hegel n'a été que le prélude philosophique (v. p. 74) de la mise en application qui s'opère actuellement dans la politique. Le système de Hegel régna pendant quelque temps en maître en Allemagne, et néanmoins sa chute fut amenée assez rapidement par toutes les forces saines de l'esprit national. Dans la vie politique, l'Allemagne veut aussi, d'après son caractère national, attesté dans toute son histoire, une unité dans la forme fédérative.

obstacle au progrès de la liberté et de la moralité humaines, et devant cette justice aucun fait n'est réellement accompli que lorsque tout le mal qu'il a produit a été aussi réparé.

Mais la justice divine est aussi un pouvoir d'aide pour les hommes et les peuples. Tout homme peut constater dans son intérieur, combien sa volonté de faire ce qui est bien et juste acquiert de force en face des dangers qui se présentent, par la pensée et le sentiment que tout ce qui est juste est aussi voulu par Dieu, et que, dans l'ordre et le plan du monde, Dieu compte que chacun fasse son devoir dans la situation ou le poste où il a été placé. L'histoire présente bien des exemples d'hommes qui n'ont pas failli à ce devoir, qui ont réalisé le modèle du juste tracé par Horace (dans son *Justum ac tenacem propositi virum* etc.) ne craignant les menaces ni d'un despote ni d'une multitude irritée; et plus à une époque les idées de justice sont menacées de succomber sous les fausses théories de force et de domination, plus il importe de les rattacher à leur principe éternel, plus puissant et plus durable que ce «rocher de bronze,» sur lequel le roi de Prusse, Frédéric-Guillaume Ier, voulait établir sa souveraineté.

Mais la providence divine aide aussi par sa justice le développement des peuples et de toute l'humanité. Le secours divin est souvent proche, quand le mal est devenu le plus grand. Quand, d'après les lois auxquelles sont soumises toutes les causes et forces agissantes, il serait inconcevable qu'un peuple déchu, dont la vie a fait complétement fausse route, pût se relever par ses propres forces, Dieu fait surgir de vrais initiateurs ou missionnaires qui attestent leur mission, non par la violence et le sang, mais par la propagation paisible de doctrines nouvelles qui ouvrent de nouvelles voies à la culture morale et qui, en se propageant plus ou moins rapidement, fournissent la démonstration la plus éclatante que le monde est régi par des idées et que la justice divine remporte à la fin la victoire sur toutes les forces de la terre qui ne se mettent pas au service du bien et de la culture morale des hommes. A tous gouvernements et peuples s'adresse l'ancien avertissement:

Discite justitiam moniti, et non temnere Divos.

CHAPITRE III.

DÉVELOPPEMENT DE TOUS LES ÉLÉMENTS PARTICULIERS CONSTITUANT LE RAPPORT DU DROIT.

§ 23.
DU DROIT COMME PRINCIPE IDÉEL ET COMME PRINCIPE POSITIF, ET DES RAPPORTS ENTRE CES DEUX PRINCIPES.

Tout droit réside dans un rapport de droit, et celui-ci, complétement défini, est un *rapport entre personnes, concernant un objet, engendré par un fait particulier, déterminé par un principe ou une règle de droit, pour un but de la vie humaine.*

Dans ce rapport il y a d'abord à considérer le principe ou la règle objective du droit, et ce principe doit encore être envisagé sous son côté idéel et sous son côté réel ou positif, parce que dans tout droit il y a à examiner l'idée fondamentale et les formes par lesquelles elle est exprimée dans la vie réelle et devient une règle positive, formellement obligatoire entre les hommes; et enfin nous avons à constater les rapports qui doivent exister entre ces deux principes.

1° Le droit, comme il a été suffisamment démontré, est un *principe* qui, loin d'être un simple produit de la volonté

humaine, est une loi inhérente aux rapports de la vie constitués par les lois de développement de l'homme et de la
société et par toutes les forces physiques et morales qui.
agissent dans la vie, et le droit, qui exprime la conformité
de la volonté avec ces rapports, exige la soumission de la
volonté aux lois qui en découlent. Ces. rapports et leurs lois
doivent être scrutés par la raison et devenir, comme principes ou idées du droit, les guides pour la volonté des hommes. La conception du droit comme loi interne des choses
se rencontre dans l'antiquité, aussi bien que comme dans les
temps modernes. Cicéron disait, avec Platon et les Stoïciens,
que le droit doit être déduit de la nature intime de l'homme,
que la loi est un principe inné dans la nature des choses,
et la force même de cette nature[1]. En effet, la loi de droit
réside, comme une force interne, dans la nature humaine, agit
et se développe dans la vie sociale, avant d'être reconnue
socialement. Il en est de l'ordre moral comme de l'ordre physique, où la loi d'attraction existait et régissait les rapports
des êtres de la nature, avant qu'elle eût été découverte par
Newton et déterminée par la science. C'est pourquoi Montesquieu pouvait dire que «*les lois*, dans la signification la plus
étendue, sont les rapports nécessaires qui dérivent de la nature des choses.» Mais il en est de l'idée du droit comme
de l'âme humaine, comme de tout principe idéel, qui, pour
se manifester dans le monde, doit se revêtir d'un corps, d'un
ensemble de fonctions et d'organes nécessaires pour l'existence réelle.

2° Les *formes* en général ont une haute importance, non
seulement dans la vie physique, mais aussi dans la vie morale; elles sont une condition de l'action régulière et bien
déterminée de toutes les fonctions. Tout droit se manifeste
donc dans la vie réelle dans des formes, soit dans des formes

---

[1] Ex intima hominis natura haurienda est juris disciplina. — Lex ratio
summa insita in natura. — Lex naturæ vis. (Cicero, *De legibus*.)

générales de naissance, comme les *coutumes* et les *lois*, soit
dans des formes spéciales dans toutes les matières particulières. Toutefois l'importance des formes n'est pas également
reconnue. Des vues tout à fait opposées ont prévalu dans les
deux branches principales de cette science, le droit privé et le
droit public. Dans le droit privé, on attache une telle importance aux formes, qu'on s'enquiert généralement trop peu des
principes ou des idées qui forment la base des divers rapports juridiques; dans le droit public au contraire, surtout
depuis la première révolution française, on est entré dans
une voie pleine de contradictions, où d'un côté on s'ingénie
à trouver le meilleur mécanisme possible de formes politiques
pour l'exercice des droits et des pouvoirs, et où, d'un autre
côté, on ne se fait guère scrupule de briser d'un seul coup,
par une révolution d'en bas ou d'en haut, tout l'édifice politique précédemment établi. Un pareil bouleversement, quand
il se répète, est une des plus grandes calamités sociales; car,
par suite de la relation intime qui existe entre l'idée et la
forme du droit, il trouble la conscience morale et fait douter
de l'existence même d'un principe de justice dans la politique,
il répand l'indifférence et le découragement dans la nation
qui, en abandonnant alors le pouvoir au parti vainqueur,
cherche un dédommagement dans les intérêts matériels, et
augmente par là la démoralisation de la vie sociale, surtout
quand celle-ci est privée de l'air fortifiant de la liberté
et de la participation efficace aux affaires générales du pays.
D'ailleurs les institutions se ressentent toujours de leur origine; ce que la force crée, est facilement détruit par la force.
Le respect des formes dans le droit public est donc une des
conditions essentielles d'un progrès continu et durable; il peut
seul engendrer cette fermeté morale et cet esprit de suite
naissant d'une longue habitude dans la pratique régulière des
affaires communes. Il y a deux peuples qui sont devenus
grands par le respect voué aux formes du droit; c'est le
peuple romain dans l'antiquité, jusqu'aux guerres civiles, et le

peuple anglais dans les temps modernes. Les peuples de l'A-
mérique centrale, au contraire, offrent un exemple terrible de
la démoralisation sociale que produisent des révolutions sans
cesse renaissantes. Il est vrai qu'il ne paraît pas être dans
la destinée des peuples de pouvoir marcher dans la voie du
progrès sans les fortes secousses d'une révolution; il faut
quelquefois briser des obstacles que des institutions surannées
et invétérées opposent à tout développement. Mais une révolution est toujours accompagnée de grands maux; une marche
lente, paisible, bien que semée de difficultés mais exerçant constamment la volonté, est préférable à un bouleversement qui use
tous les ressorts moraux et politiques. Si donc la révolution se
présente parfois comme une exception inévitable et malheureuse, l'esprit révolutionnaire qui élève ce fait à la hauteur
d'un principe et en fait une règle, est un des plus grands
fléaux de la civilisation. Il n'y a dans le droit public qu'un
principe tutélaire, sauvegarde du droit même, c'est *que tout
droit doit être réalisé dans la forme du droit,* que ce qui
est juste doit se revêtir des formes de la justice.

3° Le *rapport* entre le droit ou l'idée du droit et les
formes ou lois positives doit donc être un rapport d'harmonie. Toutefois il peut se produire un antagonisme par suite
de l'ignorance ou de l'erreur dans laquelle on se trouve quant
à la nature et aux rapports des choses qui sont à régler,
ou par la mauvaise volonté qui s'obstine à maintenir dans la
vie réelle des formes de droit positif usées, qui ne sont plus
en harmonie avec les besoins nouveaux et impérieux de la vie
sociale. Un tel désaccord peut avoir diverses conséquences.
En général on peut remarquer que les formes, surtout quand
elles ont eu une longue durée, ont une grande puissance de
résistance, qu'elles ont en quelque sorte une vie propre qui
se continue encore quand leur raison d'existence a cessé,
qu'on peut même leur rendre pour quelque temps une espèce
de vie comme on peut galvaniser un corps dont l'âme s'est
déjà retirée. Toutefois la puissance d'un vrai besoin nouveau

d'une idée propre à faire avancer la culture d'un peuple, est encore plus grande, et si l'idée ne peut pas triompher par les convictions qu'elle répand, par les volontés libres qui lui donnent une forme légale, si les institutions surannées veulent se maintenir, peut-être par le poids de leur existence séculaire, il se produira nécessairement un malaise intérieur, qui amènera une opposition, une lutte, dans laquelle se brisent enfin violemment les formes qu'on n'a pas voulu modifier selon les exigences des idées et des intérêts nouveaux. La révolution qui peut en être la suite, est alors un fait, non légal mais pathologique, un produit spontané d'une maladie interne de l'organisme social qui, en échappant aux règles d'appréciation juridique, ne doit jamais être prémédité, et quand il arrive, doit être considéré comme un mal, qu'il importe de guérir et de prévenir. L'ordre social, bouleversé aujourd'hui de tant de côtés, par des révolutions d'en bas et d'en haut, par des actions et des réactions, ne peut trouver un développement régulier que par l'accord des puissances réformatrices et des forces conservatrices; et cet accord s'établit de la manière la plus certaine, quand tous les intérêts sociaux sont représentés et peuvent être librement discutés par des corps assez éclairés pour comprendre que toute loi, bien qu'elle soit exprimée et formulée par la volonté commune, doit avoir sa raison, non dans la volonté arbitraire et obstinée d'une majorité, mais dans les vrais besoins et intérêts qu'il importe de satisfaire, et que la puissance inhérente aux rapports objectifs de choses et aux lois de leur développement est plus forte que la volonté des hommes.

Mais de même qu'il peut y avoir désaccord entre les principes idéels et les formes générales du droit, les lois et les institutions positives, il peut aussi arriver qu'une loi positive spéciale ne soit pas bien adaptée à tous les rapports qu'elle est appelée à régler; ce désaccord doit être levé par le principe de l'*équité*, par laquelle une loi est appliqué autant que possible, eu égard à l'individualité du cas, selon tous ses rapports et circonstances. L'équité peut être comprise dans un sens encore plus général comme le principe destiné à concilier partout les principes idéels et formels, les intérêts nouveaux et anciens, et dans ce sens elle peut trouver aussi une application dans toute la législation et administration d'un État.

§ 24.

DES SOURCES GÉNÉRALES DU DROIT POSITIF, OU DES COUTUMES ET DES LOIS.

Quand nous examinons la manière dont l'idée du droit se revêt de formes déterminées, nous avons à distinguer deux genres de formation du droit, les formes de *naissance* du droit en général, appelées les sources du droit, et les formes d'existence et d'*application* du droit dans les divers rapports et les diverses institutions de la vie. Ces dernières doivent être analysées dans le système même du droit; nous ne devons nous occuper ici que des formes de naissance ou des sources du droit.

La *source* du droit se prend en deux sens. On entend par là, d'un côté, la *raison* ou le fondement du droit qui se trouve dans la nature humaine, et d'un autre côté, la *cause* qui fait naître le droit dans la vie. Selon cette dernière acception, la cause de naissance du droit est toujours la force active de l'esprit, la *volonté* qui, par deux modes principaux de sa manifestation, produit les *deux* formes originaires du droit, la *coutume* et la *loi*.

Il n'y a pas d'autres sources générales, car les contrats, que l'on considère souvent comme tels, n'ont force obligatoire que pour ceux qui les concluent. La coutume et la loi, au contraire, contiennent une obligation générale dans le cercle des personnes et des rapports pour lesquels elles ont été établies. La coutume et la loi représentent les deux modes opposés dans la création formelle du droit; la coutume est

le produit de la volonté des individus, elle naît d'une série
d'actes identiques, successivement répétés, tandis que la loi,
dans le sens ordinaire du mot, est toujours l'expression de la
volonté d'une autorité sociale, qu'elle soit une personne physique ou morale, formulant une règle de droit pour un ensemble de rapports déterminés. La coutume se forme d'une
manière plus spontanée, plus instinctive, sous l'impulsion immédiate des besoins, tandis que la loi se forme plutôt par
réflexion, par voie de raisonnement sur un ensemble de rapports. Mais il s'agit de comprendre comment la coutume peut
étendre sa force obligatoire au-delà du petit cercle de ceux
qui l'ont d'abord établi, et devenir obligatoire pour d'autres
qui peut-être n'en ont aucune connaissance. Or, la raison de
la force obligatoire de la coutume réside dans un fait que
nous avons déjà constaté plusieurs fois dans le domaine du
droit: c'est qu'une personne peut agir pour d'autres personnes,
poser des faits dont les conséquences juridiques s'étendent à
d'autres. Ceux qui les premiers établissent une coutume par
des actes souvent répétés, agissent avec la conviction de la
convenance juridique de ces actes, et les considèrent non-
seulement comme étant bons et justes pour les cas présents,
mais comme étant propres à former une règle commune pour
tous les cas futurs analogues. Il s'opère ainsi une espèce de
division du travail dans la formation du droit; le droit qui a été
formé par les uns dans la coutume, est accepté et respecté
par les autres, qui sont dispensés de recommencer la création
du même droit. Les coutumes engendrent ainsi une continuité
dans la vie sociale, elles sont les mœurs dans le droit, et
elles sont aussi respectées par un sentiment moral de la
communauté.

La coutume, pour avoir une force obligatoire, et pour être
distinguée de mauvaises coutumes, doit remplir les conditions
générales suivantes: être l'expression d'un vrai besoin et ne pas
être déraisonnable. La coutume et la loi sont donc les deux
formes principales de manifestation du principe du droit.

C'est du droit que la coutume et la loi doivent tirer leur force; il faut, à cet effet, qu'elles soient l'expression aussi exacte que possible de ce qui est juste, sous les rapports donnés; la coutume n'est donc pas la raison du droit, mais elle en est une manifestation sociale.

Dans les temps modernes, l'école historique (v. § 8), en scrutant mieux et plus profondément les sources du droit, a reconnu la coutume comme la cause primitive des rapports juridiques. Mais elle en a exagéré l'importance et a méconnu en même temps la portée de la loi. Il importe de bien déterminer la valeur de l'une et de l'autre. La coutume, il est vrai, est le produit du besoin, le résultat de la spontanéité des individus, réunis par un intérêt commun ou par un même genre de vie; elle est l'expression de leur *autonomie* dans le domaine du droit. L'état coutumier peut subsister longtemps chez une nation dans toutes ou dans quelques branches du droit, et rester une garantie du mouvement libre, de la manifestation immédiate des opinions et des besoins populaires. Cependant, comme l'unité est une loi fondamentale de tout développement social, la grande variété des coutumes, nécessaire dans les premiers âges de culture d'un peuple, s'efface à mesure que les rapports entre les diverses classes et les diverses localités d'un pays deviennent plus nombreux, et qu'un certain niveau s'établit entre les idées et les intérêts de la nation. Dans ces rapprochements, la réflexion se développe par la comparaison, le jugement se forme, et le raisonnement découvre bientôt les points de contact qui existent déjà, et qui deviennent la base commune pour le développement ultérieur. Le temps approche alors où les coutumes multiples, plus ou moins vagues ou indéterminées, font place à l'unité de la loi, qui résume d'une manière précise les rapports conformes à l'état donné de la société. Quand tout est préparé, il suffit souvent d'une seule main créatrice pour substituer à la variété des coutumes une législation générale. Le législateur n'accomplit, dans la plupart des cas, qu'une œuvre de délivrance pour le droit, qui se trouve, par les coutumes, dans un état latent de gestation au sein d'une nation. Il répand alors la lumière du jour sur le développement instinctif qui précède, et le peuple arrive ainsi à une conscience plus claire de ses besoins; il se comprend mieux dans l'ensemble et dans l'unité de ses membres, de ses fonctions et des diverses manifestations de sa vie. Cette intelligence donne à la nation plus de puissance, étend sa spontanéité, la soustrait aux lois obscures de l'instinct, pour faire régner les lois rationnelles d'un perfectionnement libre, continu et mieux combiné dans toutes les branches de l'activité sociale.

L'école historique compare souvent l'origine et le développement du droit à la formation du langage, en faisant voir que les langues sont une production spontanée de l'esprit humain, qui agit d'après des principes rationnels et logiques, mais sans avoir la conscience de son œuvre. La comparaison est pleine de justesse. Il y a une raison, une logique de droit qui domine les peuples dans la formation et la transformation de leurs relations sociales, comme il y a une logique naturelle qui s'exprime nécessairement dans la création du langage. Mais il ne faut pas oublier qu'il arrive dans le développement des langues une époque où le genie vient en aide aux peuples, où il saisit la masse souvent encore informe des éléments du langage, taille le bloc, le dégage de sa rude enveloppe et met au jour les veines, les formes innées qui constituent sa beauté. Chez tous les peuples civilisés il a surgi des réformateurs, des écrivains qui, par la puissance du génie, ont transformé la langue de leur siècle, lui ont donné un code, sont devenus les législateurs du langage. Et le peuple, loin de se sentir violenté par les formes nouvelles, reconnaît bientôt en elles l'expression fidèle, quoique plus noble, de sa manière de penser et de sentir. Il en est de même de la formation du droit dans les coutumes et les lois. Les coutumes expriment les besoins immédiats de la raison naturelle dans le domaine du droit.

Mais lorsque les coutumes se sont multipliées outre mesure, que la nation se sent gênée dans ses mouvements et éprouve plus fortement le besoin de se comprendre dans l'unité et la communauté de la vie, des génies législatifs, appuyés ou suscités peut-être par les circonstances, se présentent aussitôt pour formuler les besoins actuels de la nation, pour mieux dessiner toutes les directions de son esprit, pour lui indiquer plus nettement les voies de perfectionnement conformes à son génie. A l'instar du peintre qui saisit exactement les traits, tout en les idéalisant d'après un type supérieur, le vrai législateur saisit la vie nationale dans ses formes et dans ses tendances les plus dignes, la dégage de ce qu'il y a de grossier dans son état coutumier, regarde l'avenir en tenant compte du passé, et tend à élever la nation à un état plus parfait de culture. Le législateur qui ne serait qu'un rédacteur de coutumes serait comme le littérateur qui s'imaginerait fonder l'unité d'une langue par la collection de tous les patois. La loi formule donc moins ce qui est que ce qui doit être; elle est aussi un levier de développement, d'*éducation* des peuples.

Mais une fois que l'état de droit d'une nation a été formulé par une législation, celle-ci, en se développant, réagit nécessairement sur la vie nationale, sur son mouvement civil et politique. Le peuple, ayant trouvé, pour sa conception du droit, une expression plus exacte, devient maître de sa pensée, et poursuit avec plus d'intelligence la recherche des conditions nécessaires à la satisfaction des besoins dont il a acquis une conscience plus claire. De même que, dans le langage, la pensée n'est réellement fixée que par l'expression, qui lui donne sa valeur sociale et facilite ensuite son développement, de même la législation, dans laquelle s'exprime l'état du droit, révèle en quelque sorte la nation à elle-même, lui indique le degré de sa culture, les moyens dont elle peut disposer, la latitude qui est laissée à la liberté privée, et la direction que la nation doit prendre dans sa vie publique.

Mais pour qu'il y ait un développement national heureux

dans les divers domaines du droit, il faut, dans l'état actuel de la culture des peuples, qu'il y ait pour l'*établissement* et l'*application* de la loi un *concours organique* incessant du grand corps de la nation et de son organe central, le gouvernement; que, par conséquent, la loi ne soit l'œuvre exclusive, ni de la démocratie pure, ni d'un absolutisme gouvernemental. La démocratie pure n'a pu créer la loi et l'appliquer que dans l'enfance des peuples, où les besoins sont plus simples, les rapports moins compliqués, le genre de vie uniforme; mais de même que déjà dans l'antiquité, qui ne connaissait pas la démocratie représentative, il se constitua à Rome un organe spécial pour le développement du droit privé dans la préture et plus tard aussi dans la jurisprudence munie sous l'empire (sous Adrien et formellement sous Valentinien III, 426) d'une autorité officielle, de même les États modernes de démocratie représentative doivent prendre garde d'affaiblir l'autorité des organes, qui, comme le gouvernement et la magistrature, ont à concourir à la confection et à l'application de la loi. On ne doit rétrograder ni vers la démocratie pure, en investissant le peuple de l'exercice réel de tous les pouvoirs, ni rentrer dans les voies de l'absolutisme, en excluant le peuple de la formation ou de l'application de la loi. L'école historique a commis la grave erreur de considérer les jurisconsultes comme les *organes* du peuple, appelés seuls à le représenter dans la formation, le développement et l'application du droit; en se déclarant l'adversaire de toutes les institutions, qui, comme le jury, reposent sur le concours du peuple dans l'application du droit, elle a voulu ériger la *science du droit* en *troisième* source principale du droit. Mais la science, bien qu'elle doive remplir l'importante mission intellectuelle d'éclairer les législateurs, les juges et le peuple lui-même, ne peut jamais établir des principes immédiatement obligatoires [1], et il est aussi dangereux d'abandonner aux jurisconsultes le dé-

---

[1] Dans notre *Juristische Encyclopädie* 1857, nous avons fait la dis-

veloppement et l'application du droit, dans la vie sociale en général ou dans les tribunaux, que de charger les gouvernements seuls de la confection des lois. Chaque organe particulier a la tendance de se mettre à la place du tout, en aspirant à l'absolutisme et à l'omnipotence; si les gouvernements poursuivent souvent des intérêts égoïstes, le savant, le jurisconsulte tend à maintenir l'absolutisme de la formule.

La santé du corps social, le développement régulier de toutes les forces ou fonctions exige que le lien organique soit maintenu par la participation directe ou indirecte d'une nation à l'exercice de tous les pouvoirs ou fonctions politiques, non seulement du pouvoir législatif, mais aussi des fonctions administratives et judiciaires. On admet aujourd'hui généralement que, pour éviter l'absolutisme dans ses diverses formes, il faut qu'une nation participe efficacement à la législation et exerce un contrôle sérieux sur le gouvernement, mais on oublie trop souvent, que sans la participation de la nation à l'exercice de la fonction judiciaire, les meilleures constitutions ou les meilleures lois peuvent recevoir, par une interprétation sophistique, une mauvaise application quant au fond et quant à la forme de la procédure. L'histoire atteste par un des faits les plus désolants, je veux dire l'introduction de la torture, de quelle aberration cruelle l'esprit formaliste des légistes et des tribunaux est capable, quand il n'est pas contrôlé par le bon sens du peuple. Par l'introduction du droit romain les peuples germaniques du continent furent dépossédés de la fonction judiciaire qu'ils exerçaient dans des formes très-semblables au jury, et des légistes dont se composaient les nouveaux tribunaux, faussaient le droit national et introduisaient la torture que le droit romain n'avait appliqué qu'aux esclaves. En Angleterre au contraire où le peuple opposa une forte résistance

---

tinction en sources générales *immédiates*, comme la coutume et la loi, et les sources médiates ou *indirectes*, comme la science du droit et la jurisprudence des cours *(usus fori)*, dont le juge tiendra toujours compte, mais sans être obligé d'y conformer ses décisions.

à l'introduction des droits étrangers, romain et canonique, et n'en permit l'application restreinte que dans les cours ecclésiastiques et universitaires, en maintenant la justice du pays par le pays dans le jury, il échappa aux horreurs et de l'inquisition, que la papauté complétement déchue de l'esprit chrétien répandait sur l'Europe, et de la torture que les légistes, ayant perdu le sens commun et humain, appliquaient dans les cours. Pour qu'un pouvoir public reste dans les courants de la conscience nationale, qu'il s'inspire des besoins de la nation, la suive dans ses mouvements, il faut aussi qu'il l'entende dans ses jugements; il faut enfin que l'exercice de tous les pouvoirs, législatif, administratif, judiciaire, s'opère d'une manière organique, par l'action combinée du pouvoir central et de ses organes avec la nation entière et ses représentants.

§ 25.

DES PERSONNES OU DU SUJET DU DROIT.

Le droit a sa base dans la nécessité du développement de l'homme qui, ayant la conscience de son moi et étant, par la faculté divine de la raison, but en lui-même, est une *personne* et comme telle *sujet* du droit. Le sujet ou l'être qui est possesseur de droit, est appelé personne de droit. Cette vérité si simple, inconnu de presque toute l'antiquité, que l'homme, comme tel, est sujet du droit, a été une conséquence pratique du christianisme qui, en mettant en lumière le principe éternel dans l'homme, l'âme immortelle, et en rendant tous les hommes égaux devant Dieu, devait aussi amener leur égalité de droit. Cette vérité, comme on l'a fait remarquer[1], a plus de valeur pour l'humanité que tous les triomphes de l'in-

[1] Jhering, *Geist des römischen Rechts* (esprit du droit romain), I, p. 100). Chez les Romains, comme on sait, l'esclave était un homme, *homo*, mais pas une personne, *persona*, seule sujet du droit.

dustrie; quoiqu'elle n'ait pas encore été développée dans toutes
ses conséquences, le progrès moral et social tend de plus en
plus à faire consacrer en droit le respect de la personnalité
humaine, à faire disparaître les lois et les institutions qui
font de la personne, but en elle-même, un moyen (par exemple un moyen d'intimidation dans la peine), ou qui l'asser-
vissent encore sous l'un ou l'autre rapport à des choses (comme
dans l'emprisonnement pour dettes). L'homme ne doit jamais
être affecté dans sa personnalité et sa liberté pour des intérêts privés, quand l'ordre moral et public n'exige pas une
punition à cause d'actions attestant une perversité de la volonté.

La personne est *physique* ou *morale*. La dernière est appelée, dans la science du droit, par excellence personne *juridique* ou *civile*, bien que par ce dernier mot on désigne
souvent une espèce particulière de personnes juridiques. Cette
personne est à la fois une personne morale et juridique, morale quant à son essence, au but licite qu'elle poursuit,
juridique quant à la forme eu égard aux conditions sous lesquelles ce but est poursuivi. Une personne morale et juridique se distingue de la personne physique, en ce qu'elle est
toujours un *ensemble idéel de personnes déterminé par un
but licite*. Comme dans la personne individuelle l'âme raisonnable est la raison de la personnalité, le but rationnel est
en quelque sorte l'âme de la personne morale et juridique.
Le besoin de créer des personnes juridiques dans tout ordre
social se manifeste de bonne heure, parce qu'on comprend la
nécessité de créer pour des buts communs plus ou moins
permanents et dépassant souvent la vie actuelle des hommes
un sujet idéel comme possesseur du droit. Parmi les jurisconsultes en Allemagne, une des questions les plus contro-
versées est de savoir ce qu'il faut entendre par personne
juridique et de quelle manière il faut en comprendre la nature. L'opinion la plus répandue consiste à voir dans la personne juridique la personnification d'un but plus ou moins

durable. C'est sans doute le point principal, mais quand on
s'y arrête, comme on le fait, on reste dans l'abstraction, en
isolant le but, qui est l'âme, des organes, par lesquels il est
exécuté. A ce point de vue abstrait on n'admet qu'un seul genre
de personnes juridiques, tandis qu'on en comprend plusieurs
espèces, quand on considère non seulement la diversité des
buts eux-mêmes, mais surtout le *mode différent* dont le but
est réalisé et les rapports de droit différents dans lesquels
les membres particuliers peuvent se trouver avec la personne
idéelle juridique. A cet égard on peut distinguer trois espèces
de rapports différents; car ou la personne juridique est seule
investie de tous les droits et les individus qu'elle embrasse
n'ont aucun véritable droit et tirent seulement certains avantages de l'existence de la personne juridique; comme telle elle
se montre dans les *fondations* de bienfaisance, les *piœ causœ*,
dans l'Église catholique qui exclut les fidèles de tout droit
de participation aux fonctions religieuses, ou dans l'État de
l'absolutisme qui agit de la même manière envers les citoyens;
une seconde espèce comprend les *sociétés* dans lesquelles les
membres individuels seuls possèdent les droits, l'administration n'étant que leur mandataire; la troisième comprend les
véritables *communautés* organiques, dans lesquelles la personne idéelle, représentée par un organe central (gouvernement, administration) exerce tous les droits, mais par le concours de membres et pour leur avantage. Ces trois espèces de
personnes juridiques peuvent se présenter et dans le droit
public (voir le *Droit public*) et pour le droit privé dans le
domaine du patrimoine en général et de la propriété.

Considérons d'abord les personnes juridiques d'après la différence des but. A cet égard il y a deux espèces principales, dont
l'une comprend les personnes morales qui embrassent la *personnalité tout entière*, comme le mariage et la famille, la commune,
la nation; l'autre les personnes juridiques poursuivant des buts
spéciaux, a) de l'ordre *religieux*, quand elles poursuivent un but
religieux, b) de l'ordre civil et politique, comme l'État, les pou-

voirs constitués, ainsi que la commune; *c*) de l'ordre *scientifique,*
artistique et *pédagogique,* comme les institutions pour le développement des sciences, des arts et de l'instruction, des Universités, Facultés, Académies, Sociétés savantes, etc.; *d*) de
l'ordre *industriel* et *commercial,* comme les sociétés et institutions organiques de l'industrie et du commerce; *e*) de
l'ordre *moral* proprement dit, comme les diverses institutions
et sociétés de bienfaisance.

D'après la différence du rapport juridique dans lequel
les membres particuliers se trouvent avec la personne idéelle,
surtout eu égard à l'avoir, au patrimoine de la personne morale, on peut de nouveau distinguer trois espèces. — Dans
la première espèce, la personne juridique, comme unité idéelle,
est seule le sujet du patrimoine, de sorte que les membres
particuliers n'ont aucun droit de propriété: c'est l'*universitas
personarum* du droit romain. De là cette conséquence que si
la personne morale cesse d'exister, son avoir n'est pas par-
tagé entre les membres temporairement existants, mais il
échoit, comme caduc, à l'État. Les vrais principes de justice
exigent cependant que, dans ce cas, les biens ne soient pas
détournés de leur but primitif, qu'ils soient au contraire employés, bien que sous d'autres formes, à des buts analogues.
— La seconde espèce de personnes juridiques prend naissance quand, à l'inverse de la précédente, les membres particuliers ont seuls un droit de propriété, de sorte que l'avoir
est idéellement divisé entre eux selon les règles de la co-
propriété *(condominium)*; chaque membre a une part idéelle
quantitativement déterminée ($\frac{1}{2}$, $\frac{1}{3}$, $\frac{1}{4}$) et la reçoit lors du
partage: c'est la *communio* du droit romain, qui résulte soit
d'un contrat *(societas)*, soit d'un cas fortuit *(communio inci-
dens)*. Ordinairement on ne considère pas les sociétés comme
de personnes juridiques; mais il faut considérer comme telles
toutes les sociétés, qui (comme la société anonyme) admettent
l'application du principe décisif dans cette matière: *Quod
universitati debetur, singulis non debetur, nec quod debet*

universitas, debent singuli. — La troisième espèce de personnes juridiques est celle qui réunit les principes extrêmes des deux premières espèces, en conférant un droit de propriété sur l'avoir commun, tant à la personne morale, conçue dans son unité, qu'aux membres particuliers. L'avoir est alors idéellement distribué selon le principe germanique de la communauté de la propriété, ou de la propriété commune *(Gesammteigenthum)*, où la propriété se trouve idéellement partagée, non selon des proportions quantitatives, mais d'une manière qualitative, selon les buts (§ 30), les utilités et les droits qu'elle peut renfermer. A ce genre de personnes morales appartenaient beaucoup d'anciennes espèces de communautés, de corporations et de jurandes; aujourd'hui encore la commune en fait partie, car les membres de la commune ont un véritable droit de propriété sur le patrimoine communal et n'en sont pas de simples usufruitiers ou usagers. Quand une telle personne morale se dissout, le partage doit se faire d'après l'évaluation des utilités et des droits dont les membres ont joui.

Mais il n'y a pas seulement de diverses espèces de personnes juridiques; il peut encore y avoir pour des personnes une communauté ou solidarité d'obligations, soit par rapport à des droits ou prétentions ou à des prestations, ce dont il sera fait mention dans la doctrine des obligations.

§ 26.

DE L'OBJET DU DROIT.

L'objet du droit, qu'il faut distinguer du contenu, est, dans le sens propre du mot, tout ce qui peut être soumis au pouvoir ou à la disposition d'une personne comme moyen pour un but rationnel. La personne une et entière, qui est but en elle-même, ne doit jamais être traitée comme un simple moyen, comme dans l'esclavage ou dans la théorie pénale de l'intimidation. Toutefois les hommes peuvent, par des actes particuliers, par des prestations personnelles, se rendre des services; ces actes sont alors un objet de droit.

L'objet du droit comprend donc, d'un côté, des *choses* de la nature, et de l'autre, des *actes* ou des faits, des services de l'homme. Une «chose» est tout objet de la nature qui se manifeste dans l'espace; il n'est pas nécessaire que l'objet soit corporel, c'est-à-dire limité selon les trois dimensions de l'espace; pourvu que la chose se manifeste dans l'espace, elle peut être un objet de droit; c'est ainsi que beaucoup de servitudes ne concernent que des rapports dans l'espace, par exemple la servitude de la lumière, de la vue, etc. Mais pour être un objet de droit, la chose doit avoir une utilité, une valeur d'usage et d'échange, capable de satisfaire un besoin de l'homme. Les divers genres de choses sont à déterminer dans le droit positif. L'objet du droit peut ensuite consister en des *actes* de l'homme. L'acte désigne toute action de la volonté humaine; l'action peut rester interne et ne sort pas alors du domaine de la morale; mais elle peut aussi devenir externe, soit par des déclarations, soit par des faits. Toutefois, comme la volonté est une et qu'il est impossible de séparer complétement l'acte externe de l'acte interne, qui en est la cause, on doit en bien des cas, une fois que la volonté s'est manifestée par des déclarations ou par des actes, recourir à l'acte interne, à l'intention, aux motifs qui ont inspiré l'acte externe qu'il s'agit d'apprécier. C'est ce qui a lieu non-seulement dans le droit pénal, mais aussi dans le droit privé, où la *bonne* et la *mauvaise foi (bona, mala fides)*, l'intention *(animus)*, l'erreur, la fraude, la crainte, la faute, forment des éléments d'appréciation juridique de l'acte externe.

Les actes se divisent en actes de *commission* et d'*omission* (actes positifs et négatifs); dans l'un comme dans l'autre cas, il y a une détermination de la volonté, qui se résout à faire ou à ne pas faire.

Les actes sont ensuite *justes* et par suite licites, ou *injustes* et illicites. Les actes injustes le sont ou d'intention, par dol, *dolo*, ou sans intention, par faute, *culpa*.

Enfin les actes peuvent être objet du droit soit immédiatement, soit médiatement; immédiatement, quand des actes spirituels, par exemple l'instruction, ou des actes plutôt corporels, par exemple des services, sont eux-mêmes l'objet dans un rapport juridique; médiatement, quand une chose doit être prestée au moyen d'un acte. Les actes immédiats et médiats sont généralement désignés par le terme commun de *prestations*, quoiqu'il y ait une différence dans les effets.

Les actes qui rentrent dans le domaine du droit peuvent se rapporter à la vie religieuse, morale, scientifique, artistique, et aux biens matériels qui constituent le patrimoine d'une personne. Les actes qui concernent ces biens sont dans le droit privé les plus importants; mais c'est une erreur de reléguer les autres, qui n'ont pas une valeur pécuniaire, dans le domaine de la morale. Tous les actes de l'homme, en tant qu'ils sont la condition pour un but et un rapport de vie rationnel, présentent un intérêt juridique. C'est ainsi que l'instruction de la part des parents, l'obéissance et le respect de la part des enfants, la fidélité conjugale, qui sont des actes éthiques avant tout, sont en même temps susceptibles d'un règlement juridique.

§ 27.

DES DIVERS MODES DONT NAISSENT LES RAPPORTS DU DROIT.

Nous avons considéré isolément le sujet et l'objet du droit. Il faut maintenant les mettre en rapport: le *rapport* est constitué, d'un côté, par une *raison de droit* qui concerne toujours un but licite, et, d'un autre côté, par un *fait* ou un acte qui engendre ce rapport. Dans chaque rapport juridique, il y a donc quatre éléments essentiels: une raison de droit, un sujet, un objet et un fait par lequel le sujet et l'objet sont mis dans le rapport légitimé par la raison de droit. Il nous reste à analyser la raison de droit et les faits qui font naître le rapport.

I. La *raison de droit* réside dans un rapport de droit plus général, qui renferme d'autres rapports et d'autres droits comme conséquences; comme tout droit se rapporte à un but rationnel, la raison de droit concerne toujours un but plus général qui comprend des buts particuliers. C'est ainsi que la personnalité humaine, but en elle-même, est la raison des droits absolus de la liberté, de l'honneur, etc., et que tous les droits acquis sur les choses ou sur les actes d'autrui ont leur raison dans un droit originaire et général de l'homme. La propriété, droit général, est la raison de droit pour la possession, l'usage et la disposition de la chose. Chaque rapport de droit, considéré dans sa totalité, est donc la raison des rapports plus particuliers qu'il renferme. La vente est la raison de droit pour que le vendeur puisse demander le prix et l'acheteur la tradition de la chose. La raison de droit peut être avec les droits spéciaux qu'elle embrasse dans un rapport idéel, comme la propriété qui comprend le droit de posséder *(jus possidendi)*; elle peut aussi lier dans le temps et l'espace un rapport précédent *(causa præcedens)* avec un autre rapport qui en est la suite; c'est ainsi que la raison de l'obligation résulte parfois d'un acte précédent, soit d'une prestation antérieure qui demande comme conséquence une prestation de l'autre partie (comme dans les contrats réels du droit romain), soit d'un délit qui justifie une demande en dommages-intérêts. *Chaque droit et chaque rapport de droit se fonde donc sur une raison de droit.* Mais il y a une succession graduée de rapports, de raisons et de buts de droit. Chaque rapport est une conséquence d'un rapport plus général, qui en est la raison et le but, et tous les rapports ne sont que la spécification du but et du droit général de la vie humaine.

II. Il ne faut pas confondre la raison de droit avec la *cause* de naissance, avec l'origine des rapports de droit. La cause ou ce qui détermine et engendre le rapport juridique se manifeste toujours par des *faits*, et ces faits sont de deux espèces.

La cause peut se trouver dans des faits *indépendants de la volonté* des personnes qui seront liées par un rapport juridique; c'est ce qui arrive par cas fortuit, par la mort, par la causalité de la nature (naissance ou destruction d'une chose), ou par suite de rapports plus généraux, comme le mariage qui engendre des rapports entre parents et enfants. Ce genre de causes et de faits est d'une haute importance dans le droit; bien des rapports de droit existent pour les hommes sans leur fait, sans leur propre causalité; c'est donc une grave erreur de croire que l'homme ne puisse être lié en droit que par les rapports qu'il a constitués lui-même. De même qu'il y a une foule de rapports de vie qui entourent l'homme à sa naissance et qui forment le milieu dans lequel l'enfant doit vivre et se développer, il y a aussi dans les autres âges beaucoup de rapports de droit qui ne sont pas le résultat de la volonté de ceux qui s'y trouvent engagés. Tous les rapports de droit existent, il est vrai, *pour* la volonté et appellent toujours une action volontaire, mais tous n'existent pas *par* la volonté. C'est que l'homme, être fini et conditionnel, doit aussi régler sa volonté d'après des conditions qu'il n'a pas créées lui-même.

Une seconde cause plus féconde de rapports juridiques réside dans les *actes de volonté*, soit d'une seule personne, soit des deux parties qui forment le rapport. Le rapport de droit s'appelle *unilatéral*, quand il naît par l'acte de volonté d'une seule personne, par exemple, dans le droit réel, par l'occupation d'une chose sans maître, et dans le droit des obligations, par la gestion des affaires d'autrui sans mandat (*negotiorum gestio*). Les actes eux-mêmes peuvent être justes ou injustes, c'est-à-dire conformes ou contraires au droit. La gestion d'affaires d'autrui est un acte juste; la lésion, un acte injuste, un délit. Les actes dits *bilatéraux*, par lesquels deux parties établissent entre elles un rapport juridique, sont les *contrats*. On les divise en contrats unilatéraux, mieux appelés bienfaisants ou inégaux, quand l'une des parties s'engage à une prestation sans un équivalent correspondant, et en contrats bilatéraux, mieux appelés onéreux, égaux, synallagmatiques, quand les deux parties s'engagent à des prestations considérées comme équivalentes.

D'après la cause qui fait naître les rapports juridiques, on peut donc établir la classification suivante:

1° Rapports juridiques, qui naissent indépendamment de la volonté des personnes qui y puisent des droits et des obligations; rapports contingents, fortuits;

2° Rapports juridiques créés par la volonté soit juste ou injuste d'une seule personne ou des deux parties.

En appliquant cette classification spécialement au droit des obligations, on obtiendra la division qui aujourd'hui est généralement adoptée par les jurisconsultes en Allemagne, et qui est justifiée par la philosophie du droit.

A. Obligations qui naissent, indépendamment de la volonté des personnes engagées, de certains états, situations, cas fortuits, etc. On les a appelées: *Obligations d'états (Zustands-Obligationen)*;

B. Obligations qui naissent d'actes ou d'affaires juridiques; on les a appelées: *Obligations d'affaires (Geschäfts-Obligationen)*; elles sont de deux espèces:

1° Obligations unilatérales d'affaires, constituées par l'action d'une seule partie; par exemple la *negotiorum gestio*, la tutelle, la curatelle, etc.

2° Obligations bilatérales d'affaires, ou les *contrats*, qui sont ou bienfaisants ou onéreux;

C. Obligations qui naissent d'un *délit* commis, soit par dol ou par faute: *Obligations de délits*.

§ 28.

EN PARTICULIER DES ACTES QUI DONNENT NAISSANCE A DES RAPPORTS JURIDIQUES.

Les actes volontaires sont la cause la plus féconde des rapports juridiques. On peut les considérer, d'un côté, dans leur source, qui est la *faculté* d'agir, et d'un autre côté, en eux-mêmes, comme actes *réels* ou effectifs.

La *faculté* d'action, envisagée en elle-même, est la *capacité* d'agir et, par rapport à un objet, le pouvoir de *disposition*. La capacité d'*agir* ne doit pas être confondue avec la capacité de droit. Celle-ci réside dans la personnalité humaine en général, tandis que la capacité d'agir présuppose encore l'usage de la raison, dont sont destitués les insensés, les idiots et les enfants jusqu'à un certain âge. Ces personnes restent capables de droit, ainsi que toutes celles qui ne peuvent pas agir par elles-mêmes: elles sont alors représentées par d'autres qui agissent à leur place. La *représentation* est un principe important dans le droit privé et public; son application, très-restreinte dans le droit romain, a été étendue par l'esprit moderne d'aide et d'assistance réciproque; elle peut avoir sa source soit dans les rapports moraux qui unissent une personne à une autre, par exemple le tuteur au pupille, soit dans un mandat, soit dans des situations transitoires où une personne soigne les affaires d'autrui sans en avoir reçu la mission (*negotiorum gestio*). La faculté de disposition cesse quand un objet est soustrait soit à l'usage privé en général, soit au pouvoir juridique d'une personne déterminée.

Les actes réels sont l'effet d'une détermination de la volonté. La manière dont la volonté est déterminée est un fait interne, mais qui peut se manifester par des actes externes et entre alors dans l'appréciation juridique; car l'acte est *un*

13*

depuis son origine jusqu'à sa perpétration, et il faut souvent juger l'acte externe par les motifs qui l'ont engendré; c'est ce qui a lieu dans le droit pénal, et souvent même dans le droit civil.

La détermination de la volonté est *juste* ou *vicieuse*.

La détermination *juste* de la volonté, trop peu examinée dans la science du droit, forme un élément très-important dans les rapports juridiques. La volonté poursuit toujours un double but, un but *final* ou dernier, et un but *moyen*, prochain ou direct, qui consiste dans le mode dont le but final est accompli. Le but final de tous les actes dépasse généralement le domaine du droit et rentre dans le domaine moral, éthique, bien qu'il soit lié avec le droit par le mode d'accomplissement. La détermination de la volonté peut donc aussi être juste d'une double manière, par rapport au but final et au but moyen ou direct. Il ne suffit pas que la fin soit bonne, il faut encore qu'elle soit réalisée par des moyens conformes à toutes les conditions de la vie. Celui qui vole un objet pour le donner à un·indigent se propose un but qui est louable en soi, mais il emploie des moyens illicites. En droit, il importe surtout que les buts derniers, bons en eux-mêmes, soient accomplis d'une juste manière, parce que le droit concerne toujours le mode de réalisation des fins de la raison, et ce mode doit être approprié à tous les rapports de la vie et de la sociabilité humaine.

La détermination volontaire peut être *vicieuse* de deux façons, soit dans les *motifs*, soit dans la *direction* qui est donnée à la volonté. Elle est vicieuse dans les *motifs* quand la volonté est déterminée par un autre objet que celui sur lequel portait l'intention. Dans ce cas, la conscience est surprise, l'intention est altérée, il y a substitution ou confusion d'objets. Cela peut arriver de diverses manières, soit par la *contrainte psychique* et la *crainte* qui en est la suite (*vis ac metus*, comme disaient les Romains), quand la détermination propre par rapport à l'objet est amenée, soit par une influence

étrangère, soit par la *fraude*, quand un *autre* vous induit
sciemment en erreur ou en profite, soit par *erreur* ou *ignorance* provenant de notre fait. Il en est autrement de la détermination qui est vicieuse par la *direction* donnée à notre
volonté vers un objet que nous voulons effectivement, mais
qui ne *doit* pas être voulu. Cela peut arriver d'une double
manière, soit avec intention, quand nous savons que ce que
nous voulons directement est illicite, et qu'il y a ainsi mauvaise intention ou *dol* (*dolus*), soit sans intention, quand la
chose illicite n'est pas l'objet direct de la pensée, mais en
résulte indirectement, parce que la volonté n'a pas été dirigée vers l'acte (positif ou négatif) par lequel la chose illicite
aurait été évitée; alors il y a *faute* (*culpa*). Il ne peut y avoir
qu'un seul degré de dol, mais il y a plusieurs degrés de faute.
La faute, grave ou légère, peut être appréciée en elle-même,
d'une manière abstraite, ou par rapport à la manière dont
une personne déterminée a l'habitude d'agir dans ses propres
affaires.

§ 29.

DU CONTENU DU DROIT ET DES RAPPORTS JURIDIQUES.

Le contenu du droit (qui est distinct de l'objet, consistant
soit dans des choses de la nature, soit dans des actions humaines) doit être envisagé sous un double rapport, sous le
rapport *matériel* et *formel*. D'abord, comme le droit a pour
mission de régler tous les rapports de la vie humaine d'après
les buts rationnels et que ces buts forment les biens de
l'homme, le contenu ou la matière du droit est toujours un
bien, en vue duquel les rapports doivent être réglés juridiquement. Nous avons déjà parlé de ce contenu (p. 153). Mais
le droit, principe formel d'ordre et de règlement, a aussi un
contenu formel: c'est le contenu *propre* du droit, constitué
par les éléments renfermés dans la notion de la justice. Or,

le droit concerne le côté conditionnel de la vie humaine: il contient donc d'abord un élément objectif, qui consiste précisément dans les *conditions* auxquelles la vie et le développement de l'homme sont attachés de toutes parts, et ensuite un élément subjectif, qui consiste, d'un côté, dans les *prétentions* ou les droits subjectifs, et d'un autre côté, dans les *obligations*. Examinons d'abord cet élément subjectif.

I. Les *prétentions* et les *obligations* sont les deux faces subjectives du droit et de chaque rapport juridique; elles désignent ce que la volonté peut ou doit faire juridiquement; elles présupposent la *capacité* ou la *faculté* générale de droit et en sont l'application dans deux directions différentes. Le droit se présente toujours sous ces deux faces corrélatives et domine, comme principe commun, l'une et l'autre.

Dans le langage ordinaire, il est vrai, on entend par droit la prétention seule, et l'on oppose alors le droit à l'obligation. Mais le droit est le principe général, qui pénètre à la fois la prétention et l'obligation et les unit l'une à l'autre, de telle sorte qu'à la prétention se joint encore une obligation et à l'obligation une prétention. Cette vérité que la philosophie fait sortir avec évidence du principe du droit, n'est pas encore comprise dans son importance pratique, quoique le droit positif la reconnaisse en partie. Car celui qui doit remplir une obligation peut aussi exiger que cette obligation soit acceptée; le débiteur, par exemple, en offrant le payement, peut prétendre à être libéré de sa dette par le créancier; et comme la prétention et l'obligation se correspondent et s'enchaînent, le créancier, par son refus, pourrait même léser d'autres droits. De même l'individu peut exiger que la société lui fournisse les conditions pour son développement intellectuel, et peut prétendre à une certaine instruction; mais, de son côté, la société peut exiger qu'il accepte une instruction quelconque; car l'ignorant expose la société à des dangers: il est incapable de bien remplir ses obligations envers ses concitoyens et envers la société en général. Le droit à l'instruction implique donc en même temps une obligation, et l'instruction obligatoire est un de ces principes féconds dont chaque État, qui veut garantir à tous ses membres les conditions essentielles de la vie intellectuelle et morale, doit faire l'application. Il en est de même de toutes les obligations. Dans le droit, comme dans la vie sociale, toutes les parties sont intimement liées; chacune, pour bien fonctionner, exige que les autres reçoivent ce qui leur est dû. C'est ainsi que, dans la société, tous les membres sont intéressés à ce que chacun se serve des moyens auxquels il peut prétendre, qu'il fasse usage de ses droits; car la non-acceptation ou le non-usage porte toujours, par ses conséquences, une atteinte quelconque aux prétentions légitimes des autres. Aussi, en droit public, commence-t-on à comprendre que les droits politiques qui sont conférés à des personnes sont en même temps des fonctions qui doivent être remplies dans l'intérêt général, qu'un électeur, par exemple, en s'abstenant de prendre part à l'élection, qui est pour lui un droit, se soustrait à une obligation et fait manquer le but, la constatation de l'opinion publique, pour lequel le droit a été accordé. Mais il importe de comprendre et de développer encore mieux dans le droit positif la connexité qui existe entre les deux faces subjectives du droit.

II. Le contenu objectif du droit et des rapports juridiques est donné par les *conditions* dont dépend la poursuite d'un but licite et auxquelles la volonté doit se conformer. Chaque droit spécial contient toujours un ensemble de conditions pour un ensemble de rapports et de buts. C'est ainsi que le droit de personnalité comprend l'ensemble des conditions dont dépendent l'existence, la conservation et le développement de la personnalité dans ses qualités, ses facultés et ses rapports constitutifs; que le droit dit *réel* embrasse l'ensemble des conditions dont dépendent l'acquisition, la conservation, l'usage et la disposition concernant les choses de la nature; que le droit dit des obligations détermine l'ensemble des conditions sous lesquelles les obligations naissent, s'exécutent, se poursuivent et finissent. De même, dans le droit public, le droit de l'État est l'ensemble des conditions dont dépendent la formation, le règlement constitutif (la constitution) et l'exercice des pouvoirs et des fonctions de l'État.

Mais les conditions elles-mêmes sont de diverses espèces et doivent être considérées plus en détail [1].

1° D'abord il y a des conditions qui résultent de l'état d'un rapport juridique; ce rapport essentiel est déterminé lui-même par le but spécial que l'on poursuit et qu'on ne peut atteindre que sous les conditions qui y sont spécialement appropriées. Le but de la propriété, par exemple, diffère de celui des servitudes; c'est pourquoi les conditions d'exercice de ces droits sont différentes en des points essentiels : il est essentiel que la servitude soit toujours liée à un objet ou à un sujet *déterminé*, dont elle ne peut être détachée par transfert à un autre objet ou sujet tandis que, pour la propriété, pouvoir complet de l'homme sur une chose, la possibilité du transfert est une condition d'existence. Dans le droit des obligations et surtout dans les contrats, les conditions essentielles sont encore plus visibles. D'abord il y a pour tous les contrats des conditions essentielles sans lesquelles ils n'existent pas, par exemple le libre consentement des parties et l'absence d'erreur sur l'objet principal. Ensuite chaque contrat est déterminé par un but distinct auquel se rapportent des conditions qui forment le contenu essentiel du rapport. C'est ainsi que dans le contrat de prêt à consommation (*mutuum*), il est essentiel que l'objet soit fongible; car sans cette condition il ne pourrait y avoir consommation et restitution dans la même quantité et qualité; au contraire, dans le contrat de prêt à usage (*commodatum*), l'objet est non-fongible, car on veut qu'après l'usage la *même* chose soit remise au prêteur.

---

[1] La théorie si importante des *conditions* a besoin d'être plus approfondie dans le droit positif. Dans le temps moderne, plusieurs ouvrages spéciaux se sont proposé cet objet.

Une autre condition essentielle de ce contrat, c'est qu'il soit gratuit, car la stipulation d'un prix en ferait un contrat de louage. Ces conditions, qui résultent de l'essence d'un rapport juridique et en forment le contenu nécessaire, sont appelées, dans la théorie des obligations, *essentialia negotii*. Elles ont pour signe caractéristique qu'elles ne peuvent jamais être changées par la volonté privée.

2° Un second genre de conditions est formé par celles qui résultent comme conséquence ordinaire de ce qui est la règle ou l'habitude. Ces conditions sont formées pour la plupart des lois d'un code de droit privé, celles qu'on appelle *permissives;* elles sont présumées, à moins de disposition contraire. C'est ainsi que, quand je prête un cheval à un ami pour un temps déterminé, il est entendu qu'il supportera les frais de nourriture; c'est une condition naturelle, mais qui peut être changée, si je veux pousser plus loin ma libéralité. On appelle ces conditions, dans la théorie des obligations, *naturalia negotii*.

3° Un troisième genre de conditions a sa source uniquement dans la volonté privée; elles sont libres, fortuites, et on les nomme, dans la théorie des obligations, *accidentalia negotii*. Elles ne sont pas présumées, elles doivent au contraire être prouvées par ceux qui les invoquent et veulent en déduire des conséquences juridiques. Ces conditions accidentelles peuvent se rapporter à des *faits* ou événements, au *temps*, au *but* et au *mode* d'exécution d'une obligation. La fixation d'un temps ou d'un mode forme une condition libre, quoique distincte de ce que souvent on entend par condition. Dans le sens étroit, la condition accidentelle peut se rapporter à des faits passés (par exemple je vous fais tel cadeau, si mon mandataire a déjà vendu ma maison à tel prix) ou à des faits futurs. Dans le dernier cas, le mot *condition* est pris dans le sens le plus étroit et le plus commun: il désigne alors *un événement futur et incertain dont la volonté d'une personne* (par testament ou contrat) *fait dé-*

pendre l'existence efficace d'un rapport juridique en tout ou en partie.

Ces conditions se laissent, à des points de vue différents, diviser en plusieurs genres; les espèces d'un genre se mêlent parfois aux espèces d'un autre, d'où résulte alors une combinaison complexe et souvent très-importante dans la vie pratique. D'abord *a*) eu égard au *but* auquel le fait se rapporte, les conditions sont *suspensives* ou *résolutoires*, selon que le but est de faire naître ou de faire cesser un rapport juridique avec l'accomplissement. (l'existence) d'une condition. *b*) Sous le rapport de la *forme*, la condition est ou *affirmative* (positive) ou *négative*, selon que l'efficacité de l'acte ou du rapport juridique dépend de l'arrivée ou de la non-arrivée d'un événement futur. *c*) Sous le rapport de la *cause*, la condition est *potestative*, quand son accomplissement est soumis à la volonté de la partie pour laquelle elle est posée, *casuelle* quand elle est attachée à des circonstances extérieures qui ne sont point au pouvoir de la partie intéressée, ou *mixte* quand elle dépend du concours d'une circonstance extérieure et de la volonté de la partie. La limite entre la condition potestative et la condition mixte ne se laisse tracer, que difficilement. Au fond, une condition négative, par exemple, si tu ne refuses pas d'épouser une telle, peut être conçue comme une condition potestative pure. *d*) Sous le rapport de la *modalité* d'existence, la condition est ou *possible* ou *impossible*; l'une et l'autre sont *physiquement* ou *moralement* possibles ou impossibles, selon qu'elles sont contraires ou non aux lois physiques ou morales. La condition physiquement ou moralement impossible rend une convention nulle, comme l'ont décidé les législations positives, tandis qu'une telle condition, ajoutée à une déclaration de dernière volonté, doit être considérée, comme le veut aussi le droit romain, comme non-avenue, parce que dans le premier cas la condition impossible est le fait des deux parties, dans le second, du testateur seul.

§ 30.

DU BUT DANS LES RAPPORTS DE DROIT.

Tous les rapports de droit sont déterminés par le but pour lequel ils existent. Ce but est comme l'âme qui réunit toutes les parties, tous les éléments d'un rapport de droit, le sujet, l'objet, le contenu, en un tout organique. C'est ainsi par exemple que, quant à la personne physique, l'âge pour son pouvoir de disposer et de contracter est différemment fixé selon qu'il s'agit pour elle de contracter une affaire lucrative ou onéreuse, parce que dans ce dernier cas on exige avec raison un âge plus mûr; et quant aux personnes morales, juridiques, tous les rapports de droit doivent être determinés d'après le but pour lequel ils ont été établis. De même quant aux objets, un seul et même objet peut se trouver, selon la diversité des buts, dans des rapports différents, même pour des personnes diverses; un objet peut être dans la propriété d'une personne, servir de servitude, d'hypothèque à une autre; et selon l'intention des parties contractantes le même objet peut être donné comme prêt à usage (*commodatum*) ou, quand sa nature le permet, comme prêt (*mutuum*); mais l'obligation est, dans le premier cas, de restituer le même objet individuel, la même espèce, tandis que dans l'autre cas le débiteur n'a à restituer que la même quantité, par exemple la même somme d'argent, la même quantité de blé, etc.

Le but dans les rapports de droit est cependant d'une double espèce. Il faut distinguer le but *direct* immédiat et le but *final*. Quoique ce dernier exerce toujours une influence sur le premier et en détermine ou modifie la valeur morale, il est lui-même avant tout du domaine éthique et ne peut pas constituer en première ligne un principe d'appréciation pour les actes et rapports juridiques. Le but direct, le plus prochain, est constitué par le droit lui-même, et par toutes

les formes dans lesquelles il s'exécute dans un milieu social.
Au premier égard le droit est donc un but en lui-même et
doit avant tout être accompli selon toutes les règles et formes
du droit. C'est ainsi que dans une donation l'intention immédiate ou le but direct à régler par le droit, consiste à faire
entrer gratuitement une partie ou le tout de notre avoir
dans l'avoir d'un autre, et une donation est de prime abord
une affaire juridique qui doit être accomplie dans les formes
prescrites par le droit; le but final d'un donateur peut être
très-divers; il peut avoir l'intention de témoigner au donataire
son affection, sa gratitude, ou de le secourir, etc.; mais le but
final est dans le droit privé en général indifférent pour l'appréciation juridique d'un acte, étant abandonné au domaine
de la conscience individuelle d'une personne: toutefois même
dans le droit privé on peut mettre le but final dans un rapport déterminant avec le but direct, quand le but final est
exprimé sous la forme d'une condition ou d'une imposition
(*modus*); quand par exemple une donation est faite sous la
condition que le donataire fasse du don un certain emploi,
elle n'a pas d'effet quand la condition n'est pas remplie.

Dans l'appréciation de l'influence du but final sur le but
direct, il faut distinguer en général entre le domaine du droit
privé et le droit public dont le droit pénal fait partie. Il est
du caractère du droit privé d'abandonner à chaque personne
la faculté et le choix de poursuivre à son gré tous les buts
licites, pourvu que les formes prescrites par le droit soient
observées; dans le droit public au contraire il y a un but
commun, renfermant tout un système de buts généraux qu'il
importe avant tout de bien préciser pour qu'ils puissent servir de boussole à la législation, au gouvernement et à toute
l'administration d'un État. Toutefois dans l'organisation des
pouvoirs ou fonctions publiques il y a encore à distinguer
deux ordres, la justice et l'administration proprement dite où
les deux buts se manifestent chacun dans son importance
spéciale, et reçoivent une application différente; c'est ainsi que

par la fonction judiciaire les tribunaux de justice civile n'ont
d'autre but que d'appliquer les prescriptions du droit pour
le maintien, la protection de l'ordre du droit; dans l'administration au contraire les prescriptions et les formes juridiques
constituent seulement les limites nécessaires, dans lesquelles
l'administration doit se tenir en poursuivant son but principal et final, le bien public dans l'ordre intellectuel, moral et
économique de la société. La maxime pour la justice est donc
d'appliquer le droit pour le but du droit, celle de l'administration, d'opérer le bien dans les formes et les limites du
droit.

Dans le droit pénal il faut également distinguer les deux
buts et les mettre en rapport tant pour l'appréciation d'un
crime ou délit que pour l'application de la peine. Sous le
premier égard un crime doit avant tout être déterminé et
jugé d'après le but immédiat ou d'après l'intention dans laquelle un malfaiteur attaque directement par un acte l'ordre
de droit dans une de ses parties, dans une personne ou dans
un bien, et il est puni pour avoir violé cet ordre dans une
des lois qui le protègent; le but final du délinquant a pu être
licite et même louable quand par exemple il a voulu secourir un parent, un ami qui en avait besoin, mais il est puni
parce qu'il a employé un moyen injuste, illégal, comme par
exemple la fraude. L'ordre moral dans sa divine harmonie
exige que ce qui est bon soit accompli, non seulement en
bonne intention subjective, mais aussi dans les formes objectives du droit qui sont la sauvegarde de tout l'ordre social.
La justice abhorre le jésuitisme moral; la route du crime,
comme d'après le proverbe celle de l'enfer, est pavée de
bonnes intentions et le délinquant est puni parce qu'il a choisi
un mauvais chemin, un injuste moyen pour opérer une bonne
action. Toutefois, ainsi que nous avons vu ailleurs (§ 21), la
bonne intention finale peut être une raison d'atténuer la peine
parce que la volonté apparaît comme moins perverse que
chez le criminel ordinaire. Aussi la conscience publique, quand

elle n'est pas elle-même sous l'influence de passions momentanées, réprouvera-t-elle toujours, que les hommes qui ont
commis des crimes politiques, en croyant amener des améliorations politiques par des moyens violents, des insurrec-
tions, soient traités comme des assassins ou des voleurs.
Enfin quand il s'agit de déterminer le but de la peine, il est
d'une importance majeure, non seulement de distinguer les
deux buts, mais aussi de les mettre en intime relation. Le
but direct de la peine consiste sans doute, par rapport au
criminel, dans le redressement de la volonté perverse qu'il
a manifestée par des actes et par des moyens de punition
propres à lui, apprendre à se conformer dorénavant aux lois.
Le but immédiat de la peine consiste donc à rendre la conduite légale, à faire respecter la loi et tout l'ordre de droit;
mais comme la *volonté est une et ne se laisse* pas diviser
en deux parties, l'une juste ou légale, l'autre morale, le délinquant ne peut être corrigé quant à sa volonté légale, sans
être amendé moralement. La moralité est la source la plus
intime de tous les actes et la correction de la volonté illé-
gale du délinquant s'opérera d'autant plus sûrement que le
but final, l'amendement moral, sera mieux atteint. Par un
étrange égarement de la science, une théorie s'est établie en
Allemagne qui repousse tout but pour la peine, en la considérant comme but en elle-même et s'arroge le titre de
théorie absolue, parce qu'elle prétend la fonder uniquement
sur la justice, comme principe absolu; mais la justice, bien
qu'elle soit par son inaltérable caractère une idée éternelle
et absolue, est relative sous un autre côté, étant un mode
essentiel d'accomplissement de tous les buts de la vie humaine; et la punition, comme tout acte raisonnable de
l'homme doit avoir un but éthique, à la fois morale et juridique. La théorie que nous venons de signaler n'est qu'une
de ces conséquences pratiques découlant de ce que dans la
science positive les matières de droit sont généralement
traitées d'une manière toute abstraite, sans une intelligence

un peu claire des rapports intimes dans lesquels l'ordre de droit tout entier se trouve avec les biens et les buts, avec tout l'ordre de culture de la vie humaine.

Nous venons de voir que dans tous les rapports de droit il faut distinguer d'un côté le but propre, direct, qu'on peut aussi appeler, avec Krause, le but interne et formel, consistant dans les formes spéciales établies pour chaque genre d'actes et de rapports juridiques, et d'un autre côté un but final, consistué par l'un ou l'autre but de la vie et de la culture humaine et qu'on peut aussi appeler le but externe et matériel, parce que ces buts sont en réalité le fonds, la substance, les éléments vivifiants qui font croître le corps social dans ses fonctions et ses organes. Quoique dans le droit privé ces buts soient abandonnés à la liberté individuelle, ils sont cependant la cause de beaucoup de changements opérés dans les formes et les institutions juridiques. Des vues plus justes sur la liberté et la dignité humaine ont créé un droit de personnes bien différent de celui du moyen-âge, en détruisant les divers modes d'asservissement de l'homme aux choses, et, combinées avec les besoins d'une meilleure production dans tout l'ordre économique, elles ont amené une autre constitution de la propriété avec d'autres formes pour son acquisition et son transfert. Mais c'est surtout le droit public dans lequel tous les changements opérés dans les conceptions morales, religieuses, dans la culture intellectuelle et économique de la société, amenant sans cesse des modifications dans la constitution politique d'un peuple, soit par l'élargissement de la sphère des libertés politiques, soit par une participation plus étendue du peuple au droit électoral et à la gestion des fonctions judiciaires et administratives. Ce sont ces buts de la culture humaine qui sont les forces internes, les leviers les plus puissants du développement politique des peuples. L'histoire, étudiée à un point plus élevé démontre en toute évidence que toutes les questions de droit public et politique se résolvent en questions de cul-

ture humaine et sociale, que les formes politiques, les constitutions, quelque bien ordonnées qu'elles paraissent, n'ont de
vitalité et de durée qu'en tant qu'elles facilitent cette culture
en lui ouvrant une route légale, et que les formes politiques
se brisent, quand elles ne se plient point aux besoins de la
civilisation. Mais cette vérité implique aussi la conséquence
importante, qu'on ne doit pas considérer les formes politiques
comme buts en eux-mêmes, qu'ils doivent seulement servir
à faciliter le progrès dans toute la culture sociale et qu'un
peuple, plus il avance sous ce rapport intellectuel et moral,
plus il deviendra capable de bien user de ses formes et
libertés politiques.

En dernier lieu il nous reste à examiner le rapport qui
existe entre le but et le bien lui-même. Ces deux notions sont
équivalentes en ce sens que tout ce qui est bien doit devenir
un but pour l'activité humaine et qu'un but implique toujours un bien; mais de même qu'un bien plus général peut
comprendre une variété de biens et par conséquent de buts
particuliers, que par exemple le bien et le but de la vie renferme ceux de la santé intellectuelle et physique etc., de
même il se peut qu'un seul et même objet matériel, par
exemple un bien ou fonds agricole, se prête à des buts, à des
utilités, à des usages, à des besoins différents, et un pareil
objet rend alors possible la constitution de droits divers, même
pour diverses personnes. C'est ainsi qu'un pareil fonds peut
se trouver dans la propriété d'une personne, être un objet
de différentes servitudes et être grevé d'hypothèques pour
une dette; de plus un tel objet peut même appartenir à
plusieurs propriétaires, non seulement dans la forme romaine
de la co-propriété quand il y a division idéelle en quantités
mathématiques ($\frac{1}{2}$ $\frac{1}{3}$ de ...) mais aussi dans les formes
usitées en droit germanique, quand la division se fait qualitativement soit d'après des buts différents comme dans le
système féodal et dans l'emphytéose germanique, entre
le seigneur, ayant principalement pour un but politique le

domaine direct *(dominium directum)* et le vassal ou le tenancier ayant le domaine utile *(dominium utile)* pour la culture, soit d'après des buts analogues des divers membres, comme dans le système de la propriété commune, tel qu'il a été appliqué souvent chez les peuples modernes, principalement pour l'exploitation agricole, en Allemagne et surtout en France, dans le grand nombre de communautés agricoles existant avant la révolution et également en Russie dans beaucoup de ses communes. Dans toutes ces communautés, les membres ne sont pas de simples bénéficiaires comme dans une fondation de bienfaisance, mais ils ont de véritables droits qui se réalisent soit par l'utilité que chaque membre en tire journellement pour ses besoins individuels, sa subsistance, soit dans certains cas, par exemple lors de la sortie d'un membre par un mariage, par des portions que la communauté accorde alors à ce membre d'après certains principes. Beaucoup de jurisconsultes en Allemagne, considérant le droit romain comme le droit modèle, ne veulent admettre d'autres formes de la propriété que celles de la personne juridique et de la co-propriété; soutenant que les formes germaniques marquent un état inférieur de développement et doivent être ramenées aux formes romaines, ils prétendent que la raison elle-même ne saurait concevoir qu'une division mathématique de la propriété. Mais cette opinion qui méconnaît complétement le caractère et l'esprit des institutions que nous venons d'indiquer, est encore une conséquence de ce que dans la science du droit positif on fait généralement abstraction du but des institutions et des droits. Comme un seul et même objet peut offrir une variété de buts différents et analogues, il peut y avoir des droits différents pour diverses personnes et des droits analogues dans une communauté. D'ailleurs la propriété ne se détermine pas seulement d'après des rapports extérieurs et mathématiques, mais encore d'après le sentiment et la

conscience qu'une personne a de son droit sur une chose
pour un but de sa vie.

Ces considérations peuvent suffire pour prouver la nécessité qu'il y a de compléter la science du droit dans toutes
ses parties par une théorie des buts, par une doctrine téléo-
logique qui fasse mieux pénétrer dans l'esprit d'une institution et la fasse envisager sous tous ses rapports essentiels.

§ 31.

DES RAPPORTS JURIDIQUES CONSTITUÉS PAR LA RÉALISATION DU DROIT POUR UNE PERSONNE.

Le droit existe et doit être réalisé pour des personnes; il
est et devient un droit propre. Les modes par lesquels subsiste et se réalise le rapport entre une personne et un droit
concernant un objet, sont constitués par la *possession*, l'*u-
sage* et la *propriété*. La possession désigne d'une manière
prédominante le rapport subjectif, le pouvoir de fait par lequel une personne détient un objet dans l'intention d'avoir
cet objet pour elle-même ou d'exercer un droit sur lui. Sans
cette intention (l'*animus rem sibi habendi*, comme dit le droit
romain), il y aurait seulement *détention*. La propriété au
contraire exprime le rapport de droit objectif d'une personne
avec un objet ou un bien; elle existe donc quand ce rapport
est constitué selon les règles et les formes d'acquisition sanc-
tionnées dans un ordre social. Dans l'usage enfin se réalise le
but interne d'un droit propre par l'exercice et les actes d'appropriation d'un bien de la part d'une personne.

La notion de *possession*, que nous aurons à examiner plus
en détail dans la théorie de la propriété, trouve une application dans tous les domaines du droit, dans le droit privé
et ses diverses parties, comme dans le droit public et des
gens. Dans un ordre social parfait, celui qui a le droit ou

est le propriétaire serait toujours en même temps le possesseur, et la possession ne serait pas détachée du droit; mais,
quoique dans notre état social la possession soit généralement unie au droit, il arrive néanmoins que le possesseur
n'a pas le droit, et que celui qui a le droit n'a pas la possession. Pour que la possession existe, il est même indifférent que le possesseur soit de bonne ou de mauvaise foi;
ces circonstances peuvent avoir d'autres conséquences juridiques; le possesseur de mauvaise foi par exemple ne peut
pas usucaper une chose; mais, pour la possession elle-même,
l'existence des deux conditions, le *pouvoir* de *fait* et l'*intention* d'exercer un droit pour soi sur un objet, est suffisante.
Par conséquent, dans le droit privé, celui qui réunit ces deux
conditions est possesseur, quand même il aurait volé l'objet;
le voleur ne peut pas usucaper, mais il est maintenu dans
la possession jusqu'à ce que son crime soit constaté. Dans le
droit public se montre d'abord également la différence entre
la simple détention et la possession du pouvoir souverain.
Dans une république, le Président est détenteur du pouvoir
qui de droit appartient au peuple, tandis que, dans un État monarchique, le prince, exerce le pouvoir par un droit propre. Ensuite il se peut qu'un gouvernement soit renversé, qu'il y
ait usurpation; l'usurpateur, tenant le pouvoir avec l'intention
de l'exercer dorénavant comme un droit, est possesseur, et
sa possession peut être légitimée, transformée en droit, par le
consentement d'un peuple consulté dans les formes légales.

Il en est de même dans le droit des gens. Une puissance
étrangère qui envahit un pays, en chasse le gouvernement et
s'empare du pouvoir dans l'intention déclarée de l'exercer comme
un droit propre, n'a pas seulement la détention, mais la possession, qui, lors de la conclusion de la paix, peut être transformée en droit par la reconnaissance des parties intéressées.

La notion de la *propriété* est prise dans un sens très-
différent, plus ou moins étendu. En droit naturel, on a souvent désigné par là tout le droit appartenant à une personne

14*

(universum jus personae). Mais d'abord il ne convient pas
d'employer cette notion dans le droit public, pour ne pas rentrer
dans la confusion du moyen-âge et considérer comme propriétés des fonctions et des pouvoirs publics dont le but,
bien que ces pouvoirs puissent être exercés en droits
propres, ne consiste pas dans l'appropriation ou l'intérêt
d'une personne, mais dans l'intérêt commun, public. Même
dans le droit privé, il convient, pour ne pas confondre des
domaines très-distincts, de ne pas appliquer la notion de
propriété à tous les droits propres qu'un homme peut avoir
en sa qualité de personne ou par rapport à des prestations
d'actes de la part d'autres personnes, mais de la réserver
pour l'ensemble des droits qu'une personne peut avoir, soit
directement, comme dans le droit réel, soit indirectement,
par des prestations obligatoires, sur des objets *matériels* et
leurs *rapports*, susceptibles d'être appropriés par une personne, et d'entrer dans son pouvoir exclusif. Dans ce sens,
la notion de la propriété est identique avec celle de l'*avoir*
d'une personne. Beaucoup de jurisconsultes veulent, d'après
le droit romain, réduire cette notion au droit réel, en exclure
tous les droits qui se rapportent à des prestations de choses matérielles; mais, dans tous les Codes modernes, la notion de propriété a été, conformément à la conscience et au langage populaire, prise dans le sens plus étendu de l'avoir ou du patrimoine.

L'*usage* du droit se présente sous un caractère différent
dans le droit privé et dans le droit public. Dans le droit
privé, une grande latitude est laissée à une personne, d'user
et de ne pas user de son droit, bien que le non-usage puisse
constituer une personne en demeure (*mora*) et amener la
prescription et l'usucapion. Dans le droit public, tous les
droits étant garantis ou constitués et pour les citoyens comme
membres de l'ordre public, et pour le bien public lui-même,
sont en même temps des obligations publiques, et l'État a
le droit d'aviser, par des amendes et par des peines, à ce
que ces droits soient réellement exercés.

CHAPITRE IV.

DE LA DIVERSITÉ DES DROITS ET DE LEUR COLLISION.

-----

§ 32.

DES DROITS PRIMITIFS, DES DROITS DÉRIVÉS ET DE LA PRESCRIPTION.

La principale distinction des droits est à établir entre les *droits primitifs*, qu'on appelle aussi *droits naturels* ou *absolus*, et en droits *dérivés* ou *secondaires*, nommés aussi *conditionnels* ou *hypothétiques*.

La première classe comprend les droits qui résultent immédiatement de la nature et de la destination de l'homme, et qui sont la base de tous les autres. Ces droits *primitifs* naissent avec l'homme, sont innés à sa nature; chacun peut les faire valoir en tout temps, en tous lieux, en toutes circonstances, envers et contre tous, sans qu'il soit besoin, pour les faire reconnaître, d'un acte de sa part ou de la part d'autrui. Ils sont, sous ce rapport, inconditionnels ou absolus. Ils sont eux-mêmes la condition indispensable pour que l'homme puisse se montrer dans son caractère de personne juridique. Ces droits sont ceux de chaque homme par rapport à la vie, à la liberté, à la dignité, à l'honneur, etc.

L'existence de ces droits a été niée, tantôt par ceux qui y voient la source des abus et des extravagances engendrés par le mouvement politique moderne, tantôt par ceux qui nient toute innéité de facultés ou d'idées dans l'esprit humain ou qui absorbent complétement l'individu dans la société et, (comme l'école de Hegel,) lui reconnaissent seulement les droits variables que l'état et le degré de culture de la société permet de lui accorder. Si les premiers repoussent

lès droits primitifs dans une pensée de stabilité et de conservation, les derniers les rejettent au nom du mouvement
et du progrès, afin que le développement social ne soit pas
entravé par des prétentions ou des exigences s'appuyant sur
des droits inviolables. Ces deux partis extrêmes sont également dans l'erreur et méconnaissent une vérité dont nous
sommes redevables au christianisme. L'antiquité, qui ne voyait
dans l'homme que le citoyen, le membre passager de la cité
ou de la société politique, ne pouvait pas reconnaître l'existence de ces droits. Mais le christianisme, en ramenant
l'homme à l'Être absolu, en voyant en lui le membre spirituel
d'un ordre supérieur et éternel, l'a élevé au-dessus de toutes
les formes variables de la société civile et politique, et a
posé par là, dans la religion, un principe qui s'est développé
dans les sentiments, dans l'intelligence et dans les actions
de l'homme, et qui a trouvé, par la philosophie du droit, sa
formule sociale dans la théorie des droits naturels et absolus.
Qu'on n'objecte pas contre cette origine religieuse le fait que
les publicistes du xviiie siècle, qui ont le plus vivement
insisté sur la reconnaissance de ces droits, loin d'en trouver
la source dans le christianisme dont ils étaient souvent les
adversaires, les faisaient dériver d'un état de nature; les
hommes qui étaient à la tête du mouvement politique du dix-
huitième siècle en France suivaient encore, sans s'en douter, la
puissante impulsion du christianisme, dont ils tiraient même les
conséquences pratiques, mais, par une de ces contradictions dont
l'histoire offre tant d'exemples, autant ils mettaient de zèle à
combattre, en partisans du sensualisme et du matérialisme, la
théorie des idées innées, autant ils mettaient de force à proclamer l'existence des droits naturels comme droits innés,
primitifs, indépendants d'un état ou d'un pouvoir social. La
philosophie doit ramener ces droits à leur véritable source,
au principe divin et éternel de la personnalité humaine, comprise d'abord sous ce caractère supérieur par l'esprit chrétien,
qui, malgré les aberrations nombreuses du développement

religieux, forme la trace lumineuse des civilisations modernes et a inspiré ensuite, à leur insu, par les traditions et par l'éducation, ceux mêmes qui croyaient s'en être le plus affranchis.

Les droits naturels de la personnalité se rapportent soit aux *qualités*, soit aux *facultés* constitutives, soit aux *buts* rationnels de l'homme. Les premiers, par exemple ceux de la dignité et de l'honneur, ont cela de particulier qu'ils ne sont pas seulement absolus, mais encore illimités, parce qu'ils n'entravent en rien les droits analogues des autres. Plus les hommes respectent leur propre dignité et celle d'autrui, plus ils agissent conformément au droit aussi bien qu'à la morale. Les droits naturels, au contraire, qui se rapportent aux *facultés* et, par suite, à toute l'*activité* pour les buts rationnels et généraux de la religion, de l'instruction, etc., sont sujets à restriction dans la vie sociale. Le droit n'est absolu que pour leur existence et leur développement, pris *en général*; les applications *particulières* doivent être réglées d'après le principe du concours des droits.

Les droits *dérivés* ou *hypothétiques* sont ceux qui ne résultent pas immédiatement de la nature de l'homme, mais dont l'existence suppose encore un *acte* de sa part; ils sont sujets à être *acquis* et à être perdus; ils sont acquis principalement par l'activité de l'homme; l'acte qui les engendre est posé par l'individu seul ou conjointement avec d'autres. Comme ces droits ne s'acquièrent que dans certaines circonstances, ils sont, à cet égard, hypothétiques, contingents ou éventuels. Toutefois ces droits ne sont toujours que des modes d'application d'un droit primitif. C'est ainsi que le droit de propriété peut provenir d'un certain acte, soit de la première occupation, soit du travail; mais, au fond, c'est un droit primitif, résultant de la personnalité de l'homme, bien que les modes d'acquisition soient contingents et puissent être bien différents. De même, les droits dérivés qui naissent d'un contrat ne sont qu'une application des droits primitifs à des circonstances ou à des cas particuliers convenus entre plusieurs individus, et les prétentions et les obligations créées par les contrats ne sont fondées en justice qu'en tant qu'elles sont conformes aux droits primitifs; les contrats ne peuvent donc jamais produire ou anéantir des droits de cette nature. Personne, par exemple, ne peut s'obliger par contrat à devenir esclave en renonçant à sa liberté.

La division des droits en droits absolus et dérivés n'est donc pas arbitraire: il y a en effet des droits qui résultent immédiatement de la nature de l'homme, par exemple, le droit de disposer de son activité pour les buts rationnels de la vie, le droit aux moyens physiques et intellectuels propres à son développement. Toutefois les droits primitifs eux-mêmes ne sont pas absolus à tous égards et sous tous les rapports; ils ne dérivent, il est vrai, d'aucun fait, d'aucune condition antérieure, mais ils ne sont pas absolus ou infinis dans leur application, quand ils se rapportent à des objets déterminés, par exemple à la propriété; ils sont soumis à des restrictions.

Les *droits absolus* ou primitifs de l'homme sont inaliénables et imprescriptibles; fondés dans la nature même de l'homme, ils sont supérieurs à la volonté et aux dispositions arbitraires des individus; ils ne peuvent être perdus complétement par aucun acte de l'homme, pas même par un crime; par la punition, ces droits peuvent être suspendus et limités dans leur exercice, mais le but de la peine doit être de remettre le coupable par l'amendement dans le plein exercice de ces droits.

Les *droits dérivés*, considérés dans leur objet, peuvent être perdus et aliénés de la même manière qu'ils sont acquis. Ces droits permettent aussi, dans certains cas, la *prescription*.

La question si souvent agitée de savoir si la prescription est justifiable en droit naturel, doit être envisagée et résolue sous deux points de vue différents et en égard à la différence du droit privé et du droit public. A un point de vue *idéal*, dans une société humaine parfaite, la prescription serait sans but, parce que les droits seraient bien déterminés et bien assurés. Mais le droit doit aussi tenir compte des *imperfections* de la vie sociale, et ces imperfections justifient en droit privé la prescription dans les formes principales de la prescription des actions et de l'usucapion des choses. Ce n'est pas le laps d'un temps plus ou moins long qui justifie la prescription, parce que le temps, qui n'est en lui-même qu'une simple forme du changement dans le monde, n'est la raison ni de la naissance, ni de la fin d'un droit; toutefois les droits sont destinés à être exercés *dans* le temps et en temps utile, et bien que le droit privé donne à une personne la faculté d'exercer ou de ne pas exercer son droit, il est exigé, dans les rapports du droit privé, pour la *sécurité*, qui est un élément *formel* du droit, qu'une limite soit posée à cette faculté de non-usage et que la prescription fasse perdre soit l'action à celui qui ne l'a pas intentée en temps utile, soit la chose à celui qui l'a laissé usucaper. La sécurité générale de tout l'orde du droit privé exige donc, comme une condition essentielle, l'institution de la prescription. Dans le droit public, au contraire, où les lois et les institutions doivent avoir leur raison dans les besoins et les intérêts du moment, et où la longue durée d'une institution n'est pas une raison de sa conservation, il n'y a pas lieu à prescription. Dans le droit pénal, la prescription, admise dans les législations, tant pour le crime que pour la peine prononcée et non subie, se justifie principalement, d'après le but de la peine, par la raison qu'un délinquant, qui a tenu longtemps une conduite irréprochable depuis le crime, n'a plus besoin d'être puni pour être amendé.

§ 33.

DU CONCOURS ET DE LA COLLISION DES DROITS.

L'humanité se développe dans ses divers membres et ses diverses fonctions comme un corps organique, dont chaque partie, tout en remplissant un but spécial, tend avec toutes les autres à l'accomplissement du but général. De même, tout ordre social est un organisme de sphères formées par les personnalités individuelles et collectives, intimement liées entre elles et poursuivant des buts communs, mais dont chaque sphère a une vie à elle et un droit propre, qui, d'après les règles déjà exposées (§ 19), doit se coordonner avec le droit de toutes les autres, mais sans s'effacer ou être absorbé dans un droit prétendu supérieur.

Le droit présente un organisme analogue à celui de l'humanité. En fournissant à toutes les sphères de l'existence humaine les moyens de développement, il les unit par des liens organiques. A l'instar du système nerveux, qui, dans le corps, relie toutes les parties entre elles et fait de chacune la condition de l'existence des autres, le droit, par le principe de la conditionnalité, établit une solidarité entre toutes les parties, toutes les fonctions, tous les membres du corps social. Mais l'individualité est la première base en droit, comme dans l'humanité. L'homme individuel ne tire pas son droit, soit de la famille, soit d'une nation, soit même de l'humanité: il le tient de sa nature *éternelle* qui a sa source première en Dieu. Le droit de l'individu, qui est ainsi éternel, reçoit seulement des *modifications*, des déterminations, par les sphères plus étendues de la famille, de la commune, de la nation, de l'humanité. Il en est de même de chaque sphère particulière. La famille, par exemple, n'existe pas par la commune, ni celle-ci par l'état politique. Le droit de chaque personnalité se fonde, avant tout, sur sa nature propre. Il s'ensuit que les sphères supérieures peuvent bien modifier le droit des sphères inférieures, mais sans l'effacer, sans même prétendre à en être la source constituante. Le droit individuel et celui de chaque sphère est donc un droit substantiel; il n'est pas un pur accident ou un mode de droit d'une sphère supérieure; car de cette manière tout droit se confondrait dans un droit suprême, celui de l'humanité ou de

Dieu, qui serait la seule substance, le seul sujet du droit.
Il en résulterait une espèce de panthéisme aussi funeste en
droit que dans la religion. Ce genre de panthéisme humanitaire, qui peut se revêtir selon les idées philosophiques dont
sont imbus ses partisans, de la forme matérialiste ou idéaliste
(Hegel), est une des plus graves erreurs de notre temps,
doctrine destructive de toute personnalité et de toute liberté,
source constante de tentatives chimériques et révolutionnaires
dans l'ordre social. Le vrai principe du droit doit reconnaître,
dans l'unité supérieure, la variété des sphères et des droits,
qui, dans certains cas, doivent être limités les uns par les
autres, mais dont aucun ne doit être sacrifié à un autre.
Une pareille limitation constitue ce qu'on appelle un concours
de droits.

Un *concours* de droits a lieu, quand plusieurs personnes
ont des droits par rapport au même objet qui ne suffit pas
pour les satisfaire. Le cas le plus fréquent est la banque-
route *(concursus creditorum)*, où des règles spéciales sont
établies quant à l'ordre dans lequel les droits divers sont
satisfaits et réduits. Un concours, comportant une limitation
réciproque, a encore lieu, dans des cas exceptionnels où il
s'agit d'un but supérieur ou du salut de tous, par exemple
lors de la défense d'une forteresse ou dans un navire dont
les vivres ne sont plus suffisants; dans ces cas, les vivres
existants doivent être distribués, en mesure réduite, selon le
principe de l'égalité des droits. Il y a enfin un autre genre
de concours de droits, qui devrait être mieux déterminé dans
le droit positif et dont le bénéfice de compétence *(beneficium
competentiae)* forme une espèce. D'après ce bénéfice, certaines
personnes devenues indigentes, par exemple des parents ou enfants, des frères et sœurs, des donateurs, etc., ne peuvent être con-
traintes à remplir une obligation, à payer une dette, que jusqu'à
une certaine mesure; ce sont évidemment des considérations morales qui, dans ces cas, ont dicté de pareilles limitations au
droit du créancier. Mais une raison d'humanité, de moralité

et de droit exige que, dans toute exécution poursuivie contre un débiteur, la loi détermine une limite, fixe le nécessaire qui doit être laissé au débiteur et qui renferme les conditions nécessaires (comme les instruments de travail, la subsistance assurée pour un court espace de temps) pour qu'il puisse rentrer, par le travail, dans une situation plus favorable. Les lois positives doivent être, sous ce rapport, essentiellement modifiées.

Une véritable *collision* entre les droits, de manière que l'un exige le sacrifice de l'autre, n'existe pas, et le progrès du droit humain doit la faire disparaître partout où elle est encore établie dans les lois positives. Les considérations par lesquelles on veut généralement justifier une pareille collision, comme dans la peine de mort, etc., reposent sur des arguments, tels que ceux qu'on tire du salut public, du droit de nécessité, qui méconnaissent les rapports harmoniques existant entre tous les droits.

Une collision entre les droits et les devoirs moraux ne peut pas non plus exister (§ 21); c'est une vaine apparence qui disparaît quand on examine bien les rapports.

En droit privé, il paraît quelquefois y avoir une collision, dans le cas où le droit n'ordonne pas, mais laisse faire ou, comme on dit vulgairement, permet des actes qui sont contre la morale. Quand un créancier fortuné poursuit sa créance contre un débiteur devenu, par un malheur, insolvable, il exerce son droit, comme on dit, tout en faisant une action immorale. Mais il est du caractère du droit privé de constituer, pour chaque personne, une sphère propre, dans laquelle, en agissant librement sous le rapport à la fois moral et juridique, elle a aussi, dans ses affaires personnelles, à concilier ses droits avec ses devoirs moraux. Le droit objectif, formulé dans la loi pour ne pas attaquer le droit propre de chacun dans la source, la liberté, ne peut pas intervenir dans ces rapports; il fixe seulement les dernières limites que la liberté doit respecter, en établissant par exemple, pour le cas indiqué, le bénéfice de compétence. Le droit privé doit ainsi abandonner à la conscience de chacun de concilier l'*exercice* de ses droits avec ses devoirs moraux.

Dans le droit public, l'État ne doit rien ordonner par des lois ou par des mesures administratives qui soit contraire aux devoirs moraux. Quand, après l'insurrection de juin 1834, la police à Paris ordonnait aux médecins de dénoncer les blessés qu'ils soignaient, la réprobation générale et le refus des médecins déterminaient l'administration à révoquer un ordre en contradiction avec un premier devoir d'une fonction sociale qui doit être exercée uniquement par humanité et en vue de la santé. De même, l'État ayant la mission de garantir la liberté dans la poursuite de tous les buts licites et d'en reprimer seulement les abus, ne doit jamais employer la contrainte pour maintenir le mouvement intellectuel et moral d'une nation dans une direction donnée; par conséquent, il ne doit pas prêter son pouvoir à une autorité ecclésiastique, qui veut maintenir, par la force, des dogmes, des rites ou des institutions qui n'ont une raison d'existence que dans la fois qui les a fait naître. Enfin, dans l'exercice des diverses fonctions publiques, le gouvernement doit s'abstenir de provoquer des conflits entre les devoirs des fonctionnaires et leurs intérêts; et, de même que la justice doit rendre des arrêts et non des services, de même l'administration doit être probe elle-même et ne pas employer des moyens de corruption envers des administrés. Un pouvoir démoralisé et démoralisateur attaque toujours une nation dans les fondements de son existence et la met à l'épreuve difficile, dépassant souvent les justes limites, où elle doit opérer une réaction par les forces encore saines de son organisme moral, en changeant les bases mêmes de l'ordre public. Les changements et les formes politiques en général n'ont pas en eux-mêmes de force moralisante; toutefois ces formes peuvent être d'un grand secours pour maintenir l'exercice de tous les pouvoirs publics dans les voies de la moralité, et un des remèdes les plus efficaces

consiste d'un côté à établir, par la loi, des garanties d'indépendance, par le mode de nomination, d'avancement et de
démission des fonctionnaires, et d'un autre côté à organiser
le contrôle public, non seulement par la liberté de la presse
et par la représentation nationale, mais surtout par la participation de la nation à l'exercice des fonctions judiciaires
et administratives, par le jury et la *self*-administration, seuls
moyens propres à maintenir les organes centraux, poursuivant
souvent des intérêts particuliers, dans les justes rapports avec
tout l'organisme moral et politique d'une nation.

CHAPITRE V.

DES DIVERS MODES GÉNÉRAUX DONT LES RAPPORTS DE DROIT FINISSENT.

§ 34.

Les rapports juridiques, les droits ou prétentions, comme
les obligations, finissent des deux manières principales dont
ils prennent naissance (§ 27), soit par des causes indépendantes de la volonté, soit par des actes de volonté de l'une
ou des deux parties; il y a donc un mode *nécessaire* et un
mode *volontaire* et libre de l'extinction des rapports juridiques.

Nous ne traiterons ici que des modes généraux, parce que
les modes particuliers d'extinction des rapports juridiques,
sont exposés dans les matières spéciales.

La fin *nécessaire* des droits et des obligations arrive, du
côté du *sujet*, par la mort d'une personne ou par la perte
d'une de ses qualités changeantes, par exemple l'âge, l'im-

puberté, la minorité, pour lesquelles le droit est constitué.
Mais, quoique les droits et les obligations s'éteignent pour
la personne défunte, ils peuvent se transmettre, quand ils ne
sont pas tout personnels, à d'autres personnes, qui deviennent
créanciers ou débiteurs, et nous verrons, dans la théorie de
la succession héréditaire, qu'une personne a aussi le droit
de faire des dispositions testamentaires pour le cas de mort,
c'est-à-dire pour l'époque où elle cesse d'avoir des droits
pour elle-même, parce qu'elle a le droit de pourvoir, par son
patrimoine, à la réalisation de buts licites qui s'étendent au
delà de sa vie. La fin des rapports juridiques arrive du côté
de l'*objet*, quand, d'une part, l'objet physique individuel, auquel
les droits et les obligations se rapportent, périt, ou quand,
de l'autre part, la prestation d'une action devient impossible
(ad impossibilia nulla datur obligatio). Enfin les rapports
juridiques peuvent finir, quand le *but* pour lequel ils ont été
créés cesse par des circonstances indépendantes de la volonté
des intéressés. C'est ainsi qu'en droit privé, par exemple, la
servitude de puiser l'eau à la fontaine d'un autre doit cesser,
quand, sur le terrain propre, jaillit une source d'eau de la
même qualité et d'une quantité suffisante. Quant au droit
public et social, des lois et des institutions doivent être
modifiées, quand leur raison d'existence a cessé, quand un
changement dans les convictions et dans toutes les conditions
de la culture intellectuelle, morale et économique, exige l'emploi d'autres moyens et d'autres formes politiques et sociales.
Les institutions politiques, comme vêtement du corps social,
doivent changer avec les causes qui le font avancer dans
la culture. D'un autre côté, l'État a lui-même le droit de
faire cesser des institutions sociales dont le but ne peut plus
être convenablement atteint dans les formes établies; les États
modernes, qui ont résolûment rompu avec le moyen-âge, ont
bien et justement agi en supprimant, dans une vue morale
et économique, les cloîtres avec les biens de main-morte.
Toutefois, dans de pareils cas, l'équité exige que les biens

soient appliqués par l'État à quelque destination d'un but analogue, comme l'ordonne par exemple le code prussien.

La fin *volontaire* des rapports juridiques a lieu quand une personne renonce à un droit par un acte de volonté, ou quand plusieurs personnes qui se trouvent dans un rapport juridique le font cesser d'un commun accord par contrat. Un acte de volonté est nécessaire pour une telle fin du droit, parce que, en général, l'impossibilité ou un empêchement intervenu dans l'exercice d'un droit n'amène pas la perte du droit lui-même. L'acte volontaire par lequel une personne abandonne un droit s'appelle en général *abandon* ou aliénation *(alienatio)*, qui s'opère de deux manières, ou par la *renonciation* et la *déréliction*, quand le droit s'éteint sans entrer dans la sphère du droit d'une autre personne, ou par la *tradition* et la cession, quand le droit tel qu'il existe, par exemple la propriété, ou tel qu'il vient d'être constitué, par exemple une servitude, est transféré dans la sphère du droit d'un autre. Le transfert d'un droit est régi par la règle: *Nemo plus juris ad alium transferre potest quam ipse habet.*

La fin volontaire des droits ne peut avoir lieu, en général, que dans le domaine du droit privé et spécialement pour les droits qui concernent le patrimoine. Les droits absolus de la personne sont inaliénables; toutefois il y a des droits qui se rapportent à la poursuite de délits ou de crimes commis contre des droits absolus, tels que l'honneur, et qui cependant ne sont pas poursuivis d'office, mais seulement sur la demande de la personne lésée, qui par conséquent peut, par des considérations morales, renoncer à l'exercice d'un droit. Dans le droit public, où les droits constitués pour le bien public sont en même temps des obligations, il ne peut y avoir ni cession, ni renonciation, quoique la renonciation soit aujourd'hui encore admise par rapport à l'exercice de certains droits, par exemple du droit d'élection.

CHAPITRE VI.

DU DROIT OU DES MOYENS JURIDIQUES POUR MAINTENIR ET RÉTABLIR L'ÉTAT DE DROIT.

---

§ 35.

DES DIFFÉRENCES ENTRE LES CAUSES CIVILES ET CRIMINELLES EN GÉNÉRAL.

L'ordre du droit doit exister intact dans tous ses rapports, pour qu'un développement régulier puisse s'opérer dans les diverses sphères de culture de la vie sociale. Tous les membres d'une communauté sont appelés d'abord, chacun dans sa sphère propre, à maintenir l'état de droit, en agissant librement, d'une manière conforme à leurs droits et à leurs obligations, et en réparant de bon gré les torts qu'ils ont faits, les lésions de droit qu'ils ont commises, soit par erreur, soit par inadvertance ou par dol. La meilleure garantie pour l'ordre du droit en général consiste, de la part de chacun, dans l'exécution volontaire de tout ce qui est juste, parce que tout l'état de droit a ses racines les plus solides dans la volonté bonne et juste de tous les membres d'une communauté. C'était par une vue aussi profonde que vraie que Platon concevait chaque homme comme un État en petit, qui devait régler toute sa vie propre d'après les principes de justice, pour que l'État, l'homme en grand, pût avoir des bases solides, et c'était aussi Platon qui, en voyant la source de toute action juste ou injuste dans la disposition intérieure de l'âme, établissait, pour guérir le mal dans sa source, l'amendement du coupable comme but de la peine. En effet, chaque homme doit avant tout se gouverner lui-même, juger les cas qui se présentent, et tout exécuter librement d'après les principes du droit.

Toutefois l'imperfection de l'homme et de l'état social ne permet pas de compter avec certitude que tout ce qui est droit soit exécuté librement, que nulle lésion n'arrive, et que la lésion faite soit librement réparée. Il faut donc que l'ordre de droit, qui est constitué en *État*, par un principe absolu, comme un organisme social permanent, soit aussi muni de tous les moyens nécessaires, tant pour réaliser le but du droit, en formulant la loi, en gouvernant dans l'esprit et les limites de la loi et en l'exécutant par les fonctions administratives et judiciaires, que pour employer au besoin la *contrainte* [1], comme un moyen de la maintenir et de la rétablir. C'est à la science du droit public qu'il appartient de développer les principes formels de cette organisation des pouvoirs; dans la partie générale du droit, il y a seulement à exposer les manières principales dont l'état de droit peut être troublé ou lésé, et le mode dont, à cet égard, l'action de l'État doit s'exercer.

L'état de droit peut être troublé par des contestations, des *litiges*, qui s'élèvent entre diverses parties sur des rapports ou des affaires de droit, dans lesquels l'une des parties se croit lésée par l'autre. L'État établit les formes de procédure dans lesquelles les parties ont à vider leurs contestations sur ce qu'ils considèrent comme *leur* droit et principalement, en matière de droit réel, sur le *mien* et le *tien*. La cause est ici une contestation concernant des droits propres, privés, elle est

---

[1] La contrainte n'est toujours qu'un mode éventuel pour l'exécution du droit. Mais, comme on a longtemps considéré la contrainte comme une face essentielle du droit, on s'est ingénié à établir tout un système de divers genres de contrainte, une contrainte de *prévention*, d'*exécution*, de *restitution*, de *satisfaction*, etc.; il est heureux qu'en dépit de ces théories, le droit, dans l'immense majorité des cas, soit exécuté librement. De plus, dans les cas où elle est appliquée, la contrainte ne peut être qu'indirecte; la volonté, le pouvoir du moi, est tellement inséparable du moi, que personne ne peut la forcer. Quand un domestique ne veut pas faire le service pour lequel il s'est engagé, on ne peut pas le contraindre directement; on peut statuer des peines, agir par des menaces sur la volonté, mais c'est à elle de se déterminer, en cédant ou en résistant à ces influences. Dans les cas où il s'agit de prestations d'objets matériels, on saisit dans l'exécution ces objets ou une partie équivalente du patrimoine du débiteur.

une cause *civile*. Les moyens de droit offerts aux parties sont des *actions*, par lesquelles elles poursuivent directement une demande, ou des *exceptions*, par lesquelles une partie tend à rendre inefficace l'action d'une autre partie. La procédure s'accomplit généralement en quatre degrés, par la fixation de l'état de la cause en litige *(status causae et controversiae)*, par l'investigation de la vérité au moyen des preuves, par le jugement et par l'exécution du jugement, quand la partie n'exécute pas librement. La procédure doit être organisée de manière à mener le plus promptement possible à un jugement formel qui présente la plus grande probabilité d'être conforme à la vérité matérielle.

Mais l'état de droit peut aussi être *lésé* par une atteinte *directe*, quand la volonté d'une personne a été dirigée à poser un acte (de commission ou d'omission) par lequel le droit d'une autre personne physique ou morale est immédiatement lésé. Une telle volonté directe est la manifestation d'une disposition perverse d'âme et de volonté, présentant un danger permanent pour le maintien de l'état de droit, d'où surgit pour l'État le devoir de prendre d'abord des mesures pour garantir l'ordre de droit contre la répétition d'actes analogues de la part du même délinquant, principalement par une suspension de l'exercice de sa liberté, et ensuite pour rétablir chez lui une volonté prête à obéir à la loi. La cause dans ce cas est une cause *criminelle*. La distinction entre les causes criminelles et les causes civiles est rarement déterminée au juste point de vue. Elle ne peut pas être établie objectivement d'après le genre des droits lésés, parce qu'un délit ou crime peut être commis dans tous les domaines du droit, contre les droits absolus, la vie, la liberté, etc., comme contre les droits de propriété; elle ne peut être établie que d'après la manière dont la lésion de droit est accomplie. Dans les causes civiles, la lésion, si elle a lieu, est *indirecte*, se couvre de formes légales; il peut y avoir erreur ou même fraude dans une vente, mais celle-ci est une forme légale

15*

pour les transactions, et la fraude ne forme qu'un accident
vicieux; dans la cause criminelle, au contraire, la lésion s'est
opérée contre la loi formelle, elle a attaqué *directement* une
loi, elle est patente, absolue, parce que la loi comme telle a
été violée dans son caractère de défense absolue. En opposition à cette lésion absolue, on appelle souvent hypothétique
la lésion dans une cause civile; cependant, cette expression
n'est pas bien exacte, parce que la lésion n'est pas plutôt
conditionnelle qu'indirecte. Dans la cause civile, par exemple
dans une vente, il se peut que la volonté d'une partie ait
été, au fond, aussi perverse que celle d'un criminel, que les
torts causés à l'autre partie soient même plus grands que dans
un vol, mais la lésion s'est cachée sous la forme légale d'une
affaire juridique, que le juge doit maintenir intacte jusqu'à ce
que la lésion ait été prouvée; et, dans les causes civiles, il
est bien plus difficile de distinguer, par rapport à des faits,
la fraude de l'erreur, tandis que, dans la cause criminelle,
chacun est censé connaître la loi, de sorte que tout acte
volontaire, commis par intention directe (par dol), ou indirecte (par inadvertance, *culpa*), contraire à la loi, est un
délit ou un crime. Cependant, si, dans une cause civile, des
actes défendus par une loi pénale ont été commis, par
exemple une falsification de documents, ces actes deviennent
l'objet d'une poursuite criminelle spéciale. Les conséquences
d'une lésion civile sont ou la nullité de l'affaire juridique, ou
la condamnation au payement, ou la prestation des dommages-
intérêts. La conséquence d'une lésion criminelle est la *punition*, destinée à agir sur la volonté perverse.

Les lésions criminelles (abstraction faite des délits commis
contre la défense d'une loi de police, dont le caractère doit
être exposé dans la théorie du droit public) sont à distinguer à divers points de vue: d'abord principalement en délits et crimes proprement dits, selon la gravité de la lésion
qui est à déterminer, selon que les biens et les droits lésés
sont plus ou moins importants, qu'ils sont irréparables, comme

la vie, la santé de l'esprit et du corps, etc., ou réparables, comme des lésions de patrimoine; ensuite en lésions du droit et en lésions de la moralité, par exemple la bigamie, l'inceste; ces distinctions forment aussi des éléments différents pour mesurer la culpabilité du délinquant.

La *culpabilité*, dont la grandeur se mesure selon le degré dans lequel un acte criminel en soi peut être imputé à l'homme, doit être déterminée d'après deux éléments, un élément *objectif*, fourni par la qualité, la gravité ou la grandeur de la lésion, et un élément *subjectif*, fourni par la qualité de la volonté perverse, par la manière dont elle a été déterminée à l'action, selon que l'action a été instantanée ou préméditée, que l'intensité de la volonté perverse s'est manifestée par le grand nombre ou par la grandeur des difficultés qu'il y avait à vaincre et selon que le délinquant a été l'auteur, ou le fauteur, ou le participant d'un crime; qu'il l'a accompli ou tenté; enfin tout ce qui dénote l'intensité, la continuité, la durée, l'étendue ou la grandeur de la perversité, aggrave la culpabilité. On considère souvent comme condition essentielle de l'imputabilité et de la culpabilité que la volonté ait été *libre;* mais le délit est une preuve que le délinquant n'a pas agi en vraie liberté, laquelle est toujours conforme aux principes de la raison, qu'au contraire des passions, des intérêts particuliers ont primé le pouvoir de la raison et l'empire de soi; il importe donc, pour la garantie de l'ordre de droit, de rétablir chez le délinquant la véritable liberté par les moyens convenables de la punition. Pour qu'un acte soit imputable, il est seulement nécessaire que le délinquant l'ait accompli de sa volonté dans laquelle il a mis et manifesté son moi moral, et qu'il se soit trouvé dans un état qui lui a permis de comprendre l'illégalité et les suites de son acte. Tout ce qui, par rapport au délit en question, a troublé ou suspendu l'exercice de sa raison, comme l'ivresse, le *danger* imminent pour la vie de soi-même ou des siens, une maladie mentale, l'âge d'impuberté, etc., amoindrit ou

exclut l'imputabilité de l'acte. D'un autre côté il y a, chez
un grand nombre de criminels, beaucoup de circonstances
indépendantes de leur volonté, comme la mauvaise éducation,
le mauvais exemple qu'ils ont eu devant les yeux dans la
famille, le manque ou l'insuffisance d'instruction dans une
école, etc., qui leur ont fait contracter de mauvaises habitudes, ne leur ont pas permis de former suffisamment leur
jugement et les ont prédisposés au crime. Dans le droit pénal
actuel, il n'est pas tenu un compte suffisant de ces circonstances, qui amoindrissent de beaucoup la culpabilité
personnelle en renvoyant une partie de la faute à l'ordre
social, qui, dans une de ses parties constitutives, dans la
famille, la commune, ou dans le pouvoir central, a manqué
au devoir envers un de ses membres, devenu coupable d'un
crime. Il y a des doctrines, comme le matérialisme et le
panthéisme, qui, en considérant l'esprit comme une qualité
de l'organisme physique ou comme un accident de l'âme du
monde, et en niant la liberté, répandent aussi de graves
erreurs sur l'imputabilité, qu'en toute conséquence elles
doivent même nier complétement. Toutefois ces théories
erronées ont provoqué des recherches plus approfondies sur
la liberté et sur l'imputabilité; on a reconnu ce qu'il y a
d'exclusif et de faux dans l'ancienne conception toute abstraite, qui isole l'homme du milieu social dans lequel il naît
et se développe; la statistique criminelle incline, il est vrai,
trop vers la fatalité, en ne faisant pas suffisamment ressortir
ce fait que les lois régissant la production des crimes restent
bien distinctes des lois fatales de l'ordre physique, en ce
qu'elles sont toujours susceptibles d'être profondément modifiées par des causes morales libres, par un changement dans
les vues, les sentiments, les mœurs, par une culture intellectuelle et morale des hommes; cependant cette statistique a,
de son côté, contribué à mettre en évidence la vérité, que
les actions présentent toujours, comme toute la vie humaine,
une double face individuelle et sociale, et que l'influence du

milieu social sur les actions est d'autant plus forte que le moi, le noyau moral de l'homme, a été moins cultivé dans ses facultés et forces propres. Ces influences ne peuvent être affaiblies que par une plus forte culture du moi moral de l'homme, par l'éducation et par la profusion de l'instruction. Mais pour que l'État acquière le droit de punir le crime, il a, avant tout, le devoir de veiller à ce que le premier moyen essentiel pour le prévenir, l'instruction élémentaire sur les premiers objets et devoirs de la vie sociale, soit offert à tous les enfants. Sans l'instruction obligatoire, le droit de punition reste pour l'État un droit à moitié barbare, parce qu'il l'exerce sans l'obligation correspondante. Cependant l'État avec tous les moyens licites de prévention et de surveillance ne peut pas maîtriser toutes les mauvaises influences sociales, et avec le système même de l'instruction obligatoire, il ne peut pas empêcher que, dans des cas individuels, l'instruction, ainsi que l'éducation dans la famille, restent insuffisantes; il faut donc que, pour la punition, le code pénal ordonne de tenir compte de ces circonstances extérieures, et que, pour les tribunaux, il soit donné aux juges, quand le jury a déclaré un homme coupable, une assez grande latitude, dans certaines limites, pour prononcer, selon l'individualité du cas, une peine plus ou moins grande; le but de la peine elle-même ne peut consister qu'à reprendre l'éducation, restée défectueuse, comme le cas individuel l'a prouvé, et les prisons sont à organiser, non comme des écoles d'instruction mutuelle pour le crime par la vie commune des criminels, devenant encore plus vicieux par le contact, mais pour y traiter, dans une thérapeutique morale, chaque criminel individuellement, en l'isolant par conséquent de tous les autres malfaiteurs. Bien des progrès restent à opérer dans le code pénal pour la détermination de la culpabilité et des peines, dans les tribunaux pour les règles pratiques de l'appréciation des cas individuels, et dans l'exécution de la peine pour le but de l'amendement par un bon système pénitentiaire.

La théorie du droit pénal consiste essentiellement en trois parties, dont l'une traite des délits et des crimes, l'autre de la peine et du but de la peine, et la dernière de l'exécution de la peine. La première partie est encore défectueuse en ce que, dans la théorie de l'imputabilité des crimes, elle ne tient pas suffisamment compte des circonstances principales que nous avons indiquées; la seconde partie est généralement traitée d'un point de vue abstrait, parce qu'on croit pouvoir séparer le but formel, juridique et le but éthique, moral; seulement la troisième partie s'est, jusqu'à présent et heureusement, développée, en dehors du formalisme des criminalistes, dans les systèmes pénitentiaires, mais elle doit être rattachée au droit pénal comme la dernière partie de la plus grande importance. Nous traiterons encore ici des deux dernières parties, l'organisation formelle des tribunaux criminels étant à exposer dans le droit public.

§ 36.

DE LA PEINE.

A. De la nature, de la raison et du but de la peine. [1]

La détermination de la nature de la peine suppose la connaissance de sa raison et de son but.

I. La *raison* du droit de punir, ou ce qui fait que la peine est justement infligée par l'État, réside dans la lésion du droit reconnu formellement par la loi, c'est-à-dire dans le faux rapport où le délinquant s'est mis par sa volonté subjective avec la loi objective et publique du droit. L'ordre véritable exige que le sujet ou le membre de l'État subordonne ses actions à la loi, sauvegarde du droit de tous. Or,

[1] La théorie de la peine a été exposée d'après les mêmes principes, quoique sous une forme différente, par M. Rœder, dans son écrit: *Zur Begründung der Besserungstheorie*, Heidelberg, 1847, et: *Besserungsstrafe und Besserungs-Strafanstalten als Rechtsforderung*, 1864.

cet ordre est interverti; le sujet s'est mis en opposition avec la loi, s'est placé au-dessus d'elle, et a posé, par son action, une maxime qui, si elle devenait générale, anéantirait tout l'ordre du droit; l'état de droit ayant été troublé par le fait du délinquant, il en résulte la nécessité pour l'État de prendre des mesures propres à le rétablir.

II. Le *but* de la peine [1] ou de la punition est le *rétablissement de l'état de droit*, vicié par le délit ou le crime. La loi doit être restaurée dans sa domination, pour apparaître de nouveau dans sa puissance et dans sa majesté, et pour rester victorieuse quand le crime se présente comme un combat ou une révolte contre la loi.

Par rapport au mode de rétablissement de l'état de droit, il faut distinguer dans la peine deux buts consécutifs: le but *immédiat*, qui doit être directement réalisé par le *droit*, par l'action de la justice de l'État, et le but *final*, qui ne peut être qu'un but *éthique*, humain. De ces deux buts, le premier est subordonné et nécessairement lié à l'autre comme le but moyen au but final. Nous reconnaissons ainsi un rapport intime entre le but juridique et le but éthique de la peine, comme nous avons reconnu le même rapport dans le double but du droit en général (§ 30); ici encore le but juridique consiste à établir les *conditions* dont dépend la réalisation du but final de la peine. Par cette distinction entre les deux buts de la peine, nous concilions naturellement les deux théories contraires professées sur cette matière, dont l'une n'a en vue que le but juridique, en faisant abstraction du but éthique, qu'elle place en dehors de l'action du droit et de l'État et qu'elle abandonne à la morale, et dont l'autre n'a

---

[1] Au fond la peine, dans le sens propre du mot, n'est qu'*une* des mesures à prendre par l'État par suite de la lésion d'un droit par rapport au délinquant même; le rétablissement de l'état de droit est le but général de l'action de l'État par rapport à une lésion de droit, et la punition n'est qu'une partie de cette action; mais, comme c'est l'action principale à laquelle se réduit souvent toute l'action de l'État, nous prendrons ici le terme de punition pour cette action générale,

en vue que le but éthique ou plutôt moral, l'amendement
individuel du coupable, en faisant abstraction de l'ordre général du droit et des moyens prescrits par la justice. Examinons maintenant ces deux buts à la fois dans leur distinction et dans leur rapport.

1° Le but juridique de la peine consiste dans l'emploi des
moyens nécessaires au *rétablissement* de l'état de droit. Rétablir l'ordre du droit dans tous les rapports et sous toutes
les faces où il a été troublé est le but général de la peine.
Mais ces moyens ne peuvent être bien déterminés en droit
sans qu'on ait tout d'abord égard au but individuel et moral
que la punition doit poursuivre dans la personne du coupable. Le droit n'existe en définitive que pour la personnalité
humaine, pour les biens qui sont à réaliser, à maintenir et
à rétablir dans la vie; le droit de punir a donc aussi sa fin
dernière dans la personne du coupable: il doit tendre à remettre le délinquant dans une situation telle qu'il ne com-
mette plus le mal et l'injustice, mais qu'il fasse de nouveau
le bien, conformément au droit et aux lois. C'est donc à
l'amendement à la fois moral et juridique du coupable que
doivent viser toutes les mesures prises par la justice criminelle; et c'est une grande erreur que d'admettre, avec quelques auteurs, que l'état de droit puisse être rétabli sans que
la personne du coupable soit amendée, ou de croire que la
loi sociale du droit soit satisfaite et rétablie dans sa puissance et sa majesté, quand le coupable a été simplement
éliminé de la société humaine, par l'emprisonnement ou par
la peine capitale. La loi sociale n'est pas une abstraction;
elle n'existe que pour l'homme, pour l'accomplissement des
fins de l'humanité; et chaque homme, à cause du principe
divin qui est en lui et qui le rend capable de se relever de
l'état d'abaissement dans lequel il est tombé par sa faute,
peut prétendre à ce que toute loi tienne compte de cette
qualité d'homme, et qu'il ne soit pas offert en holocauste à
l'idole d'un principe abstrait. La loi doit recevoir l'âme et

la vie par son union intime avec le but de la vie humaine, que personne ne peut perdre complétement. Dans l'antiquité païenne, l'État et la loi étaient le but, et l'homme le moyen; mais depuis le christianisme, l'homme, par sa qualité d'être divin et immortel, est le but, l'État et sa loi ne sont plus qu'un moyen spécial de réaliser les fins de l'homme. Par cette raison, la loi pénale, quelques mesures qu'elle applique au coupable, doit tendre en dernier lieu à son amendement. Les moyens de punition ne sont donc justifiables qu'en tant qu'ils sont les conditions nécessaires pour la correction à la fois juridique et morale du coupable. Nous comprenons ainsi que la peine n'a pas de but en elle-même, que la loi ne doit pas punir pour punir, mais pour atteindre, par des moyens bien appropriés, un but humain, en remettant le coupable, par rapport à sa volonté et à toute sa condition morale, qui était la cause du crime, dans l'état de droit, c'est-à-dire dans l'état moral de vouloir le juste et le bien, qu'elle doit lui rendre la vraie liberté juridique et morale et, avec elle, la liberté extérieure.

Les criminalistes modernes se partagent en deux catégories, selon qu'ils admettent une théorie *relative* ou *absolue* de la peine. Les premiers, en séparant, pour la plupart, les deux buts de la peine, et en considérant le but moral comme étant en dehors de la justice publique, ont assigné différents buts moins à la peine qu'à la loi pénale; mais ces buts sont tout extérieurs: les uns veulent que la loi exerce une contrainte psychique sur la volonté de tous ceux qui seraient tentés de commettre un crime, et agisse ainsi par l'intimidation, comme mesure de prévention générale (Feuerbach); d'autres criminalistes prétendent que la peine n'a pas de but spécial, qu'elle est uniquement la conséquence d'un principe établi. Ces derniers criminalistes ont appelé leur doctrine une théorie *absolue*, par opposition à celles qui admettent un but quelconque par la menace légale ou par l'application de la peine. Mais ces théories ne sont basées que sur une fausse abstraction par laquelle le droit est séparé de la morale, la loi pénale détournée du but humain, et la personnalité sacrifiée à un principe formel; elles renversent l'ordre des idées, en appelant absolu ce qui n'est qu'un moyen, et en traitant de simple moyen l'homme dans lequel il y a le vrai principe absolu et divin. Elles placent le principe formel de la peine, tantôt dans l'égalité, en renouvelant, sous l'une ou l'autre forme, la loi du talion, tantôt dans l'expiation du crime ou dans l'ordre lui-même, qui par la punition est rétabli dans le respect de tous; c'est toujours une conception abstraite du droit. Ce sont les doctrines formalistes de la philosophie du droit, le formalisme subjectif de Kant et le formalisme dialectique absolu de Hegel, qui ont principalement contribué à maintenir ce formalisme abstrait dans le droit pénal et à étouffer sous la formule, par le principe du talion arbitrairement modifié, le sens de l'humanité. En s'appuyant sur ces doctrines, il s'est formée dans ces derniers temps une école de criminalistes, qui, sans entrer en discussion sur le fond des théories absolues et relatives, ont préféré tout simplement appeler leur doctrine: *théorie de justice* (Gerechtigkeitstheorie); mais elles n'ont fait par là qu'ériger en théorie une *pétition de principe*, car il s'agit précisément de déterminer en quoi consiste la justice de la peine. En général, on peut dire de toutes ces théories, en modifiant une ancienne formule bien connue, que leur maxime est: *Fiat justitia et pereat homo;* tandis que la vraie formule est encore ici: Fiat justitia *ne* pereat homo.

Nous venons ainsi de déterminer le but final, le plus important de la peine, l'amendement du coupable, parce que le but juridique n'est en réalité qu'un moyen par rapport au but final, et que ce moyen ne peut se comprendre sans la fin. Mais l'amendement du coupable, bien qu'il soit l'essentiel, n'est pas tout le but entier de l'action de l'État par rapport à une lésion de droit.

2° Le but final complet consiste à rétablir, autant que

possible, par les moyens du droit, tous les *biens* dont le crime a révélé la lésion. Ce rétablissement se manifestera donc sous trois rapports: d'abord par rapport au *criminel*, qui, par son action, a dévoilé le mauvais état de son âme et de sa volonté, et qui doit être amendé, afin de redevenir un homme bon, juste et libre; ensuite par rapport à la *personne lésée*, à laquelle la justice doit procurer, s'il est possible, la restitution du bien personnel ou réel qui a été atteint par le crime; enfin par rapport à l'*État*, troublé dans la sécurité du droit, bien formel de la totalité des citoyens. Examinons encore ces trois faces, sous lesquelles le but final de la peine doit être accompli.

a. Par rapport à la personne du délinquant, le but final de la peine est, comme nous l'avons déjà vu, l'amendement du coupable. Cet amendement ne peut pas se borner à rendre seulement la volonté perverse extérieurement conforme à la loi, à faire du délinquant un homme légal, sans améliorer sa moralité; car l'homme est un, sa volonté est une, et il est impossible de les diviser en deux moitiés, dont l'une serait soumise à l'action des mesures prises par la justice, et l'autre abandonnée au hasard. D'ailleurs, comme le droit n'est toujours qu'un mode d'accomplissement du bien, toute mesure de justice doit être bonne et rétablir le principe du bien dans l'âme du délinquant. L'homme purement légal n'offrirait aucune garantie pour l'avenir, s'il n'était pas amendé moralement. Comme toute vie sort du dedans, il faut aussi réformer l'intérieur de l'homme, quand on veut donner une base solide à sa conduite extérieure ou légale. La justification pour l'État de ce qu'il ne se borne pas à l'emploi de moyens extérieurs et qu'il vise aussi à l'amendement moral du coupable, réside d'un côté dans l'acte du délit ou du crime, par lequel le délinquant a révélé l'existence d'une volonté à la fois immorale et injuste, et, d'un autre côté, dans l'impossibilité psychique et éthique d'établir une séparation entre la volonté légale et la volonté morale. L'État

doit donc organiser la prison en école et appeler à son aide
des associations et des personnes privées, qui font de la
réforme des coupables un but de leur activité.

Quand nous examinons plus spécialement les mesures de
droit que l'État doit prendre par rapport au délinquant, afin
de rétablir sa volonté juridique et morale, nous reconnaissons
entre autres les moyens suivants:

La première condition est *négative:* elle consiste dans la
privation de la liberté *extérieure,* dont le délinquant a fait
un usage illégal. Le coupable doit donc être préalablement
éloigné de la communauté, dont il a troublé l'ordre. Mais ce
n'est là qu'un moyen extérieur.

Les conditions *positives* pour l'amélioration de la volonté
sont les différents moyens psychiques qui doivent être appliqués d'après les *degrés* de la culpabilité; dans la théorie
pénale, ils sont à déterminer en détail. Parmi ces moyens,
on peut signaler d'abord celui qui tend à réveiller la conscience morale, en portant le délinquant, par l'*isolement*, à
réfléchir sur son état, à rentrer en lui-même et à prendre
la résolution de se corriger. Cependant l'isolement ne peut
être absolu; le délinquant doit recevoir du dehors, surtout
de la part des personnes avec lesquelles il est mis en contact, les conseils et l'instruction morale qui peuvent le remettre dans la bonne voie. A ces moyens internes, il faut
joindre ensuite la *discipline* extérieure, dont un travail régulier, en rapport avec les degrés de culpabilité et la capacité personnelle, fait nécessairement partie. Ces moyens
d'amendement apparaissent, eu égard à l'état moral du délinquant, comme un *mal*, et ils sont sentis par lui comme
une *peine*, souvent très-dure; cependant, considérés en eux-
mêmes, ils sont un *bien* pour le coupable, et s'il avait l'intelligence vraie de la situation, il les demanderait lui-même
comme des choses bonnes et justes. La punition n'a donc
pas pour but d'infliger un véritable mal au coupable, mais
de lui appliquer les moyens d'amendement les plus conformes

à toute sa situation, quoique dans son état anomal vicié, ces moyens soient sentis comme un mal[1].

b. Par rapport à la personne lésée, la peine doit aussi avoir pour but le rétablissement de l'état de droit: il faut, autant que possible, *restituer* les biens qui ont souffert, soit directement, soit par la prestation de *dommages-intérêts*. Beaucoup de crimes produisent, il est vrai, un mal irrémédiable ou un dommage qui ne peut être réparé. Ce sont là des malheurs qui arrivent dans la vie finie des hommes et qu'aucune peine ne saurait effacer.

c. Par rapport à l'État, la punition a pour but de restaurer l'ordre de droit, comme un bien général, source de la sécurité de tous les membres. La loi, sauvegarde de tous, supérieure à toutes les volontés individuelles, doit atteindre le criminel qui l'a méprisée, afin d'obtenir de lui l'aveu de sa faute, le repentir, et d'être ainsi rétablie dans le respect de tous. Quand on considère l'État comme un ordre moral et divin, la punition apparaît comme le moyen de rétablir l'harmonie troublée par le crime (Savigny); elle imite même la justice divine qui agit aussi pour l'amendement individuel et pour la restitution de l'ordre universel du bien. En même temps la peine, envisagée par rapport à la totalité des citoyens, est un moyen de *prévention générale* et même d'*intimidation*, parce que les mesures qu'elle implique sont propres à frapper l'esprit de tous ceux qui sont encore dominés par des motifs sensibles, et à les retenir dans la voie du bien. Il est inutile d'ajouter que la peine est, par rapport au délinquant, le meilleur moyen de prévention *spéciale*, parce que l'amendement suppose le retour sincère à l'ordre moral.

La théorie pénale que nous venons d'esquisser réunit ainsi,

[1] Voir à ce sujet *M. Rœder: Commentatio an pœna malum esse debeat*, 1839. Voir aussi, sur les diverses théories pénales, l'ouvrage récent de *M. Rœder: Die herrschenden Grundlehren von Verbrechen und Strafe in ihren inneren Widersprüchen*, 1867. (Les doctrines régnantes sur le crime et la peine dans leurs contradictions intérieures.)

dans l'unité du principe, la plupart des buts particuliers qu'on avait séparés pour faire de l'un ou de l'autre le but principal.

Cette théorie est, dans sa base, une théorie de justice; elle prend son point de départ dans une lésion du droit, et elle veut rétablir l'état de droit dans sa source, la bonne et juste volonté; elle ne considère pas la loi comme une espèce de Moloch, qui demande la sacrifice des hommes, mais elle veut rétablir le règne de la loi; de même qu'elle est une théorie de prévention générale et spéciale, elle offre, par l'amendement des coupables, la plus grande sécurité pour l'ordre social; la peine est aussi une réaction contre le crime, non pas une réaction aveugle, obéissant à une loi physique, mais une réaction intelligente, ayant un but moral; si le formalisme logique de Hegel, aussi prétentieux que vide de sentiment humain, appelait la peine la négation de la négation, c'est-à-dire du crime, il est à remarquer que le crime n'est pas une simple négation, parce que le criminel, tout en niant l'ordre moral et juridique, fait quelque chose de positivement mauvais, qui généralement ne se laisse pas anéantir dans ses effets, mais dont la source, la volonté, doit être positivement améliorée; et Krause appelle avec raison une indigne dérision de l'humanité l'assertion de Hegel qu'on fait honneur au criminel en le traitant, d'après la loi du talion, de la même manière qu'il a agi lui-même. La justice sociale, quoiqu'elle ait, dans le temps passé, quelquefois surpassé de beaucoup, par les tortures et l'état des prisons, l'atrocité des criminels, ne doit pas se mettre sur un même niveau avec le crime et en adopter les maximes; elle n'a pas à honorer le criminel, mais elle doit respecter l'homme en lui, faire de lui de nouveau un membre digne de l'humanité. La théorie de l'amendement enfin ne poursuit pas une expiation mystique, mais la vraie expiation, par le repentir, par une réforme, souvent lente et pénible, de toute la conduite du coupable.

Les objections qu'on a opposées à cette théorie sont sans fondement. On prétend qu'elle confond le droit avec la morale, que l'amendement est un fait interne, qui n'est pas de nature à être constaté avec sûreté, qu'il peut bien être une des suites des mesures pénales, mais qu'il n'en peut pas être le but. Cependant la culpabilité, qui forme le point de départ, est également un fait interne, que le juge doit pourtant déterminer d'après des faits et des circonstances extérieures, et cette appréciation est souvent plus difficile et moins sûre que celle des directeurs et fonctionnaires d'une prison, qui pendant des années sont en commerce journalier avec un coupable. Une certitude complète, absolue, n'existe jamais sur des faits internes, dont le droit pourtant ne peut pas faire abstraction; elle n'existe ni sur la culpabilité et ses degrés, ni sur l'ammendement; mais il y a une appréciation moyenne qui doit servir de règle; aucun jugement ne doit être entouré d'une infaillibilité factice, il doit être susceptible d'être rectifié, comme nous le verrons bientôt dans la théorie de l'exécution du jugement. Nous constaterons seulement l'illusion dans laquelle se trouvent les légistes, quand ils se proposent de rétablir, seulement par la punition, une volonté extérieurement conforme à la loi, sans changer la disposition morale de l'homme. On dit encore que d'après cette théorie, qui pour l'amendement devrait toujours agir individuellement, on ne pourrait pas établir un système objectif et une mesure générale de pénalité, et que, dans beaucoup de cas, il n'y aurait aucune proportion entre la grandeur du crime et celle de la peine, si le coupable, comme beaucoup de circonstances pourraient le prouver, s'amendait vite et faisait acquérir la conviction qu'il agirait dorénavant conformément aux lois. Contre ces objections, il y a d'abord à faire remarquer qu'aucune théorie pénale ne présente un mode complètement sûr pour mesurer la pénalité selon le degré de la culpabilité, mais que la théorie de l'amendement offre à cet égard la plus grande certitude relative, parce que la culpabilité et la peine correspondante sont déterminées par le même principe, selon le degré de perversité de la volonté. Toutes les autres théories poursuivent un but chimérique, quand elles veulent trouver un point d'équation entre des actes criminels et des peines. La théorie du talion (œil pour œil, dent pour dent), pour ne pas tomber dans l'impossible et dans l'absurde (dans le cas par exemple où le malfaiteur lui-même n'a plus de dents, ou n'a plus qu'un seul œil), a dû se transformer en talion dit idéal; mais aucune de ces théories ne fera jamais comprendre qu'on puisse faire une équation, par exemple entre une quantité de privation de fortune pour le volé et une quantité de privation de liberté pour le voleur; ce sont deux grandeurs incommensurables, dont l'équation se montre comme un non-sens bien plus évident que celui d'un mathématicien qui tente de trouver le carré du cercle. La théorie de l'amendement, au contraire, opère avec les mêmes éléments, en proportionnant au degré de perversité de la volonté qu'un criminel a manifestée dans le crime, les mesures et le temps suffisant pour la corriger. Dans cette punition, il est vrai, on doit toujours tenir compte, et de l'individualité de l'homme, et du cas spécial; toutefois, de même que dans la statistique, on recherche les divers termes moyens (ce qu'on appelle l'homme moyen), de la mortalité, du crime, du suicide, etc., et de même qu'il y a pour l'art de guérir, bien qu'il doive toujours être exercé selon le cas individuel, certaines règles générales, de même il existe pour l'art moral et juridique de guérir, quoiqu'il soit à peine ébauché, certaines règles générales qui se rapportent à l'homme moral moyen; ces règles sont d'abord à formuler dans la loi, ensuite à appliquer par le juge, selon la latitude qui doit lui être laissée pour le jugement, au *cas* présent, eu égard à toutes les circonstances, et enfin dans l'exécution, le jugement doit encore être modifié selon l'*individualité* de l'homme.

La théorie de l'amendement ne permet pas la *peine de mort*. Bien que cette peine paraisse être encore inévitable dans la guerre, situation en elle-même exceptionnelle de la vie sociale, elle doit disparaître dans la justice régulière d'un État. D'abord il faut établir en principe que l'État n'a pas de pouvoir sur la vie que l'homme tient immédiatement de Dieu et qui est la source de tous les biens et de tous les buts dont l'État ne doit pas interrompre, mais faciliter l'accomplissement. L'ordre social étant aussi un ordre d'aide et d'assistance pour le bien comme pour l'infortune, l'État a des devoirs à remplir envers les criminels, qui portent souvent plus la peine des fautes d'autrui, de leur famille et de la société elle-même, que de leur propre perversité; et l'État ne remplit pas ces devoirs en coupant la tête aux coupables, mais en la leur remontant, en redressant leur sens moral, en reprenant l'éducation individuelle, qui a été insuffisante ou peu appropriée dans la famille ou l'école commune. Il n'y a ensuite aucune raison pratique qui puisse exiger la peine capitale. L'ancienne opinion, présentée en diverses formules et justifiant la peine capitale comme moyen d'intimidation, a été réfutée par la théorie et par les faits. Le malfaiteur qui a conçu le projet d'un crime, soit par l'excitation subite d'une passion, soit par une lente préméditation, a généralement, par l'affaiblissement de son pouvoir moral, perdu la force de renoncer, par crainte d'une peine éloignée et à laquelle il espère échapper, à un bien prochain et certain qu'il se promet de la perpétration de son crime[1]. De plus, on a reconnu que l'exécution de la peine capitale est tellement démoralisante, éveille à un tel degré les passions brutales de la multitude, que, dans beaucoup d'États en Allemagne, on l'a soustraite à la publicité en la faisant subir entre les murs de la prison. Mais une peine qui ne supporte plus la lumière de la publicité est destinée à disparaître bientôt complètement devant les lumières de la raison, de-

[1] Un ecclésiastique anglais, attaché à une prison, constate que de 167 condamnés, qu'il a conduits à l'échafaud, 164 avaient auparavant assisté à une exécution. (Voir M. Holtzendorff: *Vorträge über die Todesstrafe*, Leçons sur la peine de mort. Berlin, 1865.)

vant la conscience morale et le sentiment d'humanité. Les
causes qui la font encore maintenir sont principalement les
préjugés et les sentiments arriérés des masses, dont les
législateurs tiennent trop de compte. Car la législation a aussi
la mission de devancer en une certaine mesure l'état de
culture d'un peuple, de faire son éducation, en l'habituant à
mettre sa conscience et son sentiment à l'unisson avec les principes plus élevés, plus humains, qui sont à proclamer par les
lois. L'état de civilisation est maintenant assez avancé dans la
plupart des pays de l'Europe, pour faire disparaître cette
peine du code criminel, et il y a lieu d'espérer que le respect que l'État professera pour l'inviolabilité de la vie humaine exercera une influence favorable sur la conscience, les
sentiments et les actions de tous ses membres[1].

[1] Dans les derniers temps, la question de l'abolition de la peine de
mort a fait un grand pas vers une solution affirmative. D'anciens adversaires de l'abolition sont devenus de zélés partisans, par exemple
M. Mittermaier (mort le 28 août 1867), dont l'écrit sur la peine
de mort (*Die Todesstrafe*, etc., 1862), a été traduit dans plusieurs
langues; dans les Corps législatifs de beaucoup d'États (notamment
la Belgique, l'Italie, l'Autriche, la Bavière, la Saxe), la proposition d'abolir la peine de mort a réuni, sinon la majorité, au moins
un nombre de suffrages tel qu'il est permis de prévoir que, dans une
époque peu éloignée, cette peine aura disparu des lois. En Allemagne
surtout, une nouvelle époque a commencé pour cette question, par
l'Assemblée nationale de Francfort en 1848, qui vota à une forte majorité (288 contre 146) l'abolition de la peine de mort (à l'exception
des cas prévus par le droit de guerre), comme un des articles des
«droits fondamentaux du peuple allemand». Lors de la réaction politique, la peine de mort fut rétablie dans presque tous les pays, à
l'exception du grand-duché d'Oldenbourg, du duché de Nassau, du
duché d'Anhalt-Bernbourg et de Bremen. Les tribunaux supérieurs des
deux premiers pays, interrogés vers 1860 par les gouvernements sur le
rétablissement de la peine de mort, ont déclaré que cette nécessité ne
s'était pas fait sentir, et cette peine est restée abolie. Contre cette
peine se sont prononcés: en Allemagne, l'école de Krause, Feuerbach,
vers la fin de sa vie, Mittermaier, Berner, Nöllner, Berger, Glaser, Götting
et d'autres; en Italie, M. Mancini dans ses excellents *Discorsi per l'abo-
lizione della pena di morte, pronunciati nella camera dei deputati*,
1865, et MM. Pessina, Ellero, Pisanelli et d'autres; en Belgique,
MM. Haus, Ducpetiaux, Vischers, Nypels; en France, Lucas, Bérenger,
Ortolan, J. Favre (dans son discours au Corps législatif, qui repoussa
cependant la proposition par 212 voix contre 25) et d'autres. La quatrième assemblée des jurisconsultes à Mayence en 1863, se prononça
également, à une forte majorité, contre la peine de mort.

B. De l'exécution de la peine.

1° La théorie de l'exécution de la peine s'est formée en dehors de la science du droit pénal, qui, une fois le jugement prononcé, abandonnait le délinquant aux murs de la prison, pour l'y faire subir là peine pendant le temps fixé. La tâche la plus importante et la plus difficile qui se présentait en ce moment ne fut guère soupçonnée. Heureusement les autorités constituées et les jurisconsultes ne sont pas les seuls dépositaires du droit. La justice est une fonction générale de la culture humaine, et, quand l'organe spécial devient infidèle à sa mission, il surgit du milieu du corps social des hommes qui, inspirés d'idées plus larges, de sentiments plus généreux de justice, préparent des réformes et obligent ensuite la science à élargir ses principes pour en comprendre la vérité et la portée. C'est ainsi qu'au milieu du dix-huitième siècle, le sentiment de l'humanité s'éveilla dans de nobles cœurs quand la science resta sourde à sa voix, et la réforme des prisons fut commencée par les efforts infatigables du célèbre Anglais William Howard, qui, saisi d'horreur et de la plus vive compassion à la vue de l'état des prisons en Angleterre et dans les autres pays (l'Allemagne et l'Italie), réussit à éveiller l'opinion publique (par le livre: *State of modern prisons*) et à faire fonder à Glocester, en 1771, la première maison de correction avec la séparation des prisonniers jour et nuit[1]. De cette manière la base du système pénitentiaire fut jetée; avec l'isolement des prisonniers, l'amendement fut compris comme le but essentiel de la punition; le droit de punition fut complété par le devoir de

---

[1] Ce n'est pas ici le lieu de raconter l'histoire du système pénitentiaire; nous dirons seulement que la réforme arrêtée momentanément en Angleterre par suite des guerres avec la France fut énergiquement poursuivie aux États-Unis par la Société philosophique de 1787 et les Quakers; et c'est aux États-Unis que le système fut appliqué dans les deux formes, pensylvanienne et aubournienne.

l'État de reconnaître dans chaque homme ses droits éternels et ses facultés inépuisables de vie et de réhabilitation morale, et de contribuer par les moyens en son pouvoir à l'amendement de l'homme corrompu par le crime. Le système pénitentiaire a fait depuis des progrès lents, mais incessants; la théorie de l'amendement, dont la vérité est encore attestée en ce qu'elle seule forme la liaison naturelle entre les deux parties jusqu'à présent séparées du droit pénal, entre la science des crimes et des peines et celle de l'exécution de la peine, est aujourd'hui adoptée par tous ceux qui s'occupent des prisons, et elle frappe à coups redoublés à la porte de la science du droit pénal, qui, tout en s'obstinant à maintenir ses étroits principes formalistes, se voit au moins obligée de tenir un certain compte de l'opinion éclairée, en reconnaissant l'amendement au moins comme l'un des buts de la punition. Mais la vérité ne se contente pas d'une reconnaissance partielle; il faut que l'amendement du coupable, du fond de son être moral, soit reconnu comme le but essentiel, principal, et alors tout le reste que l'État ou la justice peut encore exiger sera donné par surcroît.

Le système pénitentiaire s'est développé d'abord en Amérique sous deux formes différentes, celle de Philadelphie en Pensylvanie, réformée plus tard dans la prison de Pentonville (près de Londres) et celle d'Auburn (dans l'État de New-York), dont l'une établit la séparation cellulaire des condamnés jour et nuit, l'autre seulement pendant la nuit, en imposant le silence pendant le travail commun du jour. De ces deux systèmes, le premier a reçu l'approbation de la plupart des hommes de science[1] et de pratique

---

[1] Pour le système pensylvanien se sont prononcés: en France, de Tocqueville et de Beaumont, Moreau-Christophe, Ampère; en Amérique, Lieber; feu le roi Oskar de Suède; en Belgique, M. Ducpetiaux; en Allemagne, Julius, Fuesslin, et surtout M. Roeder, qui le défend énergiquement contre diverses altérations actuellement tentées, particulièrement par le système dit irlandais. (Voy. Roeder: *Strafvollzug im Geiste des Rechts*, 1863 (de l'exécution de la peine dans l'esprit de la

qui ont étudié ces questions et dirigent les prisons, parce qu'il est seul approprié au but, tandis que, dans le système d'Auburn, le silence, bien qu'il puisse être maintenu extérieurement, est remplacé par un langage éloquent de signes, de manière que les bons germes éveillés par l'instruction et dans le recueillement sont sans cesse étouffés par l'air infecte d'une société d'hommes vicieux. Le système de l'isolement complet est, au contraire, le développement conséquent du principe que l'homme dépravé par le crime doit être isolé de toutes les influences malfaisantes, pour que sa conscience morale soit réveillée et qu'il soit amendé par le repentir, par les moyens d'instruction morale et religieuse, par un exercice de toutes ses facultés morales et intellectuelles et par un travail approprié à ses aptitudes. On a souvent et longtemps accusé ce système de favoriser, par la sévérité de l'isolement, l'aliénation mentale ou l'affaiblissement de toutes les forces morales et physiques; mais cette objection, réfutée par la statistique, est généralement abandonnée. Toutefois il faut reconnaître que ce système est loin d'être parfait dans l'application, qu'on attend encore trop du silence des murs ce que le cœur et le langage de tous ceux qui ont à se mettre en communication avec les criminels doivent opérer; il ne suffit pas que le prisonnier soit journellement visité pendant un court espace de temps par le directeur, l'ecclésiastique, etc.; on a reconnu depuis longtemps la nécessité, d'un côté, d'organiser des association morales pour la visite et la réforme des prisonniers, et, d'un autre côté, de former des associations de patronage pour leur placement convenable lors de la sortie de la prison. Enfin il est nécessaire que les codes pénaux soient mis en juste rapport avec le système pénitentiaire d'isolement, qui, étant à la fois plus sévère et plus efficace, exige la réduction de la durée des peines dans une forte proportion.

justice); et: *Besserungsstrafe und Besserungsstrafanstalten*, 1864 (de la peine d'amendement et des institutions pénitentiaires).

2° Une question intimement liée avec la théorie de l'amendement est celle de la *libération conditionnelle* des détenus qui après un certain temps ont donné, aux yeux de la direction, assez de garanties d'une conduite dorénavant irréprochable pour qu'ils puissent être relâchés sous la condition que, dans le cas où ils commettraient un nouveau délit, ils doivent, sans jugement préalable, rentrer en prison pour y subir la peine pendant tout le reste du temps. C'est encore la pratique qui, en Angleterre, a conduit à cette mesure[1], approuvée aujourd'hui par la plupart de ceux qui administrent des prisons, mais accueillie avec une vive répugnance par les hommes de doctrine et les juges, qui y voient une atteinte portée à l'autorité du jugement et même à la justice. Cette opinion erronée est encore une conséquence de la fausse abstraction qui sépare le jugement et l'exécution de la peine, au lieu de les mettre dans un intime rapport. Aucun jugement humain se rapportant à l'état moral, à la culpabilité, à la perversité de la volonté d'un homme, ne peut prétendre à l'infaillibilité et à l'immutabilité; le juge a pu se tromper, sinon sur la culpabilité en général, du moins sur ses degrés, et son jugement doit être susceptible d'être réformé d'après les nouvelles données, fournies par l'expérience dans l'exécution, qui est en quelque sorte la contre-épreuve du jugement. Krause voyait justement dans l'exécution de la peine un jugement continué, par lequel le jugement porté au premier stadium peut être rectifié d'après la connaissance acquise de l'individualité morale du prisonnier.

La libération conditionnelle est aujourd'hui accordée sous forme de grâce par l'administration, mais, bien qu'elle ne doive pas être prononcée par des juges dans le sens ordi-

---

[1] Cette mesure a été adoptée provisoirement, depuis 1862, en Saxe, et le gouvernement a déclaré à plusieurs reprises (en dernier lieu en août 1867) qu'elle avait eu de bons effets. La commission instituée par le gouvernement italien, en 1862, s'est également prononcée pour la libération conditionnelle comme pour l'introduction générale du système cellulaire avec réduction des peines.

naire du mot, il faut cependant que la décision soit prise, d'après certaines règles, par un conseil composé des principaux fonctionnaires d'une prison.

CHAPITRE VII.

DES RAPPORTS DU DROIT AVEC TOUTE LA VIE DE CULTURE DE L'HOMME ET DE LA SOCIÉTÉ.

---

§ 37.
DES RAPPORTS DU DROIT AVEC LA VIE EN GÉNÉRAL.

Le droit, c'est la vie, a dit un auteur moderne[1], en comprenant sans doute la nécessité d'opposer à l'abstraction des écoles, à une lettre morte, une conception qui répondît au mouvement incessant des sociétés modernes. Le droit, en effet, est un principe de vie et de mouvement; il n'est pas la vie, mais il en suit les évolutions dans la société. Car le droit, éternel dans sa source, se réalise dans le temps, se développe avec l'homme, avec les peuples, avec l'humanité, s'adapte à tous leurs besoins, se différencie avec l'âge, les degrés de culture, les mœurs, avec toute l'organisation physique, intellectuelle et morale des individus et des nations.

Le droit existe pour la vie; il en résulte que le premier germe de vie qui apparaît dans une individualité humaine ou dans une institution sociale, fait naître aussitôt un droit qui le protége et l'aide sans cesse dans son développement. L'enfant dans le sein de la mère, dès le moment de la conception, a des droits dont le titre se trouve dans le principe

---

[1] M. Lerminier a inscrit ces mots comme épigraphe à sa *Philosophie du droit*.

d'âme qui s'informe dans le corps. De même, chaque institution qui se forme, quand elle est provoquée par un besoin
social, par un but de la nature humaine, peut prétendre aux
conditions positives et négatives qui assurent son existence
et son développement. Le domaine du droit est aussi étendu
que celui de la vie humaine; le droit naît, croît et périt avec
le principe de vie, qui est la raison de son existence. Refuser
la protection sociale à une vie nouvelle, quelque part qu'elle
se manifeste, est un déni de justice; conserver des droits à
des institutions de l'ordre civil et politique, quand leur raison
d'être s'est éteinte avec les besoins qui les ont créées, avec
les mœurs qui les ont maintenues, c'est charger la société
d'un fardau qui l'entrave sans cesse dans ses mouvements
naturels, et qui est souvent la cause des efforts violents par
lesquels elle tend à s'en débarrasser.

Il existe donc une liaison intime entre le droit et la vie
en général; le droit et la vie sociale se trouvent dans un
rapport d'action et de réaction mutuelle.

Examinons d'abord l'influence que le droit exerce sur le
développement social.

Parmi les jurisconsultes d'Allemagne adonnés à la culture du droit romain, une conception s'est répandue dans les
temps modernes, qui présente le droit comme un *pouvoir de
volonté (Willens-Macht)*, par lequel l'homme soumet, soit
des choses, soit des actions d'autres personnes à son empire; cette conception est un reflet à la fois de l'esprit romain (v. § 38) et de l'esprit de l'époque moderne, dont
l'atmosphère morale est presque partout remplie des idées
de force, de puissance, d'agrandissement de l'empire de
l'homme et des nations; mais elle rabaisse l'idée du droit, en
transformant le principe d'ordre et la règle objective qu'elle
présente pour l'action humaine et sociale en un élément
de force de la volonté subjective, et intervertit aussi le vrai
rapport, dans lequel le droit se trouve avec la culture sociale.
La volonté de l'homme, quelque puissante qu'elle soit, doit

se régler sur les idées du bien et poursuivre dans la vie sociale les buts qui forment l'ensemble de la culture; et le droit, bien qu'il doive être exécuté par le pouvoir de la volonté, n'est pas en lui-même un principe de puissance, mais une idée dont la force réside dans la puissance du mouvement qui s'opère dans les divers domaines de la culture et dans la conformité de la volonté sociale, formulée dans la loi, avec les idées et les tendances nouvelles, avec les vrais besoins du développement social. L'histoire, il est vrai, atteste que des gouvernements, mal inspirés par des intérêts exclusifs ou égoïstes, ont pu souvent opposer une longue résistance aux besoins de réforme les plus légitimes, mais souvent aussi ils ont été emportés par les flots grandissant sans cesse derrière les digues qu'ils croyaient maintenir par des lois et des institutions surannées. L'histoire devrait donc avertir tous les hommes appelés à une action politique ou législative de cette importante vérité, que la force inhérente aux choses, et qui n'est autre que la force de la culture humaine, est plus puissante que la volonté obstinée des hommes s'opposant au mouvement progressif de la société. Une volonté éclairée peut, à bon dessein et dans une certaine mesure, opposer sa force de résistance à des tendances sociales nouvelles, quand elles sont encore de vagues aspirations dont on ne peut préciser ni le but, ni les moyens, ni les conséquences pratiques; la résistance qu'elles rencontrent les oblige alors à mieux se dessiner, à se dégager d'éléments impurs, à se révéler dans leur véritable but, de sorte qu'il est souvent requis, par une bonne méthode d'éducation sociale du peuple, de laisser les idées mûrir et s'affermir par les obstacles politiques; mais, quand la preuve est acquise que ces tendances ne sont pas des caprices, des inspirations de passions momentanées, qu'elles sont au contraire l'expression de besoins généraux profondément sentis, il est du devoir du pouvoir central de leur ouvrir une route reglée par des *lois et des institutions.*

Nous venons de voir que la volonté humaine n'est pas une puissance qui puisse s'opposer efficacement à la force des choses, au mouvement des idées qui tendent irrésistiblement à se réaliser dans la société, mais que la volonté doit être un pouvoir moral qui, guidé par la raison et les principes de droit et de culture, emploie son énergie à modérer le mouvement, empêcher les déviations, ménager les transitions et unir les divers éléments de culture, tant anciens que nouveaux, dans un tout de culture harmonique. La volonté de l'homme est donc moins une puissance que l'organe intelligent de l'exécution du droit, et toute intelligence, quelque élevée qu'elle soit, doit s'incliner devant l'esprit providentiel, qui dirige le développement des peuples et de l'humanité d'après un plan supérieur dont elle doit étudier la manifestation dans les grands événements qui forment la trame lumineuse de l'histoire.

La source de toute puissance réside dans les idées de culture qui se développent successivement et dont chacune devient, quand son temps est venu, une force irrésistible dans la vie de l'humanité ou d'un peuple; la sagesse de l'homme ne peut donc consister qu'à bien suivre ce mouvement de culture, à se rendre à l'appel que font successivement de nouvelles idées, et à leur donner droit de cité par les lois et les institutions, quand elles ont été bien préparées par le travail social précédent et qu'elles sont entrées comme des forces vives dans la conviction publique. Au droit, qui en lui-même n'est pas un pouvoir créateur, mais ordonnateur, incombe alors la mission de régler les rapports de l'élément nouveau avec les autres éléments de l'ordre social. Le droit n'est donc pas un principe de puissance de la volonté, mais un principe régulateur et ordonnateur de la culture humaine.

Jetons maintenant un coup d'œil sur l'évolution de la culture humaine en général, pour comprendre encore mieux ses rapports avec le droit.

§ 38.

DU DROIT ET DE L'ORDRE JURIDIQUE ET POLITIQUE DANS SES RAPPORTS AVEC L'ÉVOLUTION HISTORIQUE DE LA CULTURE HUMAINE.

L'humanité, infinie dans son essence, se manifeste par une variété indéfinie d'individus groupés en races et nations, dont aucune ne peut réaliser à elle seule et d'une manière complète tous les buts de la culture humaine; de plus, chacune de ces personnes physiques ou morales est douée d'un caractère, d'un tempérament, d'un génie propre, qui constitue son moi individuel ou national, et qui se révèle par une application originale des facultés humaines, sous le rapport de la force, de l'étendue et de leur direction. Cependant, l'idéal de l'humanité, réunissant en unité supérieure et harmonique toutes les idées, tous les buts essentiels de la culture, est la puissance invisible, mais irrésistible, qui pousse les hommes et les peuples à constituer une harmonie de culture de plus en plus complète, tant dans l'intérieur des États que dans les rapports internationaux et dans la vie de toute l'humanité. Mais cette destinée ne peut être accomplie que par une division du travail de culture, qui se distinguera pourtant de la division mécanique en ce que chaque homme, peuple et race, doit bien poursuivre son développement, d'une manière *prédominante*, dans une direction particulière et pour un but plus ou moins étendu, mais cultiver en même temps, dans une certaine mesure et dans un ordre particulier, tous les autres buts essentiels de la vie humaine. La culture de tout homme, de toute nation, doit donc former un tout complet, dans lequel se groupent, autour d'un élément saillant de culture, tous les autres éléments disposés dans un ordre proportionné au caractère, au génie propre d'un homme ou d'une nation. Dieu, qui ne crée pas des fragments, mais des êtres complets, veut aussi que l'homme, doué d'une force d'assimilation universelle, cultive ses facultés dans tous les rapports, qu'il devienne l'homme à qui rien d'humain n'est étranger; et que de même toute nation présente une face humaine dont les traits reflètent l'esprit ennobli par tous les travaux dignes de l'homme. Cette loi de développement, qui veut une *harmonie de culture humaine*, est la loi finale suprême, qui, bien qu'elle ne se réalise qu'imparfaitement dans la courte vie terrestre de l'individu, trace le but que les nations doivent atteindre, sous peine de déchoir ou de perdre même leur existence nationale.

Considérons de ce point de vue général les grandes époques de l'histoire de la culture humaine.

L'humanité, ce grand organisme, opère son développement, comme tous les êtres organiques, selon trois lois générales, en *trois* grandes ères ou âges historiques. La *première* ère, sous la loi prédominante de l'*unité*, a été l'âge dans lequel l'esprit humain, faible, mais ouvert aux influences divines et physiques, a jeté, par un instinct rationnel, les germes féconds du langage, d'une religion monothéiste, vague, indéterminée, s'identifiant presque avec le panthéisme, et les premiers fondements des institutions sociales de la vie de famille et de tribu. De ce premier âge il ne reste que de faibles vestiges et quelques traditions, qui attestent cependant que l'humanité n'est pas un développement de l'animal, aussi incapable de créer un langage articulé que de l'apprendre au milieu même de la civilisation[1].

---

[1] Voir sur les commencements de la culture des peuples ariens ou indo-européens, dont nous faisons partie, notre *Juristische Encyclopédie*, 1857, p. 191. Des physiologistes qui, à ce qu'il paraît, ne savent rien de l'étude comparée des langues, si importante pour la question de l'origine des peuples et de leur affiliation, veulent faire descendre les peuples principaux de l'Europe des peuplades sauvages qui y ont vécu dans les diverses époques de pierre, de fer et de bronze, et qui ont peut-être fait les constructions lacustres sur pilotis, et veulent voir dans ces peuplades des provenances de singes. Mais d'abord il est étonnant que les singes, qui eussent dû créer le langage, restent incapables de l'apprendre, et ensuite les peuples indo-européens ont apporté une culture supérieure et ont peut-être fait périr les anciennes peuplades, comme dans le Nouveau-Monde les Indiens périssent devant la culture anglo-américaine.

Il est venu ensuite un *second âge*, dans lequel les hommes et les peuples, en acquérant successivement, d'un côté une conscience plus claire de leur spontanéité, de leur *moi* dans la variété de leurs forces propres, et d'un autre côté, éblouis de la richesse des domaines, des forces de la nature et de l'éclat de leurs phénomènes, ont commencé à briser le premier vague monothéisme par un polythéisme de plus en plus prononcé, en concevant les diverses forces et propriétés de la nature et de l'ordre moral comme autant de divinités distinctes. Toute la vie a, dès ce moment, pris une nouvelle direction; l'homme, en se concevant de plus en plus comme une puissance propre, a cherché à l'étendre dans la nature et dans la vie sociale; parmi les peuples, une division du travail humain s'est opérée, par suite de l'application de leurs facultés à un genre de culture prédominant, et dans la vie intérieure se sont formés, pour les divers genres de travail intellectuel et matériel, des classes, des castes, des ordres, avec des intérêts opposés. La rupture de l'unité de Dieu a amené une division et un antagonisme des hommes, des peuples et de toute la vie sociale.

Mais, dans le second âge, il faut distinguer *deux* grandes *périodes*, dont la première, représentée en général par les peuples *orientaux*, se caractérise par la prédominance de l'élément religieux et théocratique, par les aspirations vers l'infini, l'absolu, l'éternel et le surnaturel, par la tendance à embrasser tout l'univers dans une vaste synthèse religieuse et philosophique, et à fonder, dans la vie active, de grands empires, et dont la seconde période, représentée principalement par l'antiquité classique, par le peuple *grec* et *latin*, est marquée par la tendance prononcée de constituer l'homme, affranchi de l'empire de l'absolu religieux et de l'absolutisme politique, comme une personne libre, créant et réformant l'État et les institutions sociales par sa propre puissance, de sorte que le centre d'attraction est transporté de *l'infini, du surnaturel et de l'éternel,* au monde fini, dans lequel

l'homme veut faire resplendir l'infini, soit dans la beauté et
dans l'art, comme en Grèce, soit dans la puissance de la
volonté, comme à Rome.

Parmi les peuples *orientaux*, il y en a deux, celui de l'Inde
et celui de l'Égypte, et surtout le premier, qui essayent une première organisation complète du travail social par le système
des castes, et le peuple indien paraît avoir obtenu, par ce
genre de totalité dans la culture, un puissant principe de
longue conservation; les autres peuples constituent leur vie
sociale pour des vocations plus particulières, le peuple hébreu pour une grande mission religieuse, le peuple chinois
pour l'administration très-détaillée d'un vaste État sur le type
de la famille; les peuples zends, ceux de la Bactriane, de la Médie,
de la Perse, dont la religion formula et commanda la lutte
du bon contre le mauvais principe, s'organisent pour la
guerre, moyen de rapprochement et de fusion des anciens
peuples; et enfin d'autres peuples, comme les Phéniciens,
vouent leur existence aux intérêts passagers du commerce.

Dans la seconde période, le peuple *grec* et *romain*, appartenant tous les deux à la race arienne, accomplissent la
double mission de développer, d'un côté toutes les forces
de l'homme qui, confiant dans sa puissance, prend possession
du monde idéal et du monde réel, et de fournir, d'un autre côté,
la preuve irrécusable que cette puissance mène inévitablement à
l'affaiblissement moral et à la dissolution de tous les liens
sociaux, quand les hommes et les peuples oublient que la
force d'expansion qu'ils peuvent développer dans l'appropriation de tous les domaines du monde, doit être soumise à
une force de concentration dont la source suprême réside
dans une forte foi religieuse monothéiste et dans les convictions morales qui en découlent[1].

---

[1] Sur la conception hellénique et romaine de l'État et son organisation
voir nos deux articles dans le *Staatswörterbuch* (Dictionnaire politique).

Le peuple grec et le peuple romain ont constitué leur État dans la forme et sur le type de la *cité*, mais par des facultés et pour des vues différentes. Tandis que le génie grec tend à concentrer, dans un État de faible étendue, la vie la plus intense, riche d'éléments de culture humaine, l'esprit romain opère en plusieurs époques un travail continu d'extension de sa puissance sur presque tous les peuples; et, tandis que le génie grec conçoit l'État comme un ordre à former par la liberté, à l'image du bel ordre, du *cosmos*, de la nature dans laquelle chaque être particulier se trouve en liaison intime avec le tout dont il est un membre organique, l'esprit romain, contrairement à une telle conception organique, considère l'État comme un produit de la volonté des individus, de leur consentement *(communis reipublicae sponsio)*, et le constitue comme un mécanisme bien combiné dans ses divers rouages, et dirigé par une puissance de volonté qui, là même où une fonction publique est exercée par deux organes (comme les deux consuls), reste une et entière pour chaque fonctionnaire. En Grèce, ce sont les facultés idéales de l'esprit qui trouvent leur application dans les arts et la philosophie; à Rome, c'est la faculté réaliste de la volonté qui est portée à la plus haute puissance et qui devient l'expression énergique de l'âme, de la figure romaine *(vultus, velle)*.

On conçoit facilement qu'à Rome, d'un côté, le rapport du citoyen avec l'État étant déterminé par la libre volonté qui devenait un principe constitutif de l'État, le droit privé devait se dégager plus nettement du droit public, et que, d'un autre côté, l'agrandissement de la puissance étant le but pour le droit public et privé, le mouvement politique devait tendre vers la concentration de tous les pouvoirs dans la main d'un empereur et le mouvement correspondant dans le droit privé, dans lequel le principe de pouvoir est fondamental pour tous les genres de rapports *(manus, potestas, rerum dominum, dominus negotii)*, devait aussi mener à une concentration de fortunes, destruc-

tive de la liberté civile et politique, qui, pour l'indépendance
de la personne, exige une certaine indépendance économique
d'une grande classe moyenne. De nos jours, on a souvent
considéré le peuple romain comme ayant révélé au monde
l'idée du droit dans les principes applicables aux rapports
juridiques de la vie de tous les peuples. Le peuple romain,
il est vrai, en partant, dans sa conception du droit et de
l'État, de l'individu, de la volonté de la personne, a dégagé,
plus qu'aucun autre peuple, le droit privé du droit public,
et a fondé le premier sur le grand principe de la personnalité et de la volonté libre, qui, étant égale pour tous les
citoyens, demande un droit égal, sans distinction de classes,
d'ordres ou de castes. C'est par ce principe de liberté et
d'égalité que le droit romain, depuis sa réception dans l'em-
.pire germanique, a contribué, pour une grande.part, à miner
l'organisation féodale, à fonder un droit civil commun pour
les États sociaux, en favorisant cependant d'un autre côté,
de la manière la plus pernicieuse, par ses principes du droit
impérialiste (*quod principi placuit, legis habet vigorem*),
l'absolutisme monarchique. Mais on méconnaît complétement
l'idée du droit, quand on la croit réalisée d'une manière éminente dans le droit romain. D'abord, comme le principe du
droit embrasse à la fois le droit public et privé, dont le premier est le cadre, le fondement et le régulateur de l'autre,
le droit privé sera toujours le reflet de l'esprit qui anime
un peuple dans toute la constitution de son État. Or, l'État
romain n'était pas constitué pour le travail, pour la production dans un ordre de culture humaine (car le travail agricole
même passa de plus en plus dans la main des esclaves), mais
pour la domination, pour l'extension de l'empire sur les peuples; de même, le droit privé n'a développé que les formes
dans lesquelles s'opèrent l'acquisition, le transfert et l'extinction
du pouvoir sur les hommes et les choses. Ni l'État ni l'individu ne connaissent de buts plus élevés; c'est l'égoïsme porté
au plus haut degré qui domine la nation dans le droit pu-

blic et l'individu dans le droit privé[1]. Mais, quelles que soient la subtilité et la précision mathématique avec lesquelles les questions d'intérêt aient été déterminées, ce n'est pas un tel droit qui peut être proposé comme un modèle pour les peuples modernes; c'est un droit étroit, tronqué, se rapportant aux mobiles inférieurs, égoïstes, de la nature humaine, et dont l'étude exclusive, si elle n'est contrebalancée par une philosophie plus élevée du droit, peut fausser le jugement, comme elle a aussi favorisé les tendances modernes à identifier le droit avec la force ou la puissance (§ 38). Le peuple romain paraît avoir eu la mission providentielle d'unir, par un cadre politique commun, presque tous les peuples de l'antiquité; mais c'était une mission tout extérieure, formelle, appelant une autre mission spirituelle qui seule pouvait rendre à la vie un fonds nouveau, un principe supérieur, dont elle avait été destituée. Le peuple romain présente le dernier terme dans la déviation de la vie humaine en dehors de Dieu et de tous les éléments divins, il est le témoignage de la plus haute puissance innée chez l'homme, mais aussi de la plus profonde impuissance, qui apparaît aussitôt que l'homme n'emploie pas ses grandes facultés à des buts plus élevés de la culture humaine. Aussi voyons-nous qu'à l'apogée de sa puissance, au

---

[1] Jhering, dans son «Esprit du droit romain» (*Geist des römischen Rechts*), p. 298, dit très-bien: «Le caractère romain avec ses vertus et ses vices peut être défini le système de l'égoïsme raisonné. Le principe fondamental de ce système, c'est que l'inférieur doit être sacrifié au supérieur, l'individu à l'État, le cas particulier à la règle générale ou abstraite, l'accidentel au permanent. Un peuple qui, tout en poussant au plus haut degré l'amour de la liberté, possède la vertu de se surmonter lui-même, au point quelle devient en lui une seconde nature, est appelé à dominer les autres. Mais certes, la grandeur a coûté cher. L'égoïsme romain, que rien ne peut rassasier, sacrifie tout à son but, le bonheur et le sang des citoyens eux-mêmes, aussi bien que la nationalité des peuples étrangers.» — «Le monde qui lui appartient est un monde sans âme, privé des biens les plus précieux, un monde qui n'est point gouverné par des hommes, mais par des maximes et des règles abstraites, une gigantesque machine enfin, merveilleuse par sa solidité, l'harmonie et la précision de ses mouvements, par la force qu'elle déploie, broyant tout ce qui lui fait obstacle, mais ce n'est qu'une machine. *Son maître était en même temps esclave.*»

commencement de l'empire, alors que la soif de domination extérieure est satisfaite, un vide se fait sentir partout dans l'âme,
qu'on se tourne vers l'Orient pour trouver, dans l'importation
de ses cultes, de nouveaux éléments d'excitation des sens, et
qu'on pille la Grèce pour faire servir ses arts au raffinement
des jouissances; mais la chute morale n'est qu'accélérée. Les
deux grands maux auxquels l'antiquité succomba, le polythéisme et l'esclavage, apparaissent à Rome dans toute leur
extension, dans la démence de l'absolutisme des empereurs
qui se laissent vénérer comme des Dieux et qui sacrifient
tout à leurs passions monstrueuses, et dans l'esclavage qui, en
ruinant le travail libre, fait du peuple romain une horde indi-
gente, asservie à un petit nombre d'*optimates* perdus dans les
jouissances immodérées de la richesse. Le peuple romain, dont
on veut faire le représentant de l'idée du droit, sera toujours la
preuve que tout ordre de droit civil et politique qui ne repose pas
sur les principes éternels de la justice, qui n'a pas ses racines dans l'ordre moral du monde et ne sert pas de levier
pour les buts élevés de la culture humaine, amènera à la fin
la chute morale la plus profonde. Aussi la déchéance de l'humanité devient-elle si complète à Rome, qu'aucune puissance
purement humaine n'aurait pu en opérer la réhabilitation.

Mais il en est du mouvement moral de l'humanité comme
du mouvement dans l'ordre physique. Quand la terre, par la
force centrifuge s'est éloignée le plus de son astre central,
la force attractive de cet astre prend de nouveau le dessus, détermine le retour et maintient la rotation. De même,
quand l'humanité s'était le plus éloignée de son centre de
vie, de Dieu, quand le froid glacial de l'égoïsme menaçait
d'étouffer tous les germes de vie, une nouvelle effusion de
l'amour de Dieu opéra le retour, répandit une chaleur et une
lumière nouvelle dans les âmes, qui, prenant la direction
vers Dieu, vers l'infini, l'éternel, le céleste, accomplirent une
nouvelle organisation de tout l'ordre humain.

Le *Christianisme*, qui ouvre le *troisième* âge de l'humanité, avec la mission d'établir le règne de Dieu, d'ordonner toute la vie humaine sur les principes divins du bien et du juste, se résume lui-même dans le symbole fondamental synthétique de l'Homme-Dieu. Le christianisme, à qui rien d'humain n'est étranger, qui embrasse dans sa vaste synthèse toute l'humanité, le passé et l'avenir, réunit aussi l'esprit oriental et occidental; en prenant son origine chez le peuple hébreux, qui était resté le dépositaire du monothéisme, il se répand principalement dans l'occident, s'assimile bientôt la culture grecque, la philosophie et les arts, et s'inspire plus tard à Rome, à son détriment, des principes d'organisation et de domination. Le christianisme proclame un monothéisme qui n'isole pas Dieu du monde, mais dégage seulement l'unité divine de la pluralité des existences, en concevant Dieu comme porsonnalité consciente et comme providence au-dessus du monde. Cette conception était encore une nécessité morale; car, pour régénérer l'homme, pour le dégager des liens dont le monde sensible l'avait enlacé de toute part, il lui fallait (ce que demandait Archimède dans son δός μοι ποῦ στῶ pour mouvoir la terre) prendre, par sa doctrine de Dieu, une position en dehors du monde, pour imprimer une nouvelle direction au monde moral de l'humanité.

Toutefois, bien que le christianisme soit une doctrine d'union synthétique et d'harmonie supérieur de Dieu et de l'homme, de tout ce qui est divin et humain, il est soumis, comme tout ce qui se forme dans la vie de l'humanité, aux lois générales du développement successif, de manière qu'il a aussi *trois* periodes, d'unité, d'opposition, et celle d'harmonie. La *première* periode, toujours courte, d'unité prédominante, dans laquelle l'amour tout vivifiant de Dieu établit les liens les plus intimes entre les chrétiens, tous frères et sœurs d'un père commun, c'est la période de la propagation apostolique, de la fondation du christianisme dans la vie et dans la doctrine ou le dogme. Une *seconde* période, se préparant à Rome, présente, dans deux époques le développement prédominant des deux principes que le véritable esprit chrétien tient unis, et dont l'harmonie sera réalisée dans la troisième période.

Dans la première époque, celle du *moyen-âge*, l'*Église*, qui se considère comme l'institution divine *immédiate*, tend vers une organisation sociale, dans laquelle elle veut tourner toute la vie terrestre vers la vie future, soumettre le temporel et tout ce qui est humain, représenté par l'État, au spirituel, à l'ordre divin, dont elle prétend être le seul organe. Le moyen âge est caractérisé, sous le rapport essentiel, par cette lutte entre l'Église et l'État, née cependant d'une fausse opposition entre les éléments constitutifs de la vie humaine: car tous les éléments, toutes les institutions avec leurs buts divers, ont une face à la fois divine et humaine, éternelle et temporelle, l'Église aussi bien que l'État, et sont destinés, dans la période d'harmonie, à former une unité fédérative d'ordres sociaux, qui tous dans leur base humaine ont à se pénétrer de l'esprit des idées divines. Mais le moyen-âge, l'empire de la hiérarchie catholique, finit d'une manière semblable à l'empire romain, par une profonde démoralisation amenée par l'esprit de domination mondaine qui lui avait fait perdre de vue les intérêts vraiment religieux et moraux.

La seconde époque, ouverte par le renouvellement de l'esprit antique dans la philosophie, les lettres et les arts, et par la *réforme* religieuse, présente, dans une direction contraire caractérisée plus haut (p. 13), l'opposé du moyen-âge. Au lieu de l'Église, c'est maintenant l'*État* qui tend à se constituer comme le pivot de tout ordre social, et même dans les États catholiques, l'Église est obligée à se soumettre, sous bien des rapports, au pouvoir politique. Toute la vie prend une nouvelle direction vers la culture des éléments que l'Église avait appelés humains, mondains, terrestres. Ce n'est pas sans une profonde signification que cette tendance s'appelle l'*humanisme*, qui commence en effet par relier une portion notable de l'humanité, la culture grecque et latine, à l'ère nouvelle; mais bientôt un esprit plus largement humanitaire saisit tout le mouvement pour le porter au perfectionnement de l'homme dans toutes ses facultés, dans tous ses rapports, soit avec l'ordre social, soit avec les divers domaines de la nature dont il prend une possession de plus en plus étendue. A la tête de ce mouvement se place une nouvelle puissance qui, s'élevant au-dessus du dualisme de l'Église et de l'État, devient, de servante qu'elle était dans le moyen-âge, la force supérieure, idéale, progressive, de toute cette époque. C'est la *philosophie* qui, fille de la liberté idéale, sème partout des germes de liberté, ouvre des routes nouvelles, cherche dans la profondeur de la nature humaine de nouveaux fondements pour l'État et l'Église, et répand l'esprit d'humanité dans la littérature et dans toutes les sciences pratiques. C'est la philosophie qui a préservé le protestantisme lui-même d'être enchaîné à la lettre, lui a conservé son esprit de libre examen, lui a fait chercher sa constitution sociale, non dans sa dépendance du pouvoir politique, mais dans la communauté des fidèles (constitution synodale); c'est elle qui a scruté les vrais rapports de l'homme avec Dieu, du Christ et du christianisme avec Dieu et l'humanité; c'est elle qui a préparé, par les nouvelles doctrines de l'État et de la société, le renouvellement de l'ordre social; ce sont même les grands principes du christianisme, la personnalité, la liberté, l'égalité dans tout ce qui est humain, que la philosophie a développés comme les principes régulateurs de tout l'ordre social; elle a été, sans le savoir elle-même, et malgré les déviations qu'elle a éprouvées, plus chrétienne que les Églises avec leurs vues trop peu ouvertes aux besoins du progrès humain dans la vie actuelle; c'est enfin la philosophie qui est appelée à préparer la troisième ère de synthèse harmonique et organique de tous les éléments divins et humains.

Après cette vue générale sur le développement historique depuis le christianisme, il nous reste à le caractériser sous ses traits principaux du point de vue juridique et politique.

La vérité nouvelle apportée par le christianisme ne rencontra plus la force d'assimilation nécessaire chez les anciens peuples atteints par leur déchéance morale dans le principe même de la vie; c'était un vin nouveau qui ne pouvait pas être déposé dans de vieilles outres. La Providence amena donc sur la scène historique les peuples germaniques, incultes, mais intacts dans leur principe moral et capables d'un haut développement, doués à la fois d'une grande force d'assimilation et de production.

Aux nations germaniques échut donc la mission de renverser l'empire romain occidental, d'infuser un sang nouveau dans le corps des peuples vieillis, de fonder de nouveaux États sur les principes d'un droit nouveau. Par une coïncidence sans doute providentielle, ce sont encore les peuples germaniques qui, en devenant les nouvelles forces nationales du christianisme, s'en approchent aussi par un principe dont toute leur organisation sociale est dominée, par le principe de la personnalité, que le christianisme avait ramenée à sa source suprême, divine, et conçu comme sacrée dans l'homme, comme elle est sainte en Dieu. Or, en opposition au droit romain, ce n'est pas la puissance (*potestas, dominium*), mais c'est la personne dans sa liberté qui, pour le droit germanique, est la source et la fin; et ce principe est, pour le peuple germanique, si sacré qu'il le reconnaît même chez les peuples soumis, auxquels il permet, d'après le «système du droit personnel», de vivre d'après leur droit national, comme il continue à vivre sur le territoire conquis selon son droit. Mais ensuite le principe de personnalité, d'après lequel chaque Germain a d'abord à user de sa liberté et à la faire respecter dans ses rapports personnels et réels, est complété dans l'organisation de la communauté nationale par deux autres principes, dont l'un soumet la personne et son droit à un ordre objectif des choses, à un lien ou loi «*Ewa*», qui n'est pas un produit de la volonté humaine, mais le reflet d'une loi universelle, divine, et dont l'autre devient le principe d'après lequel l'État germanique règle son action. Ce principe est celui du *mun-dium* ou de la protection, de sorte que l'État ne s'inspire pas du principe et du but de domination, comme à Rome, mais n'existe que comme un ordre protecteur, complémentaire, pour la liberté de tous. L'ordre social germanique repose donc sur le grand principe que chacun doit en toutes choses s'aider soi-même, et que l'État ne doit intervenir par son aide et sa protection qu'autant que l'aide propre ne suffit pas ou ne peut pas être exercée, comme il arrive pour les mineurs, les infirmes, etc. Or, c'est par ces principes que les peuples germaniques s'allient le plus intimement avec l'esprit du christianisme, qui, en relevant dans l'homme déchu de l'antiquité le principe éternel, divin, et en organisant, pour la culture de ce principe ou pour le salut éternel, l'Église comme une personne morale, demande aussi que l'État devienne non le maître, mais le protecteur de l'Église et de tout ce qui est divin.

Le nouvel ordre social des peuples de race germanique devient d'une manière prédominante un ordre chrétien-germanique, qui, par Charlemagne, est relié à l'ancien empire romain et restauré comme le «saint empire romain de nation germanique». L'empire de Charlemagne est la première initiation des peuples nouveaux aux anciens éléments de culture et en partie au christianisme lui-même, mais il reste pénétré de l'esprit germanique, qui, bien qu'il soit souvent affaibli ou refoulé, reparaît toujours avec une force nouvelle. Au pouvoir impérial est proposé comme but d'entourer de sa protection tous ceux qui en ont besoin, principalement l'Église et ses ministres, les veuves et les orphelins, de maintenir la paix et d'exercer la justice. Les institutions du moyen-âge, la féodalité, les corporations, naissent principalement de l'esprit germanique, qui tend partout à *organiser*, à créer pour la vie sociale tombée en dissolution de nouveaux *liens* durables et de l'homme avec la nature et des hommes entre eux-mêmes. La féodalité, née du système des bénéfices ou des concessions de terre dans les pays conquis, lorsque les bénéfices devenaient héréditaires,

n'est pas une institution germanique pure, mais une combinaison de divers principes et éléments auxquels l'esprit germanique a imprimé son cachet particulier; elle servit également à constituer, dans l'ordre politique, une hiérarchie,
semblable à celle de l'Église, cimentée par le principe germanique de la fidélité, par laquelle tout l'ordre féodal, dans tous
les degrés de vassalité, fut rattaché au seigneur suprême, le roi ou
l'empereur. Un peu plus tard, les villes se forment également sur
des bases germaniques, pour maintenir l'esprit du *self-government*, menacé par la féodalité, et pour devenir les places fortes
de l'industrie et du commerce, qui prennent de larges développements à partir du onzième siècle. Dans les villes, les corporations se constituent, depuis le douzième siècle, principalement pour les métiers, et tendent, comme tout dans ce temps,
à lier fortement les membres entre eux en les embrassant entièrement et en rendant impossible, ou au moins
très-difficile à d'autres, l'accès dans la communauté. Car
ce qui caractérise les institutions du moyen-âge, c'est que
l'homme ou le citoyen, comme tel, sont inconnus, que, dans
la division du travail social, chaque homme se fond tout entier par sa fonction ou vocation dans sa corporation, depuis
l'ecclésiastique jusqu'au moindre membre d'un métier. De
même que dans l'Orient l'homme est absorbé par la caste, dans
l'antiquité grecque et romaine par la cité, de même il l'est dans
le moyen-âge par l'ordre ou la corporation. Mais à la suite du
christianisme, la philosophie arrive, pour concevoir et relever l'*homme*, pour le dégager des fonctions et des états ou
ordres qui l'embrassaient complétement, et pour faire de
ces états seulement des faces partielles de son activité sociale. L'homme est dès lors conçu comme l'unité supérieure
et entière, qui peut prendre part, sous certains rapports, à
tous les ordres sociaux, qui est toujours citoyen sous le rapport juridique et politique, mais qui peut être encore ecclésiastique, appartenir à l'ordre savant ou d'instruction, comme
il appartient toujours à l'ordre économique, soit comme pro-

ducteur, soit comme consommateur. Mais le moyen-âge, qui s'organise successivement par parties, fait absorber le tout dans la partie, le général dans le particulier, l'homme et le citoyen dans un ordre spécial, de sorte que cet âge présente moins un organisme social qu'une *aggrégation* de communes, d'états, de corps, de corporations, avec la tendance à constituer chacun de ces membres du corps social comme un tout complet formant un petit État politique dans le grand État, dont le pouvoir central est faible, à peine doué de la force d'une autorité fédérative. Comme reflet de cette organisation, le droit germanique devenait donc un droit des divers états spéciaux de l'ordre social, tandis que le droit romain était un droit civil, uniforme pour tous les citoyens.

Quand on considère le développement des rapports entre l'État et l'Église dans le moyen-âge, on peut constater trois époques principales. La première est caractérisée par le règne de Charlemagne, sous lequel une certaine unité de l'ordre spirituel et temporel est maintenue, en ce que non-seulement les hauts membres de l'ordre ecclésiastique prennent part à la diète, tout en délibérant souvent séparément, mais de plus les résolutions prises sur des matières spirituelles doivent être également soumises à l'approbation du roi. La seconde époque marque la lutte la plus vive entre le pouvoir papal, poursuivant principalement, depuis Grégoire VII, la suprématie sur le pouvoir royal, dont la papauté voulait faire un pouvoir dérivé, subordonné. La troisième époque est marquée par la déclaration des électeurs réunis à Rense, en 1338, portant que le pouvoir royal et impérial, le plus haut sur la terre, dérive *immédiatement* de Dieu et non du pape, et que le roi n'a pas besoin d'être confirmé et couronné par le pape.

Dans ces luttes, l'Église devient de plus en plus infidèle à l'esprit du christianisme, en ne songeant qu'à étendre sa domination, ses possessions et ses richesses. Quand on considère les grandes perturbations sociales, naissant de l'immigration des peuples germaniques et de la destruction de l'empire

romain, on peut bien reconnaître qu'une forte organisation
de l'Église sur un territoire propre était une condition essentielle pour lui assurer la stabilité et l'appui matériel nécessaires à un exercice efficace de son pouvoir spirituel; mais l'É-
glise n'a pas su résister aux entraînements vers la domination
mondaine, dont cette organisation renfermait le germe; aussi
a-t-elle été mêlée à toutes les luttes mondaines et a-t-elle subi
à un haut degré tous les changements essentiels accomplis par le
mouvement social en général. D'association libre des âmes
unies par la foi et l'amour, elle devint, par un changement
radical dans le principe de son existence, un pouvoir de contrainte, quand Constantin imposa le christianisme par la force
et transporta le siége de l'empire à Byzance, en abandonnant
Rome à la nouvelle puissance. A partir de ce moment, l'É-
glise s'inspira de plus en plus du génie romain antique, transforma la religion de liberté en une religion de contrainte,
l'esprit chrétien en un corps de formes et de formules,
traita la religion comme une affaire de droit, assujettie aux
formes juridiques, en s'attribuant le droit de disposer de
l'œuvre de salut du Christ comme d'un capital mis à sa disposition, et dont elle voulut se faire payer la distribution par
la vente des indulgences. Cette religion juridique et politique
la rattacha encore plus intimement à l'esprit de l'Ancien
Testament, en lui faisant perdre l'esprit d'amour de l'Évan-
gile. La forme d'organisation de l'Église a depuis changé avec
les transformations de l'ordre social; elle a été unitaire avec
l'empire romain, elle s'est fractionnée, comme dans la féodalité, en églises nationales sous le gouvernement d'évêques
assez indépendants et formant une unité fédérative; elle
fut poussée vers l'absolutisme par l'esprit dominateur de
papes tels que Grégoire VII (1073) et Innocent III (1198),
absolutisme d'abord mitigé par les conciles, mais devenant
complet depuis le dernier concile, celui de Trente, où elle fit
la récapitulation de son œuvre dogmatique, et comme son dernier testament, pour condammer dès lors tout le mouvement

nouveau, par lequel l'Esprit divin allait mener les peuples à de meilleures destinées. La grande crise qui vient d'atteindre l'Église romaine décidera si elle est capable, comme on peut encore l'admettre, de se transformer, en renonçant, au milieu du mouvement constitutionnel des peuples, à son absolutisme et à la domination mondaine, en se revêtant également de formes représentatives, et en s'alliant avec toutes les bonnes tendances qui doivent conduire les peuples, par la liberté, à une culture plus complète de tous les biens divins et humains.

Le mouvement politique dans le moyen-âge avait eu des résultats également désastreux pour la grande masse du peuple. A partir de la dissolution de l'empire de Charlemagne et de la séparation définitive de la France et de l'Allemagne en 887, ces deux peuples ont suivi de plus en plus une direction opposée dans leur mouvement politique, l'un vers l'unité de l'absolutisme royal, l'autre vers une fédération d'une multitude d'États particuliers, mais dans lesquels les pouvoirs sont aussi de plus en plus concentrés dans la main des aristocraties et des princes, de sorte que la grande masse de la nation, sans droits politiques, exploitée par des pouvoirs temporels et spirituels au moyen des divers droits seigneuriaux, des dîmes, des corvées, etc., fut partout opprimée et maintenue dans un servage spirituel et matériel.

Cet État social allait être changé dans l'époque nouvelle, ouverte surtout par la *réforme religieuse*. Nous avons déjà caractérisé en général l'esprit nouveau, qui a transformé l'ancienne conception de l'ordre religieux, moral, social et physique (p. 12). L'époque moderne, comme nous l'avons vu, est caractérisée par la tendance à retremper la vie humaine aux dernières sources de la vérité, à éliminer les intermédiaires qui se sont constitués entre l'homme et Dieu ou le Christ, le seul médiateur, comme entre l'homme et l'autorité politique, de dégager enfin l'homme et le citoyen des chaînes qui l'attachaient à un ordre, à une classe ou

corporation, et à constituer l'État comme l'unité et le centre
de la vie sociale. Toutefois le mouvement dans l'ordre civil
et politique s'opère, par deux puissances nouvelles, en deux
directions diverses. Ces puissances sont la philosophie du droit
et le droit romain, dont la réception s'accomplit au commencement de cette époque. La philosophie du droit, selon l'esprit
prédominant des grands systèmes, tend à construire à neuf un
ordre social pour la liberté et par le libre consentement de
tous, par un contrat social, et à constituer, d'après l'ordre des
rapports naturels de l'homme, un droit égal commun, sans
égard à des droits d'ordres ou d'états. De son côté, le droit
romain, qui ne connaît pas d'ordres particuliers, favorise bien
cette tendance d'unification et d'égalisation du droit, mais
selon son esprit propre et en directions diverses dans le droit
public et privé. Dans le droit public, il devient, par ses principes
d'omnipotence impérialiste, l'instrument le plus puissant dont
se servent de bonne heure, en France les rois, et en Allemagne l'empereur et surtout les princes (qui acquièrent la
souveraineté par le traité de Westphalie), pour transformer leur
pouvoir en absolutisme; il naît principalement du principe
romain : *quod principi placuit habet legis vigorem* (ou comme
on disait en France: que veult le roi, veult la loi), de l'extension du droit régalien (que déjà Frédéric Ier s'était attribué
d'une manière démesurée, en 1158, après la conquête de Milan,
par sa Const. de *regalibus*), et du principe de curatelle
que l'État s'arroge sur les communes et les corporations.
Le droit romain est devenu de cette manière un puissant
levier pour l'établissement de l'absolutisme moderne, si contraire à l'esprit germanique, il a contribué à dégager l'unité
du pouvoir politique de l'état d'aggrégation et des liens
si compliqués du moyen-âge, mais il a été désastreux dans ses
conséquences. Tandis qu'en Angleterre les principes d'un pouvoir fort, presque absolu, importés de la France par Guillaume
le Conquérant (p. 36), s'amalgamèrent peu à peu avec les
principes germaniques ou anglo-saxons, pour constituer un

État fort de son unité et de la liberté intérieure de tous ses membres, en France, au contraire, et en Allemagne, l'absolutisme a fini, comme partout et toujours, par tarir les sources de toute vie nationale, par briser les ressorts nécessaires pour entretenir le mouvement social et par mener les États à un abîme et à la ruine financière; en France, c'est la révolution qui détruisit tout l'ordre social antérieur, et, en Allemagne, l'absolutisme des rois de Prusse succomba à Iéna, pour apprendre qu'un État, pour être fort, doit s'appuyer sur toutes les forces vives d'une nation. C'est donc l'esprit moderne de liberté personnelle qui remporte à la fin la victoire sur l'esprit romain, dont la réapparition actuelle ne peut servir qu'à faire mieux sentir à tous la nécessité d'un véritable *self-government*.

Pour le droit privé, la réception du droit civil romain n'a eu également qu'une valeur relative; il a été un important levier de destruction de l'ordre féodal, il a favorisé les justes tendances à constituer l'homme le maître libre de ses forces et de sa propriété, il est devenu un bon allié des écoles d'économie politique, qui, comme celles d'Adam Smith et des physiocrates, demandaient la liberté du travail humain et l'affranchissement du sol des charges féodales, si nuisibles à une bonne culture; mais, de même que le droit romain dans sa réception fut modifié, sous des rapports essentiels, par l'esprit moderne, qui ne pouvait admettre ses principes exclusifs, ni dans le droit personnel et de famille, ni dans le droit réel ou de propriété (§ 30), ni dans le droit des obligations (voir sur ces questions la partie spéciale), de même l'insuffisance du droit romain se montre de plus en plus aujourd'hui, où de grandes questions concernant divers genres d'associations et un meilleur règlement de tout travail économique, industriel, commercial, agricole, doivent être résolues, non d'après les principes étroits de société *(societas)* du droit romain, ou d'après quelques principes abstraits d'obligation, mais en pleine connaissance de la nature de tout le

travail social et des lois qui le régissent. Le droit romain
peut bien encore rester longtemps un élément important dans
l'étude historique du droit; mais la société moderne a besoin
d'un droit plus complet et plus humain. D'ailleurs, le bien
qu'il a opéré est fortement contrebalancé par le mal que le
fait même de la réception d'un droit étranger a eu pour conséquence. C'est cette réception qui a contribué à détruire, surtout
en Allemagne, toute la juridiction populaire, civile et criminelle,
telle qu'elle existait encore en 1495, dans la forme, semblable
au jury, des cours des échevins *(Schöffengerichte)*. Si, pour
le droit civil, la lenteur de la procédure et l'incertitude matérielle aggravaient l'état de droit, dans le droit criminel la
conscience étroite et formaliste des légistes cherchait alors
dans les horreurs de la torture les moyens de preuve
qu'ils ne trouvaient plus dans la conscience morale d'un jury.
Envisagé dans son ensemble, le droit romain a eu l'effet per-
nicieux de détacher l'État et le droit de ses sources vives
dans la nation, de faire de l'État une affaire et presque un
patrimoine des princes et de leurs fonctionnaires, et du droit
une affaire des juristes ou légistes. On comprend facilement
qu'un arbre coupé dans ses racines devait se dessécher et
tomber en pourriture; aussi dans quel triste état se présentait sur le continent la vie intérieure des peuples, quand la
révolution française les fit sortir de leur engourdissement, en
leur rendant la conscience de leurs forces et de leurs droits!
Mais la révolution ne pouvait que renverser les obstacles.
Pour réédifier, on devait tourner ses regards vers l'Angleterre, où l'esprit germanique du *self-government* avait aussi
développé le système représentatif et l'institution du jury,
pour établir, sur des bases analogues, le nouvel édifice politique. Nous voyons donc que, de même que les peuples germaniques ont renversé l'ancien empire romain, brisé l'Église
romaine, l'esprit germanique a aussi triomphé de l'absolutisme
du droit romain politique et doit encore profondément
transformer le droit romain civil. On peut facilement constater

que, dès le premier contact, il y a lutte incessante entre l'ancien
esprit romain et l'esprit germanique; au premier est échu
la mission de faire, sous un rapport important, l'éducation des nations germaniques, en les initiant à des principes d'unité, d'autorité et de puissance sociale plus forte, nécessaires pour la constitution solide des grands peuples (§ 37);
mais une fois que l'éducation eut été faite, que le travail d'assimilation des éléments romains eut été opéré, même en trop
forte mesure, l'esprit germanique, allié si intimement à l'esprit
de liberté, est toujours revenu à lui-même, pour rétablir, selon
les besoins modernes, les anciennes bases d'un gouvernement
national, par la participation de toutes les forces vives de
la nation à la législation, à l'administration et à la juridiction. Cet esprit est aussi un esprit de véritable organisation
(§ 19), dans laquelle l'organe central n'est pas détaché du
reste de la nation, mais puise dans l'union intime avec toutes
les forces nationales sa vitalité et sa solidité. Ces vérités
sont maintenant de mieux en mieux comprises dans le droit
politique; mais le droit civil doit encore plus profondément
modifier l'esprit étroit d'individualisme et d'égoïsme du droit
romain, en développant, toujours d'accord avec l'esprit germanique et les vrais principes de la philosophie du droit, un droit
d'association dans lequel l'intérêt privé n'est pas détruit, mais
harmonisé avec l'intérêt commun des associés et de l'ordre public.

Cependant nous vivons à une époque qui présente encore
une fois dans son mouvement une recrudescence d'éléments,
de tendances et de passions qui ne peuvent que détourner
l'humanité et les peuples de leur noble destination. Non seulement la lutte s'est ranimée entre les principes de l'absolutisme et de la liberté, mais un spectacle plus déplorable s'offre
à nos yeux en ce que la liberté elle-même se fausse et se
fourvoie en s'accouplant avec les forces absolutistes, qui ne
peuvent que la ruiner. La cause plus profonde de ce triste
phénomène réside en ce que les forces matérielles en général
ont pris encore une fois le dessus sur les forces idéales de

la vie humaine, que l'affaiblissement ou la perte de la
croyance en Dieu éteint de plus en plus la foi aux principes
divins du bien, de la moralité, de la justice; car partout
où ces idées perdent leur puissance, les forces brutales
se mettent à leur place, et l'esprit de domination et de puissance envahit alors tout, pour-soumettre tout à son service.
On dirait que l'ancien esprit romain renaît encore une fois
avec ses tendances d'absolutisme, d'unification et de centralisation dans la politique, de cupidité et d'enrichissement
dans la vie privée. La liberté ne rêve que grandeur pour se
jeter aux pieds du despotisme et se laisser traîner à la re-
morque de son char triomphal; l'idée de la justice est faussée;
au lieu de mettre la puissance à son service, on l'identifie
avec la puissance (§ 38), et on met même la force avant le
droit, en donnant à ce dernier à peu près la mission que
Frédéric-le-Grand voulait conférer aux jurisconsultes, «de
venir après les conquêtes accomplies par la force du glaive,
pour en démontrer la justice». On démoralise l'histoire pour
glorifier la force et pour réhabiliter des monstres, on présente comme des missionnaires de la providence des hommes
qui ont brisé tous les ressorts moraux d'une nation. Et comme
un signe manifeste, comme une éruption du mal interne dont
tout l'organisme social est rongé, apparaît de nouveau un
matérialisme, qui, sans avoir honte de se mettre en contradiction
avec toute science un peu méthodique, avec la conscience
humaine et avec tous les bons sentiments, ne se maintient
que par les appétits de sensualisme qu'il tend à satisfaire.
Ce grossier matérialisme se montre sous toutes les formes.
Comme dans les sciences naturelles on tend à éliminer les
forces vitales, à réduire l'organisme à une aggrégation de
forces mécaniques, l'ordre social est également conçu comme
une manifestation de diverses forces de mouvement, dont une
main habile et puissante saisit et manie le levier; et, de même
qu'un naturaliste anglais (Darwin) veut expliquer, à l'applau-
dissement de presque tous les autres naturalistes, le déve-

loppement graduel des êtres organiques par «la lutte pour
l'existence», c'est-à-dire par la disparition des espèces faibles
et l'agrandissement des espèces fortes, nous voyons que les
États s'engageant dans des luttes pour l'existence, cherchent à
agrandir leur puissance par le levier du principe naturaliste
de la nationalité, qui n'est bon et juste qu'en tant qu'il reste
associé aux principes idéals de la liberté et de la véritable
culture humaine; et, au sein de chaque nation, nous voyons
une lutte acharnée pour l'existence matérielle dans laquelle
les forces et les capitaux faibles succombent aux forts. L'action
prolongée de ces tendances et forces matérielles finirait par
constituer entre les nations et au sein de chaque peuple, sur
une grande échelle, l'exploitation et l'asservissement du faible
par le fort, si les forces idéales n'étaient pas ranimées par
une culture plus large et plus profonde, pour rendre au
mouvement social une direction supérieure.

Toutefois il y a de bonnes raisons pour espérer un pareil
retour. D'abord, depuis le christianisme, aucun peuple qui en
a embrassé la foi n'a péri, parce que le principe inhérent au
christianisme et pénétrant l'âme des hommes et des peuples,
donne aussi à chaque peuple la force de se réhabiliter après
une décadence passagère; de plus, bien des forces saines, oppri-
mées et refoulées seulement, sont encore actives au sein de
la société, pour préparer un meilleur avenir, et enfin par
l'océan atlantique il arrive des courants d'air politique toujours
plus forts, qui ne permettront pas que l'Europe, la mère-
patrie, soit étouffée par l'atmosphère délétère d'un despotisme
civile et militaire qui se masque de quelques formes d'un
constitutionalisme impuissant. Mais il est nécessaire que la
lutte se ranime sur toute la ligne, et c'est principalement à
la philosophie de se mettre en tête, en combattant les
fausses doctrines, en relevant les forces idéales dans l'homme
et dans la société, pour que l'humanité puisse se constituer
comme un ordre divin et humain, qui répand ses biens de
culture harmonique sur tous ses membres.

La *troisième* grande période de l'humanité, que tous les efforts doivent tendre à amener, doit devenir une ère d'*harmonie* supérieure et complète, dans laquelle toutes les vérités partielles, toutes les bonnes tendances isolées du passé, seront réunies et développées par les principes de la vérité et du bien. D'abord, la religion sera l'accomplissement pratique des grandes vérités morales et sociales du christianisme developpées par la science et liées par elle à toute la doctrine supérieure de Dieu, du monde et de l'humanité; elle sera l'union d'esprit et de cœur avec Dieu, existant doué de conscience propre et comme Providence au-dessus (non en dehors) du monde, et intimément lié avec le monde et avec l'humanité. L'homme ne présentera plus dans sa vie l'opposition, mais l'harmonie de ses facultés et de leur exercice; à l'expansion la plus étendue de ses forces et facultés dans le monde physique et intellectuel, il unira la concentration morale dans l'empire de soi et l'élevation de tout son être vers Dieu, pour puiser à cette source suprême la lumière pour son intelligence, la chaleur pour ses sentiments et la force pour sa volonté. Car le sentiment religieux est impérissable et restera la source la plus féconde de bienfaisance désintéressée. La vie de l'humanité sera la réalisation du règne de Dieu sur la terre, laquelle, partie intégrante du ciel physique, l'est également du ciel spirituel existant partout où Dieu et ce qui est divin est cultivé dans la vérité, par l'esprit et par le cœur. Le règne de Dieu sur la terre sera donc le règne de toutes les idées divines du vrai, du bien, du beau, du juste, dans le saint amour de Dieu et de l'humanité. Le faux dualisme et l'opposition entre le divin et l'humain, l'éternel et le temporel, entre la vie actuelle et la vie future, disparaîtra. Tout ce qui est humain, toutes les faces de l'existence et de l'activité de l'homme, devront être mises en rapport avec Dieu et ce qui est divin, et comme le temps n'est qu'une partie manifestée de l'éternité, la vie actuelle doit aussi être considérée à la fois comme but en elle-même, et se liant, comme une partie intégrante, à la vie future infinie, laquelle, personnelle pour chacun, sera d'autant plus parfaite que l'homme et l'humanité auront cultivé tous les biens et acquis dans ce travail un capital spirituel et moral, qui leur facilitera le perfectionnement ultérieur dans la vie future. Et l'ordre social sera la manifestation vivante de l'humanité dans toutes ses fonctions et organes, pour tous ses buts; il sera organisé à l'intérieur en autant d'ordres particuliers qu'il y a de buts principaux de culture (p. 15), ordres qui formeront dans leur union l'ordre harmonique de culture, non par la suprématie de l'un sur les autres, contraire à l'égale dignité résultant de la part essentielle que chaque ordre prend à la culture humaine, et qui ferait bientôt renaître l'esprit de domination, mais par une fédération de tous les ordres et groupes principaux de la vie nationale, garantissant à tous l'indépendance relative, permettant à chaque sphère de se mouvoir dans les limites tracées par son but, et faisant sortir du libre concours de tous, selon le génie, le caractère, et selon tous les bons éléments traditionnels d'un peuple, l'unité et la représentation sociales. Et, à l'image de l'union fédérative au sein de chaque peuple, se formera peu à peu, dans des cadres s'agrandissant successivement, la fédération des nations qui, selon leur génie particulier, mais dans l'esprit supérieur et commun de l'humanité, constitueront la grande association coopérative pour le développement paisible de l'humanité.

Cette ère d'harmonie est sans doute encore éloignée; mais, plus notre époque est déchirée par des forces discordantes et menacée du règne prolongé des principes de puissance et d'agrandissement matériel, plus il est du devoir des sciences philosophiques de ranimer la foi en l'idéal, en un avenir meilleur, de rappeler aux puissants et aux faibles qu'il y a une Providence divine, qui est vraie la toute-puissance, renversant les grands, relevant les faibles et faisant triompher les principes idéals de justice dans la liberté et l'harmonie de toutes les forces sociales et nationales de l'humanité.

CHAPITRE VIII.

DE LA DIVISION DU DROIT ET DES SCIENCES JURIDIQUES.

----

§ 39.

La division ordinaire du droit en *droit privé* et en *droit public*, empruntée au droit romain, qui, par des raisons indiquées plus haut (p. 257), devait arriver, plus qu'aucun autre droit, à une distinction si tranchée, marque une différence importante, mais elle n'est pas fondamentale; elle ne concerne pas le fonds, le contenu du droit, et n'est pas en conséquence une division de matières. Elle n'est que formelle, indiquant les deux points de vue principaux sous lesquels chaque matière du droit peut être envisagée. Car il n'y a aucune branche qui ne présente *à la fois* un côté privé et un côté public. C'est ainsi que le droit même de l'individu et celui de la famille, traités ordinairement dans le droit privé, appartiennent aussi au droit public, quand l'individu est considéré dans ses rapports avec l'État, d'où découlent ses droits et ses obligations politiques, ou quand la famille est envisagée dans ses rapports publics. D'un autre côté, l'État, l'institution de droit par excellence, se présente aussi sous la face du droit privé; en tant qu'il possède, comme fisc, un patrimoine, il est soumis, comme tous les particuliers, aux lois civiles. Il en est de même du droit de la commune, qui est à la fois public et privé. Quant à d'autres branches, comme le droit commercial, la procédure civile, et même le droit pénal, on a toujours hésité à les ranger d'une manière exclusive dans l'une ou l'autre des deux catégories. On comprendra donc facilement pourquoi il a été jusqu'à présent impossible de donner une définition exacte du droit privé ou du droit public; toutes les définitions visaient à une division de matières qui cependant ne peut pas se faire à un point de vue purement formel.

La véritable division du droit doit être faite sous le double aspect de la *matière* et de la *forme*; la matière est constituée par les biens de l'homme et de l'humanité, par les divers buts qui s'y rapportent et par les diverses sphères des personnes qui les réalisent; la forme consiste dans le mode différent, privé ou public, dont les buts de la vie sont poursuivis par les personnes physiques ou morales. Comme ce dernier point de vue prévaut encore dans la science actuelle du droit, nous allons commencer par le préciser, pour établir ensuite la division complète.

Le *droit privé* expose les conditions sous lesquelles une personnalité individuelle ou collective (morale) peut poursuivre son but ou son bien *propre* dans la société humaine par sa propre détermination, par son autonomie: c'est donc la liberté personnelle qui prédomine dans cette partie du droit. Toutes les conditions requises chez une personne pour l'accomplissement de certains actes, conditions d'âge, de capacité, sous lesquelles elle peut acquérir, aliéner des biens, contracter avec d'autres personnes, appartiennent au droit privé. Le droit privé fixe la sphère d'action dans laquelle une personne physique ou morale peut se moûvoir librement, poursuivre un but ou un bien selon sa convenance. Il est le droit propre ou *interne* de chaque personne, soit individuelle, soit collective. Une société, une famille, une commune, chacune dans sa sphère intérieure, abstraction faite des rapports externes qu'elle entretient avec l'État, sont des personnes privées.

Le *droit public*, par lequel on entend ordinairement, dans un sens restreint, le *droit d'État* [1], expose d'abord, quant à

---

[1]La terminologie juridique allemande emploie dans ce sens restreint le mot *Staatsrecht*. L'expression de *droit politique*, assez usitée en France, ne convient pas aussi bien, parce qu'elle rappelle trop la *Politique*, qui, comme nous l'avons vu, est la science intermédiaire entre la philosophie du droit et le droit positif.

l'État, l'ensemble des conditions sous lesquelles la communauté politique ou l'État, peut, par le concours de tous ses membres, accomplir le but commun. Le droit public recherche donc quelle est la constitution de l'État la mieux appropriée à ce but et détermine les obligations et les droits politiques qui résultent des rapports entre l'État et tous ses membres. Il est, en ce sens, la contre-partie du droit privé: l'un ne regarde que la personnalité, son but propre et son bien *particulier*; l'autre considère la totalité des membres de la société, réunis par l'idée du droit dans l'État, et pose les conditions sous lesquelles l'État, comme institution et avec le concours de ses membres, peut réaliser le but *commun*, le bien de tous, sous les formes qui garantissent en même temps le droit de chacun.

Dans un sens plus étendu, il faut comprendre par *droit public*, non seulement le droit public de l'État, mais le droit de toutes les communautés ou institutions sociales qui poursuivent les buts principaux de l'homme et de la société. Ces institutions sont celles de la religion ou de l'Église, de la science, de l'art, de l'enseignement, de la morale, de l'industrie et du commerce. Le droit public considère alors chacune de ces grandes divisions du travail social comme une institution publique, et détermine ses rapports de droit avec l'État et avec les autres sphères de l'activité humaine. Cette théorie forme une branche très-importante du droit. Cependant elle est généralement négligée, parce qu'en prenant le droit public dans le sens restreint, et en concevant l'État comme l'institution centrale de la société, on n'envisage que les rapports de l'État avec les individus et avec quelques corps constitués, qui, à ce point de vue, apparaissent comme des institutions privées. Mais il faut distinguer entre le droit public de l'État et le droit public de ces institutions en tant qu'elles poursuivent le but commun par les efforts réunis de leurs membres.

Quant aux *rapports* entre le droit public et le droit privé, ils sont très-intimes, mais ils ont été diversement compris et constitués selon la différence du génie des peuples et de leurs époques de culture. Nous avons déjà constaté que le génie romain opéra la division indiquée [1], surtout à partir de la loi des douze tables, qui sépara fortement le droit politique du droit sacral et concéda au citoyen une libre disposition sur tout ce qu'il avait en son pouvoir *(uti legassit super pecunia tutelave rei suae, ita jus esto)*. Le génie des peuples germaniques, qui, à l'instar du génie grec, fut guidé davantage par une conception organique de toute vie, des rapports intimes du tout avec ses parties ou ses membres, ne parvint pas de lui-même à une distinction précise entre le droit public et le droit privé, et commit même par cette raison la grave erreur de laisser entrer dans le domaine privé ce qui est et doit rester l'objet essentiel de l'ordre public, et de traiter le pouvoir politique comme le patrimoine d'une personne. Le génie des peuples slaves, au contraire, a la tendance de faire prédominer le côté public et social (surtout dans le droit de propriété) et de primer par là le droit de la personnalité libre. Les peuples germaniques ne sont arrivés qu'à l'aide du droit romain à mieux établir la différence entre le droit public et le droit privé; toutefois cette distinction est devenue exclusive et a eu en dernier lieu le déplorable résultat de détacher complètement, quant aux pouvoirs publics, l'État des citoyens, considérés seulement comme personnes privées, n'ayant aucun droit de participer à l'exercice des pouvoirs publics. Le grand problème politique des temps modernes consiste précisément à rétablir les rapports organiques entre l'État et tous ses membres, à faire rentrer ceux-ci dans les droits politiques dont ils ont été privés par l'absolutisme moderne, nourri particulièrement des principes du droit romain (p. 270). A cette fin il importe de bien comprendre les rapports entre

---

[1] La division fut formulée plus tard au point de vue de l'utilité dans les mots: *Publicum jus est quod ad statum rei Romanae spectat, privatum quod ad singulorum utilitatem. Sunt enim quædam publice utilia, quaedam privatim.* § 1. 2. D. de just. et jure.

le droit public et le droit privé, et surtout de bien se pénétrer de cette vérité que toute vie d'une personne se présente en droit toujours à la fois sous un aspect privé et public, parce qu'elle a, pour son but, ses biens, ses intérêts à elle, un droit propre, privé, et qu'étant appelée à participer, comme membre organique de l'État ou d'une communauté sociale, à l'accomplissement du but commun, elle a des droits et des devoirs publics correspondants. Car le but de l'État ou d'une communauté ne doit pas être poursuivi par dessus les têtes de ses membres, mais par leur concours efficace; tout bien et tout droit public doit être exécuté pour le peuple et par toutes les forces bien ordonnées du peuple.

Dans un État bien organisé, il faut donc, d'un côté, que la sphère du droit privé des personnes soit nettement déterminée et garantie contre les injustes empiètements des pouvoirs publics, et que, d'un autre côté, pour tracer l'étendue et les limites de l'action de ces pouvoirs, le but de l'État soit bien précisé, selon le mode et les moyens par lesquels il est accompli. Cette dernière question est à traiter dans le droit public (voir le chapitre sur le but de l'État); nous avons seulement ici à faire remarquer que les principes généraux de distinction entre le droit privé et le droit public subiront toujours certaines modifications selon le génie particulier et le degré de culture d'un peuple, que la ligne de démarcation ne sera pas inflexible, mais sera une ligne plus ou moins variable. Ce qui importe pour la vie pratique de chaque peuple, c'est que cette ligne soit toujours fixée pour une époque déterminée par la législation, par la représentation nationale, afin que, pour l'intelligence et la sécurité de tous, les limites soient bien établies entre l'action des pouvoirs publics et le droit privé de toutes les personnes.

En passant à la division du droit à faire avant tout sous le rapport des *matières* et ensuite sous le rapport *formel*, nous reconnaîtrons que la division fondamentale doit se faire, d'un côté, selon les *biens* qui forment les buts du droit et, d'un autre côté, selon les *personnes* individuelles collectives qui accomplissent ces buts[1]. La *première* division comprendra donc l'exposition *du droit général des biens*. Mais parmi les biens, il y a à distinguer deux genres principaux, dont les uns sont les *buts*, les autres les *moyens*; les premiers sont constitués par les qualités et les buts de la personnalité humaine, les seconds par les biens fournis par les choses et les actions humaines, en tant qu'elles sont les objets ou les moyens pour les biens de la personnalité; et enfin il y a une partie traitant des rapports juridiques qui se forment entre des personnes déterminées, eu égard au objets.

La première division comprendra ainsi trois parties, l'une traitant du *droit concernant les biens et les buts de la personnalité humaine*, la seconde du *droit des biens réels* ou du *droit réel*, la troisième du *droit des obligations*. Cette division est exempte de la faute qu'on commet ordinairement quand on oppose le droit des personnes au droit des choses, parce que la personne est la base et le but de tous les droits; le vrai principe de division est ici celui des biens, qui ou sont inhérents à la personnalité, ou résident dans des objets externes. Cette première division matérielle du droit d'après les biens doit ensuite être développée du point de vue formel du droit privé et du droit public. Dans le droit positif, on n'a pas encore une claire conscience de l'existence simultanée de ces deux faces principales du droit. On ne traite de ces matières que sous le rapport du droit privé, tout en se voyant obligé d'effleurer au moins le côté public. D'abord, le droit des biens personnels est à peine ébauché; on n'y traite que de quelques qualités de la personne, de sa capacité de droit,

---

[1] Krause, dans son abrégé de droit naturel, fait une triple division, d'après les buts, d'après les personnes individuelles ou morales, et d'après les objets, choses et actions, en tant que moyens par lesquels les buts sont poursuivis par les personnes. Cette division est sans doute plus exacte, mais, en vue de l'étude du droit positif, nous avons réuni la première et la troisième classe par la dénomination générale des biens, en distinguant les biens qui sont un but final et les biens qui ne sont que des moyens pour les premiers.

de la liberté d'agir et de disposer, de l'âge, etc., mais les droits importants par lesquels les États civilisés garantissent la vie, la santé, la liberté, l'égalité, la faculté d'association, ne sont pas exposés. Cependant il serait digne de la science moderne du droit, surtout dans les États constitutionnels, au lieu de traiter séparément de quelques droits des personnes, en partie dans le droit constitutionnel, en partie dans le droit pénal ou dans le droit administratif, de réunir, ne fût-ce que dans une exposition sommaire et en abandonnant le développement et la discussion à des parties spéciales, tous les droits établis pour les biens personnels de chaque citoyen; un tel tableau, marquant en même temps le degré de culture d'un État, ne serait certes pas de moindre valeur que la discussion de tant de questions secondaires du droit privé. A cause de la pénurie dans laquelle se trouve encore aujourd'hui le droit dit des personnes, beaucoup de jurisconsultes en Allemagne prétendent même qu'en vérité il n'y a pas de droit des personnes, en alléguant comme raison spécieuse qu'un tel droit manquerait d'objet, parce que la personne comme telle, étant toujours le sujet, ne peut pas être l'objet, sans lequel cependant aucun droit ne peut exister. Ce raisonnement tient encore à la manière tout abstraite dont le droit en général est conçu, parce que, au lieu de prendre le point de départ dans le principe pratique du bien, commun à la morale et au droit, on part du principe purement logique et ontologique des choses ou des objets, qu'on oppose alors à la personne. Mais celle-ci est toujours le sujet, et l'objet, dans le sens le plus général, est le bien, qui est ensuite à distinguer selon les deux espèces indiquées. Quant au droit dit réel, on se voit bien obligé, dans la science du droit positif, de tenir compte de la différence entre les choses de l'ordre public et de l'ordre privé, de mentionner les restrictions imposées dans un intérêt public au droit de propriété (par exemple les servitudes dites légales), mais sans comprendre l'importance de cette face publique du droit réel; il en est de même du droit des obligations, où, d'un côté, il y a aussi beaucoup de restrictions imposées dans un intérêt public, et où, d'un autre côté, il y a par exemple une distinction à établir entre les contrats du droit privé et ceux du droit public. Nous voyons donc que, dans tous les cas, la dénomination de droit privé ne convient pas même à l'état actuel de cette branche du droit; aussi les législations modernes dans lesquelles on n'a pas adopté les vues arriérées de la science ont-elles reçu le nom de « Code civil », comme en France, ou « Code civil général », comme en Autriche, ou « Droit général du pays », comme en Prusse, où le code est aussi entré dans le plus de détail sur le droit des personnes. Toutefois il faut qu'on comprenne claire-ment que le citoyen a, par rapport à tous ses biens, des droits à la fois publics et privés, qui doivent d'abord être exposés dans leur connexité.

La *deuxième grande division* du droit est constituée par les diverses *sphères de personnes* individuelles ou collectives (morales) qui, comme sujets, poursuivent la réalisation des biens et des buts exposés en général dans la première divi-sion. Toutefois ces diverses sphères sont encore à classer en deux catégories principales (p. 133), selon que ces sphères saisissent, à divers degrés, les membres dans leur personna-lité entière et dans l'unité de tous leurs buts humains, ou qu'elles sont constituées comme des ordres spéciaux, poursuivant chacun un des buts principaux de la destinée humaine. A la première série appartiennent d'abord la *personne individuelle*, puis la *famille*, la *commune*, la *nation*, et enfin la *fédération des nations* et de toute l'*humanité*; à la seconde série, compre-nant tous les ordres sociaux constitués par les buts princi-paux, appartiennent d'abord l'*ordre de droit* lui-même, l'*État*, ensuite l'ordre *religieux* dans les communautés religieuses, l'ordre *moral*, jusqu'à présent faiblement constitué, dans les associations et les établissements pour la bienfaisance et la culture morale, l'ordre *scientifique et artistique* dans leurs associations et dans les Académies, l'ordre d'*instruction pu-*

blique, et enfin l'ordre *économique* dans le travail agricole, industriel et commercial. Mais il importe de bien comprendre le sens de cette division. Ces deux séries de sphères ou d'ordres n'existent pas en quelque sorte juxtaposées, mais la première série embrasse les sphères de l'autre série pour maintenir l'unité et la totalité de la vie des personnes et de leurs buts, et comprend ainsi les sphères intégrales sans lesquelles la vie humaine serait déchirée en diverses directions par les divers ordres de culture, poursuivant chacun, pour mieux se perfectionner, un des buts principaux. Ces divers ordres de culture ont donc toujours leur base d'existence dans un ordre de vie d'une personnalité entière; elles sont en quelque sorte les branches d'une tige qui reste le centre de vie et maintient l'unité dans la circulation de toute la sève de culture. C'est ainsi qu'après la personne individuelle, qui réunit en elle tous les buts et prend part à tous les ordres de culture, la famille est également une union des conjoints pour tous les buts humains; de même la commune n'est pas purement un ordre civil, mais aussi une sphère religieuse, divisée souvent en plusieurs confessions, une sphère d'instruction et une sphère économique; de même la nation est une personnalité collective, formant l'ordre de droit ou l'État, selon son génie propre, se manifestant, sous le rapport religieux, librement dans les confessions, cultivant les sciences et les arts, s'instruisant dans les écoles et constituant un ordre économique particulier. La portée de cette division se montre donc surtout en ce que, tout travail de culture exigeant aussi pour sa perfection une certaine division, l'unité, dans tous les degrés de culture, est maintenue par l'unité de la personnalité individuelle et collective, qui est complète, vraiment humaine, en ce qu'elle présente essentiellement, comme tout homme, un côté physique, soit par son organisation, soit par son existence sur un territoire, et qu'elle est destinée, à ses divers degrés de personne individuelle, de famille, de commune ou de nation, à former, dans son développement, un tout harmonique de

culture humaine. Ces sphères pourraient être appelées phy-
sico-éthiques, parce qu'elles embrassent aussi en unité les
deux faces de la personne humaine, tandis que les autres
sont des sphères de culture particulière. Ces deux genres de
sphères se distinguent enfin en ce que les unes exercent une
fonction de concentration de la culture dans un milieu personnel et naturel, tandis que les autres tendent, dans une
fonction d'expansion au delà de ce milieu, à lier et
à rapprocher toujours plus intimément toutes les sphères
de personnalités. C'est ainsi que la religion, les sciences, les
arts, l'industrie et le commerce, quoique leur foyer commun
soit par exemple dans une nation, s'étendent toujours au delà
d'une nation et sont destinés à unir, à rapprocher les nations,
sans leur faire perdre leur personnalité, par l'humanité et
par l'élevation graduelle de la culture humaine. Nous voyons
donc que ces deux genres de sphères de vie et de droit, que
Krause le premier a nettement distinguées, sont d'une haute
portée sur tout le développement humain et social. La division ordinaire des personnes en droit, en personnes individuelles ou physiques et en personnes juridiques ou morales
n'a qu'une valeur très-subordonnée et manque même de justesse réelle et logique, parce que même les personnes physiques peuvent être aussi des personnes juridiques ou morales,
quand elles sont les représentants d'une idée, d'un but idéel,
comme l'est par exemple le prince comme tel dans une monarchie, le président comme tel dans une république.

Les sphères de chacune de ces séries doivent être également
traitées à la fois au point de vue du droit privé et du droit public.

A la *première série* ou *partie* appartiennent donc les sphères
suivantes: 1° le droit *individuel*, exposant les droits de la personne sous le rapport privé et en sa qualité de membre de
tous les ordres publics et surtout de l'ordre politique; 2° le
droit de *famille*, exposant les conditions de formation et
d'existence de l'union matrimoniale et familiale, conditions
réalisées en partie par la volonté privée, en partie imposées

et maintenues dans l'intérêt de l'ordre public; 3° le droit
communal, traitant non seulement de l'organisation intérieure de
la commune et de ce qui est du ressort de son autonomie, mais
aussi de ses rapports avec l'ordre public; 4° le droit *national*, jusqu'à présent confondu avec le droit public de l'État,
mais qui, bien qu'il se manifeste le plus visiblement du côté
politique, doit aussi être envisagé dans son unité supérieure,
dans laquelle une nation embrasse tous les rapports politiques, religieux, industriels et commerciaux, tant pour sa vie
intérieure que pour ses relations avec d'autres nations; 5° le
droit concernant une *fédération des nations*, constituée ou
dans la forme plus large de confédération d'États, ou dans la
forme d'un État fédératif, comme l'Union américaine et l'U-
nion suisse actuelle (depuis 1848); le droit fédératif aura
alors à exposer le droit interne de la fédération et son droit
externe concernant ses rapports avec les autres nations et
fédérations. Quoique le développement des peuples se soit,
jusqu'à présent, arrêté à la fédération simple, tous les intérêts de la paix et d'un développement politique paisible dans
tous les genres de la culture humaine détermineront les grandes
nations, dont chacune est déjà une fédération intérieure, à constituer, quand elles pourront un jour faire prévaloir leurs vrais
intérêts de culture sur les passions égoïstes de gloire et d'a-
grandissement, une fédération composée, réglant, par un droit
fédéral, les grands intérêts communs, jugeant aussi en arbitre
les contestations qui peuvent surgir entre les nations, et qui
se videront facilement quand il n'y aura plus l'arrière-pensée
et l'aiguillon égoïste de domination et d'agrandissement. Les
grands maux dont les guerres font sans cesse souffrir les
nations porteront enfin celles-ci à chercher le remède efficace
dans une union paisible et plus intime. 6° enfin il y a aussi un
droit *cosmopolite*, de tous les peuples de l'*humanité*, dont
les fondements sont déjà jetés par le droit international
ou le droit des gens, et dont le progrès scientifique
et pratique doit s'opérer encore plus largement dans le

sens des vrais principes de l'humanité. (Voir le droit des
gens.)

A la seconde série des sphères de culture appartiennent
les ordres suivants:

1° En première ligne se présente pour notre science *l'ordre
du droit* ou *l'État*. Ordinairement on entend par l'État seulement l'ensemble des pouvoirs publics; mais d'abord c'est une
dangereuse abstraction, parce que tous les pouvoirs doivent
être exercés avec la participation des citoyens, et ensuite
l'État comprend aussi le droit privé de toutes les sphères
de vie; car le droit privé n'existe pas seulement sous la
tutelle du droit public, comme Bacon le remarquait déjà
(jus privatum latet sub tutela juris publici), mais il se lie
avec lui par de nombreux rapports, et la ligne de séparation est,
comme nous l'avons vu, une ligne variable, s'approchant plus
soit de l'un, soit de l'autre domaine, selon le génie particulier et
le degré de culture d'un peuple. L'État est donc l'ordre général
du droit privé et public. Mais cet ordre a lui-même besoin,
comme tout ordre humain, d'un droit spécial, comprenant
l'ensemble des conditions dont dépendent la formation, l'organisation, le gouvernement et toute l'administration de l'É-
tat, comme ordre unitaire et complet du droit; c'est le *droit
d'État* qu'il ne faut confondre ni avec le droit public en
général, ni avec celui de l'État; car le droit public de l'État
se manifeste par l'action de tous les pouvoirs publics pour
le but commun, mais le droit d'État établit toutes les conditions pour que l'État lui-même puisse se former, se maintenir,
se développer et exercer ses pouvoirs pour le but commun.
Ce droit est ainsi un droit pour le droit et pour l'ordre du droit
lui-même, c'est le droit en quelque sorte au second degré
ou à la seconde puissance, et qui doit exister parce que le
droit est également un bien et un but dont la réalisation dépend
de conditions qui doivent être socialement réglées. Ces conditions concernent, d'un côté, la bonne organisation formelle
de l'État et de ses pouvoirs, le caractère du peuple,

son histoire, ses mœurs, tout son état de culture, et, d'un autre côté, elles comprennent les moyens matériels ou financiers que l'État doit avoir le droit de prélever par les impôts sur les biens économiques de ses membres. Toutefois ce droit d'État peut être combiné, dans la science du droit, avec le droit public de l'État, dans lequel il faut alors bien distinguer (outre une partie générale traitant de l'État et de son but en général) une partie spéciale traitant de l'organisation formelle de l'État et du droit des finances, et une autre partie spéciale traitant de l'exercice de tous les pouvoirs de l'État, dans l'intérêt des buts sociaux de la religion, de l'instruction, des sciences et des arts, etc. Cette division est aussi suivie dans la science du droit public, quand on distingue entre le droit constitutionnel et le droit administratif, mais cette division, qui manque d'ailleurs de précision, doit être faite avec une claire intelligence de la nature différente de ces deux parties.

2° Le second ordre est celui de la *religion*, des *confessions*, *communautés* et *institutions* religieuses: le *droit de religion*, qui devient droit ecclésiastique, quand les confessions se constituent en communautés, règle à la fois les droits privés de chaque homme sous le rapport religieux, et le droit public des communautés ou églises pour leur propre but et dans leurs rapports avec l'État et les autres institutions sociales.

3° Le *droit* de l'ordre des *sciences* et des *beaux-arts* expose les conditions nécessaires pour que les sciences et les beaux-arts puissent être cultivés par chacun, selon sa vocation (droit privé), et trouvent de la part de l'État la protection et l'aide nécessaires (droit public). Ce droit détermine aussi les principes de l'organisation de la sphère scientifique et artistique.

4° Le droit de l'ordre de l'*instruction* et de l'*éducation* expose les conditions sous lesquelles l'instruction, qui, pour les éléments de toute culture, est nécessairement obligatoire, peut être donnée par des particuliers et des institutions privées (droit privé), ou doit être réglée par l'État (droit public), lequel a aussi à déterminer les justes rapports de l'instruction avec tous les autres ordres sociaux, surtout avec les confessions et les communautés religieuses.

5° Le droit de l'ordre *moral*, de la *morale privée* et de la *moralité publique*, expose les conditions nécessaires pour le maintien et l'amélioration de la moralité privée et publique. Car la moralité, bien qu'elle ait sa source dans la conscience, se manifeste aussi dans les rapports publics, et l'État doit veiller, autant que les principes du droit le permettent (v. aussi p. 165), à ce que la moralité soit respectée dans ces rapports; ce droit développe aussi les principes de l'organisation de la sphère morale, des associations et des institutions de bienfaisance.

6° Le droit de l'ordre *économique* (de l'agriculture, de l'industrie et du commerce) expose les conditions les plus favorables à la production, à la distribution et à la consommation des biens inhérents à un objet matériel. La notion des biens économiques n'est pas encore bien déterminée. Pour ne pas confondre des ordres de biens tout différents, il faut limiter l'ordre économique aux biens fournis ou représentés par des objets matériels et par les rapports dont ils sont la base et le but; il ne convient donc pas de définir comme bien économique tout ce qui peut être dans le commerce, parce que celui-ci embrasse toutes les actions par lesquelles les hommes entrent en rapport les uns avec les autres, tous les services qu'ils peuvent échanger, aussi bien les services intellectuels que, par exemple, un maître rend à un écolier moyennant un honoraire, que les services matériels pour lesquels un ouvrier s'engage envers un patron. Mais les actions intellectuelles ont un autre but et sont soumises à des lois différentes de production et de distribution. Or, comme c'est d'après le but direct et d'après le bien qui en est l'objet que doivent être déterminés tous les ordres sociaux, l'ordre économique comprend toutes les actions et tous les

19*

rapports dont le but direct consiste dans la production, la distribution et la consommation de biens résidants dans un objet matériel et destinés à la satisfaction des besoins sensibles. C'est au droit de l'ordre économique de régler ces actions et ces rapports, en déterminant les conditions les plus favorables à la production, etc., sans perdre de vue que ces biens doivent servir à l'*homme*, et que celui-ci n'est pas simplement un instrument de production de ces biens. Dans la science de l'économie nationale ou politique, on ne distingue pas assez les lois *techniques* de la production et les principes ou règles de droit, qui, tout en tenant compte des lois techniques, ont à déterminer la manière dont la volonté libre des individus et des associations doit régler ces rapports en vue du but économique et du bien-être de tous. Ce droit de l'ordre économique, quoiqu'il soit très-développé dans certaines branches, comme pour le commerce dans le droit commercial, ne l'est pas encore suffisamment pour l'agriculture et l'industrie, et il n'est pas encore compris dans l'unité qui embrasse les trois branches du droit, lequel doit être ensuite développé pour les rapports privés et pour les institutions économiques sociales (chambres de l'agriculture, de l'industrie et du commerce, banques, etc.).

Tels sont les ordres principaux de la société humaine avec le droit qui leur correspond. Mais dans cette variété d'ordres, il manque encore l'*unité* nécessaire pour toute organisation. Cette unité doit exister et doit être considérée d'un double point de vue. D'abord, chaque ordre principal, tout en constituant un foyer spécial, saisit toujours toute la vie sociale et répand sur elle ses influences bienfaisantes; c'est ainsi que la religion, constituée comme une fonction spéciale à laquelle tous doivent participer, doit pénétrer toute la vie humaine; l'idéal proposé à l'humanité demande aussi l'unité religieuse, qui toutefois ne peut être que le résultat du développement libre des consciences; il en est de même des sciences, des arts, de l'instruction, de la moralité et des biens économiques. Mais, parmi ces ordres principaux, l'ordre du droit ou l'État porte, à cause de son principe, ce caractère particulier, que l'unité qu'il établit est de nécessité, ne peut pas être abandonnée aux chances du développement libre des individus, que l'État doit former le cadre dans lequel le libre développement de toutes les sphères peut s'accomplir. C'est par cette raison qu'on considère souvent l'État comme le représentant de l'unité sociale, qu'on le confond même avec la société tout entière. Cependant l'État représente seulement l'unité juridique et politique, par laquelle toutes les sphères sociales sont unies par le lien du droit, sur un territoire commun, pour la paisible coexistence et l'aide réciproque. Il faut donc que l'unité sociale plus élevée soit constituée, dans le cadre de l'État, par une représentation à laquelle participent également tous les ordres. Sur la base de l'unité nécessaire de l'ordre du droit se développeront ainsi librement tous les autres ordres sociaux, qui, dans leur union et dans leur rapport intime avec l'État, formeront l'ordre humanitaire de la culture sociale.

La division du droit que nous venons d'esquisser est générale, complète, embrassant tous les ordres de personnes et de biens. Toutefois il convient, pour l'exposition de la science du droit, de grouper ces divers ordres en deux grandes catégories, dont l'une comprendra l'*ordre général humanitaire* du droit, l'autre le droit en tant qu'il règle les rapports publics au sein d'une *nation*, aujourd'hui le milieu social le plus important, et forme ainsi le *droit public national*, ou qu'il règle, comme *droit international* ou droit des gens, les rapports entre les nations. Ce droit est également un droit international *privé*, réglant les rapports des personnes appartenant à des nations et États divers, quant à leurs intérêts privés, et le droit international proprement dit, ou *public*, qui règle les rapports des nations comme personnalités collectives pour le but de la paisible coexistence et pour toutes leurs relations de culture.

C'est d'après cette division que la science philosophique du droit sera traitée dans ce cours, division qui pourra aussi servir de base à une exposition plus complète et plus méthodique de la science du droit positif.

APPENDICE

COMPLÉTANT

L'HISTOIRE DE LA PHILOSOPHIE DU DROIT.[1]

A toutes les époques de l'histoire, il y a eu des esprits supérieurs qui, s'élevant au-dessus des données de l'expérience et de l'organisation plus ou moins imparfaite de la société, ont cherché à découvrir des principes plus larges, plus conformes à la nature rationnelle de l'homme. L'idée du droit ou de la justice, principe régulateur de tous les rapports sociaux, devait devenir de bonne heure un objet des recherches philosophiques. Cependant l'intelligence ne pouvait saisir que lentement et successivement la notion exacte du droit. Cette idée, tout en existant primitivement dans l'esprit, présuppose une longue culture avant qu'elle se manifeste clairement à la conscience et soit formulée nettement dans le langage. Les recherches méthodiques sur l'idée du droit ont commencé à l'époque où l'on s'est aperçu dans la philosophie que toutes choses peuvent être ramenées à des principes simples et premiers, qu'il existe, pour l'ordre moral et social, comme pour l'ordre physique, des lois qui, loin d'être une création arbitraire de la volonté, résultent de notre nature même, et sont les règles auxquelles nous devons con-

---

[1] Cet aperçu sur l'histoire de la philosophie du droit est destiné à compléter l'exposition des systèmes les plus importants de l'époque moderne, qui servira d'introduction dans ce cours.

former toutes nos actions. C'est donc en s'élevant des faits aux principes, de l'expérience à la raison, que l'esprit humain établit une distinction entre les lois positives et variables de la société et les lois éternelles de la nature humaine, et essaya de réformer les institutions et toute la vie sociale d'après le principe rationnel de la justice.

Le développement du droit comprend les mêmes périodes principales que l'histoire de la philosophie. L'antiquité, le christianisme et le mouvement rénovateur des trois derniers siècles, forment pour le droit naturel les trois grandes époques historiques.

§ 40.

PHILOSOPHIE DU DROIT DANS L'ANTIQUITÉ.

I. L'Orient.

L'Orient nous représente l'enfance de l'humanité; c'est l'âge où toutes les facultés de l'esprit et toutes les institutions sociales, l'intuition et la raison, la science et la foi, la religion et l'État, sont encore plus ou moins confondues entre elles et ne permettent pas à l'individu de se concevoir dans l'organisme social comme un membre distinct doué de droits particuliers. L'unité ne s'est pas encore développée dans sa variété intérieure; l'identité de toute existence, de Dieu et du monde, de l'homme et de la société, c'est-à-dire la conception d'une unité confuse, panthéistique, domine, sous des formes diverses, toute la philosophie à la fois religieuse, morale et politique de l'Orient. L'homme qui se sent ainsi sous l'influence fatale des puissances supérieures de Dieu, de la nature et de la société, ne peut acquérir la conscience de sa spontanéité, de sa liberté et des droits qui en sont inséparables. L'univers et le monde social sont pour lui un engrenage de puissances superposées les unes aux autres. Cette hiérarchie trouve son expression sociale dans les castes de l'Inde, qui correspondent à un principe hiérarchique dans l'être même de Dieu[1]. Le code de Manou est une législation à la fois religieuse et politique; il règle les plus minutieux détails de la vie sociale, de la famille et de l'activité individuelle, et comprime tout essor. Cette législation, malgré sa haute antiquité, paraît cependant appartenir à l'époque où la caste des prêtres entreprit de consacrer par des lois la domination morale et politique qu'elle avait acquise en fait. D'après les documents les plus anciens, on peut affirmer que le régime des castes n'a pas été l'institution primitive, qu'il doit son origine à des guerres intestines et, en partie, à un besoin de séparation des fonctions sociales, exploité par la puissance intellectuelle et physique.

La vie sociale dans l'Orient est en général réglée sur le type de la *famille*, la société primitive du genre humain; la forme patriarcale est, sous des nuances diverses, la première forme de l'État; elle se retrouve dans l'Inde antique comme chez le peuple hébreu et dans la Chine où elle reste le type de l'État[2].

II. *L'antiquité grecque et romaine.*

Dans la *Grèce*, que les colonies rattachent à l'Orient, l'élément politique commence à se dégager de l'élément religieux, qui avait tout enveloppé en Orient; l'homme acquiert à un plus haut degré la conscience de sa spontanéité et de sa liberté. Toutefois cette liberté n'est pas comprise comme une émanation de la personnalité humaine, mais comme ayant sa source dans l'organisation de l'État. L'homme est libre,

---

[1] Le brahmane ou le prêtre, représentant la sagesse, est sorti de la bouche de Dieu (Brahma); le kchatriya ou le guerrier, de son bras; le vaisya ou le laboureur, de sa cuisse; enfin le soudra ou l'esclave, de ses pieds.

[2] Voir sur les conceptions du droit et les législations de l'Orient l'excellent ouvrage de M. Laurent, professeur à l'université de Gand: *Études sur l'Histoire de l'humanité*, t. I, et mon *Encyclopédie du droit (Juristische Encyclopädie)*.

et il a des droits, non par lui-même, mais par l'État. La *cité* est une puissance souveraine qui dispose de la personne et de l'avoir de tous ses membres. L'homme est absorbé par la cité politique, comme il était absorbé, dans l'Orient, par la caste et par les pouvoirs supérieurs de la religion et de la nature. Mais plus d'issues sont ouvertes à l'activité de son esprit; il ne cesse de faire sentir son influence dans tous les domaines de la vie sociale.

Le principe du pouvoir politique est réalisé de la manière la plus dure à Sparte, dans la législation de Lycurgue. La communauté ou plutôt l'immobile égalité des biens, la défense de tester, l'inspection des nouveau-nés, les phidities, les règlements sur les célibataires, sur les îlotes, etc., en sont les faits les plus expressifs.

Athènes, qui devient le foyer de la civilisation grecque, livre un champ plus vaste et plus riche à la liberté humaine. La législation sévère de Dracon, débris du temps primitif, est remplacée par les lois de Solon, qui garantissent au peuple une plus grande sphère de liberté; cette liberté est encore étendue par Clisthène. L'époque de Périclès nous présente, avec les commencements de la décadence, la maturité de l'esprit grec se déployant dans la richesse de ses forces, cultivant les sciences et les arts, l'industrie, le commerce et l'agriculture; l'esprit est ouvert à tout ce qui est vrai, beau, humain, comme Athènes s'ouvre aux nations étrangères, à leurs mœurs et à leurs coutumes. L'imagination, tempérée par la réflexion et la raison, donne au peuple d'Athènes ce caractère mobile qui le distingue essentiellement de l'immobilité orientale et de la roideur dorienne. La vie sociale devient plus riche en formes et en institutions, et l'État, au lieu de tout dominer par la politique, devient plutôt le cadre dans lequel se développent la science et les beaux-arts.

Les philosophes principaux qui, en Grèce, ont institué des recherches sur le principe de la justice et sur l'organisation de l'État, sont Pythagore, Platon, Aristote et les stoïciens.

C'est Pythagore (né 582) qui, s'élevant au-dessus des choses sensibles à des principes universels, saisis sous leur côté formel, mathématique, commence l'étude des principes du droit. La justice est aussi considérée comme un nombre qui, pris également, est égal (ἀριθμὸς ἰσάκις ἴσος), de sorte que l'égalité formelle est conçue comme le principe du droit, qui, dans la théorie de la peine, apparaît comme le principe du talion, en ce que chacun doit également pâtir comme il a agi. Toutefois Pythagore conçoit tout ce qui est bon comme déterminé par l'unité et l'harmonie; l'âme étant elle-même une harmonie, doit ordonner la vie individuelle comme la vie sociale d'après le principe de l'harmonie, par laquelle elle se met en rapport avec le monde et Dieu, qui, éternellement le même, le régit par sa puissance unitaire. C'est d'après ces idées que Pythagore lui-même entreprit de réformer la vie sociale, en instituant dans la Grande-Grèce une association où tous les membres, occupant la place qui était assignée à chacun par sa vocation naturelle, devaient organiser l'harmonie sociale.

Les recherches sur le principe de la justice furent reprises avec plus d'étendue et de profondeur par Platon (429-347). Ce philosophe, en remontant au premier principe de tous les êtres, et en faisant tout dériver de Dieu, considérait les idées rationnelles comme les prototypes du monde, existants dès l'éternité dans la pensée divine. L'idée de la justice forme, avec les idées du vrai, du bien et du beau, l'ensemble des idées premières ou des prototypes de l'ordre moral du monde. La justice consiste, quant à l'homme privé, dans l'accord de toutes les facultés et de toutes les vertus, de manière que chacune trouve sa satisfaction propre sans contrarier les autres, et que toutes puissent, sous la direction de la raison, réaliser le bien suprême de l'homme, la ressemblance avec la Divinité. Dans la vie sociale, la justice veut que tous les citoyens et toutes les branches de l'activité soient si bien coordonnés, qu'ils puissent réaliser socialement tout ce qui est vrai, bon et beau, en un mot tout ce qui est divin. La justice est donc, selon lui, le lien harmonique qui enlace et coordonne toutes les vertus particulières, et qui assigne à chaque personne, à chaque faculté de l'âme, à chaque ordre social, la place, la sphère d'action et tout ce qui lui est dû (προςῆκον).

Cette idée de la justice forme la base de l'organisation de l'État, telle que Platon l'a exposée d'une manière idéale dans la *République* et, avec plus d'égards à l'état actuel, dans les *Lois*. L'État, l'homme en grand, est organisé pour le même but, et représente, dans les divers états de citoyens, les principales facultés dont l'âme est douée et les vertus qui y correspondent. Les philosophes, qui doivent régner, représentent la *raison*; les *gardiens* ou *guerriers*, le *cœur* et le courage; les *artisans*, les *désirs* et les besoins *sensibles* qu'ils sont destinés à satisfaire, en exerçant eux-mêmes la vertu de la modération et de l'obéissance. Dans la République, Platon veut ensuite, d'après la tendance panthéiste de sa philosophie, une égalité et une communauté aussi complètes que possible, l'égalité des sexes, la communauté de biens et des femmes pour les classes supérieures qui se sont élevées à ces hautes conceptions. Dans cette théorie, c'est moins l'État de Sparte que Platon a pris pour modèle, qu'une division du travail social qu'il a voulu organiser. Ce qui caractérise surtout la doctrine de Platon sur la justice et sur l'État, c'est qu'il ne place pas la justice dans les rapports extérieurs, mais qu'il la ramène à sa source intime dans l'âme humaine, dont l'ordre intérieur doit se refléter dans l'ordre externe; suivant son idéalisme transcendant qui met la substance de toutes choses dans les idées éternelles, il conçoit l'État comme une institution d'éducation pour le bien divin, et établit un ordre social spécial, celui des philosophes, pour diriger l'État par la lumière de la vérité divine. On a voulu voir aussi, dans cette conception de Platon, une anticipation de l'institution de l'ordre ecclésiastique du christianisme; toutefois elle dénote aussi l'erreur qui con-

siste à concentrer dans un ordre une fonction et un but qui
doivent former une œuvre commune de tous les membres.

Aristote (384-322), disciple de Platon, assignait à la philosophie le même but et le même principe suprême; mais il
ne s'accordait pas avec son maître sur la nature des idées;
il les envisageait, non pas comme des principes préexistants
sur lesquels la réalité eût été modelée par la Divinité, mais
comme de pures *formes* de l'esprit qui doivent recevoir leur
contenu par l'application dans l'expérience: il devait ainsi
aboutir à une conception plus réaliste de la justice et de l'État.

Le dernier but de l'activité est le *bonheur*, qui consiste
dans l'exercice intégral et rationnel de toutes les facultés de
l'âme. La *vertu*, qui en général est une habitude de choisir
avec discernement le milieu en toutes choses, résulte de l'application de la raison aux diverses affections et inclinations
dont l'âme est douée, et qui forment la matière pour le
principe régulateur ou formel de la raison. Les vertus sont
le courage, la tempérance, la douceur, la sérénité, la libéralité et la justice. La justice, dans le sens large du mot, est
l'exercice de toutes les vertus particulières qui concernent
nos rapports sociaux avec d'autres personnes; dans un sens
plus étroit, elle consiste dans l'intention et la pratique de
donner à chacun le sien en biens et en maux, en récompenses et en peines, c'est-à-dire à observer la règle de l'égalité, soit dans une proportion géométrique *(justice distributive)*,
soit dans une proportion arithmétique, pour le commerce et
les conventions et pour les peines *(justice commutative)*. Il
y a une *justice naturelle*, δίκαιον φύσει, fondée sur la nature
de l'homme, qui reste la même dans toutes les conditions de
la vie, une *justice positive*, δίκαιον νόμῳ, établie par les lois
sociales, enfin l'*équité*, destinée à servir de terme moyen ou
de juste milieu entre les prescriptions de la justice naturelle
et les dispositions générales des lois positives, qui, ne pouvant
tenir compte de toutes les circonstances dans un cas spécial,
feraient souvent juger celui-ci trop sévèrement.

L'*État* est moins conçu par Aristote d'après un idéal que
d'après la réalité et l'histoire. Ce philosophe examine de
quelle manière l'État s'est formé dans l'histoire; il étudie et
compare les constitutions anciennes et contemporaines, et ne
perd jamais de vue l'homme tel que toute l'antiquité le faisait connaître; il comprend bien que l'État n'est pas un produit fortuit, conventionnel, mais qu'il se forme par l'instinct
de sociabilité et de besoins mutuels. L'homme ne peut vivre
et se développer comme homme que dans l'État. L'homme
est un *être politique* (ζῷον πολιτικόν). Il n'y a que Dieu et
l'animal qui n'ont pas besoin de l'État; celui-ci n'est pas un
contrat des citoyens pour se garantir leurs droits (comme
avait prétendu le sophiste Lycophron), mais il est dans son
idée avant et au-dessus des individus; il n'est pas une masse
confuse d'individus, mais un tout organique de communautés naturelles de familles et de communes (ἡ γενῶν καὶ κωμῶν κοινωνία).
Par cette conception de l'homme comme d'un être politique, et
de l'État comme d'un tout supérieur, Aristote exprima la pensée
fondamentale de l'antiquité. Mais, en considérant toute la vie
humaine, telle que l'expérience l'avait toujours montrée, il
pouvait encore moins que Platon s'élever au-dessus des préjugés de l'antiquité. Son système a pour but d'expliquer la
réalité. Il tenta, en conséquence, la justification de l'esclavage, qui, comme fait universel, devait, selon lui, avoir son
origine dans la nature humaine.

Le Stoïcisme, fondé par Zénon vers 310 avant J.-C.,
professa un panthéisme naturaliste, et proclama pour
l'ordre moral et social les grands principes d'unité, d'égalité
et de communauté qu'il avait constatés dans l'organisation
physique de l'univers. Tous les hommes sont les membres
solidaires de l'humanité, comme tous les êtres du monde
sont les parties intégrantes du corps universel de Dieu, conçu
comme l'âme du monde. Les doctrines religieuses, morales et
politiques de cette école sont les conséquences religieuses de
ses principes panthéistes. Les droits de la personnalité y

sont méconnus; l'homme est absorbé dans l'humanité, et l'humanité se perd dans la vie universelle de la nature ou de Dieu; la spontanéité, la liberté, la vie active sont sacrifiées à la fatalité, au repos, au quiétisme d'une spéculation abstraite. Toutefois dans cette spéculation, qui, pour la vie pratique, propose l'idéal du sage dans l'union de toutes les vertus, se manifeste à un haut degré le *subjectivisme*, qui place le sujet, la personne individuelle, et surtout le sage, à cause de son affinité avec Dieu, au-dessus de l'État et de toutes les lois conventionnelles; le stoïcisme s'élève par là au-dessus de la conception antique et s'approche de l'idée chrétienne; néanmoins sa morale est tout abstraite, formaliste, sans la chaleur de la vie. Si le platonisme idéaliste représente la jeunesse de l'esprit grec, qui acquiert sa maturité dans la philosophie plus réaliste d'Aristote, le stoïcisme représente pour lui le commencement de la vieillesse se plaisant dans les maximes morales, dépourvues pourtant des intentions sérieuses d'application. Et l'on s'étonne que le stoïcisme n'ait pas pu rajeunir le monde! Mais pour tenter la réforme de la société antique, il fallait posséder la conviction de la liberté humaine et du gouvernement providentiel qui assure aux vérités sociales, quand leur temps est venu, un irrésistible succès. Or, le sage du stoïcisme se retire du monde, l'abandonne à son cours fatal, et s'exalte dans l'orgueil de la vertu. Ce froid heroïsme n'a qu'une valeur subjective; il est perdu pour la société et pour l'humanité. La providence que le stoïcien avoue n'est point une source d'inspiration, et, n'étant pas une personnalité infinie, ne donne aucun appui à la personnalité humaine dans l'accomplissement de ses devoirs.

L'idée de la justice et l'idéal de l'État sont conçus par les stoïciens conformément à leurs principes généraux. Indépendante de l'arbitraire ou des conventions humaines, supérieure à l'utilité, identique à l'honnête, la *justice* est fondée dans la nature même de l'homme et consiste en ce qu'on respecte l'égalité naturelle des prétentions que tous les hommes, comme

tels, peuvent former, et qu'on rende à chacun le sien dans
une vraie proportion. L'État réel pour l'homme, c'est le
monde entier placé sous le pouvoir de Dieu. Chacun doit se
regarder, non comme le citoyen d'un État particulier, mais
comme le citoyen du monde. Le cosmopolitisme est la formule la plus élevée du stoïcisme.

Ces principes de droit et de politique se ressentent encore
de la tradition platonicienne, et n'ont pas manqué d'exercer
à Rome, où on leur donna une application plus pratique,
une heureuse influence sur le développement de la jurisprudence et de la législation dans l'esprit de l'égalité et de
l'équité; ils ne sont néanmoins qu'une préparation pour une
nouvelle doctrine de vie qui s'assimila bientôt, en leur donnant une meilleure impulsion, tous les bons éléments que
l'antiquité avait élaborés.

Rome a eu la mission providentielle dans l'antiquité de-
développer d'une manière prédominante l'idée du droit, de
la dégager des autres éléments de culture, en en faisant
une puissance distincte appelée à régler et à dominer toutes
les forces sociales; et de même que Rome unissait plus tard
presque toutes les nations de l'antiquité par la puissance politique, de même elle a révélé aux nations modernes la puissance inhérente aux principes d'unité et d'égalité du droit et
de l'État, comme la Grèce les a initiées à la philosophie et aux
arts. Le droit se développe à Rome, dans l'ordre de l'État,
sur la base de deux principes constitutifs, celui de la *personne* et celui de la *puissance* (p. 257). La personne n'existe
que par la reconnaissance de la part de l'État; ce n'est donc
pas la personnalité chrétienne, existant avant et au-dessus
de l'État par suite du principe divin éternel qui l'élève au-
dessus de tous les rapports temporels, ce n'est pas même la
personne libre germanique (p. 264), existant par son droit
propre, mais le Romain est une personne seulement comme
membre de l'État. La personne est ensuite considérée dans
ses divers rapports de puissance. Dans la longue lutte des

patriciens et de la plèbe, et des principes correspondants du droit strict et du droit prétorial de l'équité, l'égalité fondamentale de droit s'établit à la fin entre les diverses classes. Cette tendance vers l'égalité dans l'état des personnes et des choses fut favorisée par l'introduction de la philosophie grecque. Avant Cicéron, des rhéteurs avaient initié la jeunesse romaine aux doctrines de l'Académie, du Lycée et du Portique. Le stoïcisme, avec ses formules précises et ses maximes pratiques, attira surtout les esprits élevés, et ses doctrines étaient tellement répandues à Rome du temps de Cicéron, que cet orateur pouvait, dans son discours *pro Murena*, plaisanter Caton au sujet de sa rigidité stoïcienne, sans craindre de ne pas être compris au forum. Bientôt se formèrent dans la jurisprudence deux écoles, représentant l'une l'élément historique, l'autre l'élément philosophique, l'école des *sabiniens* et l'école des *proculéiens*.

Mais c'est Cicéron lui-même qui a le plus contribué à populariser la philosophie à Rome. Tout en se sentant attiré vers Platon, il ne répudia ni Aristote ni les stoïciens. Esprit vaste et instruit, mais sans originalité et sans profondeur, il se fit éclectique et tenta de concilier ces diverses doctrines. Nous rencontrons dans ses ouvrages, notamment dans la *République* et dans les *Lois*, tous deux calqués sur les traités correspondants de Platon, et dans son livre *de Officiis*, de belles expositions de la loi, du droit et de leurs rapports intimes avec l'honnête ou la moralité.

La science du droit, dit Cicéron, ne doit pas être puisée dans l'édit du préteur ni dans les Douze Tables, mais dans la nature de l'homme. Or, l'homme participe seule, parmi tous les êtres vivants, de la raison par laquelle il ressemble à la Divinité. La raison est commune à Dieu et aux hommes. Il existe donc entre Dieu et l'homme une société primitive de raison[1], et comme la droite raison *(recta ratio)* constitue la

[1] Voir *De legibus*, lib. I, cap. VII. On comprend, après avoir lu Cicéron, comment Ulpien pouvait présenter le droit comme une *rerum*

loi, et que cette loi est la source de la justice, il y a aussi entre Dieu et des hommes une communion de loi et de droit, et l'univers entier doit être considéré comme une cité commune de Dieu et des hommes *(universus hic mundus una civitas est communis Deorum atque hominum existimanda)*.

Le caractère plus spécial de la justice est cependant saisi par Cicéron d'une manière négative. Le premier précepte de la justice est, selon lui, que personne ne nuise à autrui, à moins d'injuste agression; ensuite que chacun use des choses communes comme communes, et des choses privées comme siennes[1]. Le fondement de la justice est la fidélité *(fides)*, la bonne foi dans les paroles et dans les conventions. Toutefois Cicéron ramène aussi la justice à la vertu positive la plus étendue, celle de la charité ou de l'amour réciproque des hommes[2].

Pour gouvernement, Cicéron désirait, à l'instar d'Aristote, une forme mixte dans laquelle la royauté, l'aristocratie et la démocratie se trouvassent combinées en une certaine mesure[3], combinaison dans laquelle Tacite n'avait pas foi[4].

Les idées pratiques de justice ou de droit naturel reçurent un nouvel accroissement dans le stoïcisme romain développé par Sénèque. Cicéron avait encore admis l'esclavage; Sénèque conçoit un droit humain pour les hommes libres, les affran-

---

divinarum scientia, et comment Modestin pouvait définir le mariage *consortium omnis vitæ, divini et humani juris communicatio.*

[1] Justitiæ primum munus est, ut ne cui quis noceat, nisi lacessitus injuria, deinde ut communibus utatur pro communibus, privatis ut suis. *De officiis*, I, cap. VII.

[2] Omnes inter se naturali quadam indulgentia et benevolentia, tunc etiam societatis jure continentur. — Natura propensi sumus ad diligendos homines, quod *fundamentum juris est. De leg.*, I, 13, et I, 15. — Voir encore, sur la doctrine de Cicéron et de Sénèque, les *Études* de M. Laurent sur l'histoire de l'humanité, t. III.

[3] Itaque quartum quoddam genus reipublicæ maxime probandum esse sentio quod est ex his, quæ prima dixi, moderatum et permixtum tribus. *De rep.*, I, cap. XXIX.

[4] Tac. Ann. IV, 33. Cunctas nationes et urbes populus aut primores aut singuli regunt; delecta ex his et consociata reipublicæ forma laudari facilius quam evenire; vel si evenit haud diuturna esse potest.

chis et les esclaves. «La servitude ne descend pas dans
l'homme entier, la meilleure partie en est exempte; l'âme
s'appartient à elle-même, elle est *sui juris*[1].» Ces principes,
d'une si grande affinité avec la doctrine chrétienne, ne res-
tèrent pas sans influence sur la législation[2]. Les idées d'égalité y pénétrèrent de plus en plus. Florentin considère la servitude comme une institution du droit des gens qui est contre
nature: la nature a établi entre les hommes une certaine
parenté. Ulpien dit: «Quant au droit naturel, tous sont
égaux; par le droit naturel, tous les hommes naissent
libres[3].»

C'est ainsi que le monde antique allait au-devant du christianisme et commençait à s'assimiler quelques idées chrétiennes dans la législation. Mais ce n'est pas par quelques
maximes isolées que la société pouvait être régénérée. Il fallait une vie nouvelle s'inspirant à une source divine, se propageant par un dévouement entier et donnant à toute la
personnalité humaine une dignité supérieure. Il fallait pour
la législation un nouveau principe fondé dans la nature, capable de soustraire l'homme au joug que l'État avait fait
peser sur lui, et de sanctionner des droits impérissables qui
sont au-dessus de toutes les lois et de toutes les institutions
sociales. Il fallait, à l'idée antique de l'ordre objectif et fatal
dans le monde et dans la société, opposer le principe de la
providence divine et de la liberté personnelle de l'homme;

[1] L. IV, § 1, D. *De statu homin.*, et l. III, D. *De justitia et
jure.*
[2] Voir sur cette matière l'ouvrage de M. Troplong: *De l'influence
du christianisme sur le droit civil des Romains*, chap. IV.
[3] L. XXXII, D. *De reg. juris*, et l. IV, D. *De just. et jure.* L'égalité de droit en général se trouve encore exprimée par Ulpien, D.
liv. II, tit. II: «Quod quisque juris in alterum statuerit, ut ipse eodem
jure utatur;» et liv. III, *De edicto*: «Quis adspernabitur idem jus
sibi dici quod ipse aliis dixit vel dici effecit.» Ulpien définit aussi le
droit *ars boni et æqui;* il a résumé par là la conception antique de la
justice qui était encore intimement unie à la morale *(bonum)*, et devenait, tempérée par elle, l'équité. La définition plus précise et plus
spéciale est: «Justitia est constans et perpetua voluntas jus suum
cuique tribuendi.»

il fallait enfin substituer aux maximes plus ou moins négatives du droit, au *suum cuique*, au *neminem lædere*, des
principes positifs d'action bienveillante, dégager la justice
de la moralité ou de l'*honestum*, en revendiquant pour
celle-ci le for intérieur de la conscience et ramener tous les
principes éthiques à la source suprême, à Dieu. Cette réforme
fut opérée par la religion chrétienne.

§ 41.

PHILOSOPHIE CHRÉTIENNE DU DROIT.

Le christianisme saisit l'homme dans l'intimité de son être
et dans la plénitude de ses facultés, de son cœur, de sa
volonté et de son intelligence; il l'élève ensuite à Dieu comme
providence du monde, en prononçant l'unité de la nature
divine et humaine dans le symbole de l'Homme-Dieu, et pré-
pare ainsi un nouvel ordre social fondé sur des principes
plus élevés d'amour, de justice, d'égalité et de liberté. L'unité
de Dieu conduit à l'unité et à l'égalité de tous les hommes
en Dieu. Les anciennes religions avaient été nationales, le
christianisme s'annonce comme religion universelle embrassant
tous les hommes. «Il n'y a, dit saint Paul, ni Juif, ni Grec,
ni esclave, ni homme, ni femme; vous êtes tous un seul
corps en Jésus-Christ.» L'homme ne s'efface plus dans le
citoyen; il est au-dessus de l'ordre civil et politique; il est
membre d'un ordre divin, d'où il tire ses droits absolus de
personnalité. Ce qui dans l'antiquité avait été but devient
moyen; tandis que, dans l'organisation grecque et romaine,
le noyau avait été la cité, le christianisme demande une organisation dont le point de départ et le but est l'*homme* et
la famille, qu'il reconstruit sur des bases morales et religieuses. C'est le christianisme lui-même qui, dans le sens le
plus profond, prononce le «*Ecce homo*»; l'élément religieux

est distingué de l'élément politique, le spirituel du matériel, l'éternité du temps: distinction juste en elle-même, mais qui plus tard conduit, par de fausses analogies, à une déplorable opposition et à des prétentions exorbitantes.

La réaction de l'esprit nouveau contre le corps vermoulu de l'antiquité est une loi providentielle; et cette réaction s'accomplit d'après les principes religieux et moraux. Le christianisme opère par la persuasion, il s'adresse aux cœurs, et change les hommes en changeant les convictions et les mœurs. Il accepte temporairement toutes les formes politiques et toutes les conditions sociales; il ne provoque pas les esclaves à la révolte, les femmes et les enfants à la désobéissance; et cependant il vient en aide à tous les opprimés par des moyens qui atteignent plus sûrement le but. Le germe d'une vie nouvelle avait été jeté dans le monde; il se forme sous l'enveloppe de la société antique, et lorsque la métamorphose intérieure s'est accomplie, la religion nouvelle s'établit comme première autorité à Rome, quand le pouvoir impérial l'abandonne pour se transporter à Byzance. Bien des vicissitudes ont depuis marqué le développement du christianisme, bien des déviations ont eu lieu dans la route tracée par la Providence. La religion libre et spirituelle est souvent devenue oppressive pour les esprits, le fond sublime s'est pétrifié dans des formes étroites et mécaniques, l'égalité a été étouffée par le privilége, la liberté par l'autorité, et la justice, si étroitement unie à l'amour par le Christ, s'est éclipsée devant la terreur et la vengeance. Mais, à travers ces aberrations, le souffle divin a fait marcher l'humanité sans interruption dans la voie du perfectionnement, et on peut avoir foi en la Providence, et croire que l'esprit religieux mieux compris s'unira de nouveau à tous les éléments de la vie individuelle et sociale pour leur donner la sanction supérieure.

Les changements qui ont été introduits par le christianisme ou avec son concours dans toute la législation civile et politique des peuples anciens et modernes sont profonds et nombreux [1]. Par l'esprit d'égalité qui l'animait à son origine, il tend à égaliser les hommes dans l'ordre moral et social comme dans l'ordre religieux. Il rapproche les conditions, efface les différences qui ne sont pas naturelles, et détruit partout les distinctions purement formelles qui ne tiennent pas à l'essence des choses. Le dualisme qui traverse toute l'histoire du droit romain, le droit des personnes et le droit des choses, et qui engendre cette lutte où l'élément prétorial triomphe de plus en plus de l'élément du *jus strictum*, disparaît définitivement sous l'action du christianisme. L'état des personnes, l'esclavage, le mariage, les secondes noces, le divorce, les degrés de parenté, le concubinat, la puissance paternelle et maritale, tout fut changé, et une modification correspondante s'opéra dans l'ordre des choses; la succession et le droit de propriété reçurent de notables réformes. L'influence du christianisme sur les législations du moyen-âge n'est pas moins visible [2], et partout il substitue des maximes plus élevées et des formes plus douces aux lois et aux coutumes barbares.

Les Pères de l'Église commencèrent à formuler, d'après les principes du christianisme, une nouvelle théorie du droit, opposée d'abord à la doctrine de l'antiquité, et plus tard combinée, dans une synthèse supérieure, avec les idées des philosophes grecs et romains.

Lactance (mort vers 330) développe la notion de la justice, en établissant une opposition radicale entre l'antiquité et l'esprit chrétien. D'après lui, la vraie justice consiste dans le culte pieux du Dieu unique [3], et comme ce culte est inconnu

---

[1] TROPLONG, *De l'influence du christianisme sur le droit civil des Romains.* Paris, 1842.

[2] M. BUSS, prof. à l'univ. de Fribourg: *De l'influence du christianisme sur le droit et l'État*, 1841, allem. Dans la première partie, l'auteur examine spécialement l'influence du christianisme au moyen-âge, en exposant les théories de droit formulées par les principaux Pères de l'Église et les philosophes scolastiques.

[3] «Deus, ut parens indulgentissimus, appropinquante ultimo tempore, nuntium misit qui vetus illud sæculum fugatamque justitiam reduceret,

des païens, comme ils ignorent le sacrifice de l'homme et rapportent tout à la vie temporelle, ils ne peuvent pas non plus connaître la véritable signification de la justice[1].

Saint Ambroise († 387) exprime l'idée chrétienne de la justice d'une manière plus positive, et en fait une application plus pratique à la société humaine. Le principe qui domine dans sa conception est celui de la communauté. Cette communauté est régie, non par l'ancien principe négatif du *suum cuique* ou du *neminem lædere*, mais par le principe de l'amour qui prend sa source en Dieu, s'étend sur tout le genre humain et fait envisager toute l'humanité comme un grand corps dont nous sommes les membres solidaires[2].

Chez ces deux Pères de l'Église, la notion du droit est encore plus ou moins confondue avec la religion et la morale.

Saint Augustin (354-430), nourri des doctrines philosophiques de l'antiquité, unit le christianisme au platonisme; dans sa *Cité de Dieu*, où la *République* de Platon sert souvent de modèle, il développe des principes sur le droit et sur l'État qui établissent une distinction tranchée entre la

---

ne humanum genus maximis et perpetuis agitaretur erroribus. Rediit ergo species illius aurei temporis, et reddita quidem terræ, sed paucis assignata *justitia* est, quæ nihil aliud est quam *Dei unici pia et religiosa cultura.*» *Institutiones divinæ*, lib. V, cap. VII.

[1] Lib. V-XVII. «Qui sacramentum hominis ignorant, ideoque ad hanc vitam temporalem referunt omnia, quanta sit vis justitiæ, scire non possunt».

[2] «Justitiæ pietas est prima in deum, secunda in patriam, tertia in parentes, item in omnes. — Hinc charitas nascitur, quæ alios sibi præfert, non quærens quæ sua sunt, in quibus est principatus justitiæ. — Justitia igitur ad societatem generis humani et ad communitatem refertur. — Sed primum ipsum, quod putant philosophi justitiæ munus, apud nos excluditur. Dicunt enim illi, eam primam esse justitiæ formam ut nemini quis noceat, nisi lacessitus injuria; quod Evangelii autoritate vacuatur. Vult enim Scriptura, ut sit in nobis spiritus filii hominis qui venit conferre gratiam, non inferre injuriam. Deinde formam justitiæ putaverunt ut quis communia, id est publica, pro publicis habeat, privata pro suis. Nec hoc quidem secundum naturam. — Hæc utique lex naturæ est quæ nos ad omnem stringit humanitatem, ut alter alteri tanquam unius partes corporis invicem deferamus.» *De Officis ministrorum*, lib. I, c. XXXVII.

loi éternelle, la justice divine, le règne ou la cité de Dieu, et la loi temporelle, la justice humaine, la cité terrestre régie d'après la loi extérieure de la force et de la contrainte.

La justice est encore conçue par saint Augustin comme le lien de toutes les vertus, mais elle consiste principalement dans la disposition de l'âme à traiter chacun selon sa dignité. La justice a une origine naturelle; quelques-uns de ses préceptes ont passé dans les coutumes et ont été confirmés par les lois et par la religion[1]. Mais l'État doit être gouverné par la justice divine et non par la justice des hommes.

L'Église militante s'interpose entre les deux états précédemment indiqués; elle est destinée à devenir une image du règne divin sur la terre; elle lutte contre le mauvais principe de l'état terrestre et contre sa propre imperfection. La paix est le bien souverain et le dernier but vers lequel tendent la cité céleste et la cité terrestre, la paix de l'âme et du corps, de l'âme rationnelle et irrationnelle, de Dieu et de l'homme, la paix dans tous les ordres et dans toutes les choses[2]. Ainsi l'idée d'un ordre universel de paix, qui prend sa source en Dieu, s'étend sur les règnes de la nature et sur les sociétés humaines, et dispose tout ce qui est terrestre d'après une loi divine, forme la base de cet ouvrage célèbre. C'est la première philosophie de l'histoire conçue dans l'esprit chrétien; tous les matériaux connus de l'antiquité orientale, hébraïque, grecque et romaine y sont groupés d'après

---

[1] *De diversis quæstionibus*, 83, quæst. 31.

[2] La paix, dans les divers ordres de l'existence, est bien décrite par saint Augustin: «Pax itaque corporis est ordinata temperatura partium. Pax animæ irrationalis ordinata requies appetitionum. Pax animæ rationalis ordinata cognitionis actionisque consensio. Pax corporis et animæ ordinata vita et salus animantis. Pax hominis mortalis et Dei ordinata in fide sub æterna lege obedientia. Pax domus ordinata imperandi atque obediendi concordia cohabitantium. Pax civitatis ordinata imperandi atque obediendi concordia civium. Pax cœlestis ordinatissima et concordissima societas fruendi Deo et invicem in Deo. Pax omnium rerum tranquillitas ordinis. Ordo est parium dispariumque rerum sua cuique loca tribuens dispositio.» *De Civitate Dei*, lib. XIX, c. XIII.

un plan supérieur, et composent un édifice qui demande encore à l'avenir son achèvement.

Parmi les philosophes du *moyen-âge*, c'est saint Thomas d'Aquin (1225-1274) qui, dans sa *Summa theologiæ* et dans son livre *De regimine principis*, a développé la théorie la plus étendue sur le droit et l'État. L'œuvre des scolastiques consistait à étayer l'édifice construit par les Pères à l'aide de la philosophie, au moyen des arguments dialectiques que leur fournissait principalement la doctrine d'Aristote. Aussi rencontrons-nous dans Thomas d'Aquin de savantes formules et de profondes distinctions, bien plus que l'inspiration et l'élévation des idées, qui caractérisent les travaux de plusieurs Pères de l'Église. La base de sa théorie du droit est la doctrine de la *loi*. La loi est quadruple: la loi *éternelle*, qui est celle du gouvernement divin et général du monde; la loi *naturelle*, qui participe de la loi éternelle et s'applique à tous les êtres finis doués de raison; la loi *humaine*, qui se rapporte aux conditions particulières des hommes, et enfin la loi *divine*, qui consiste dans l'ordre de salut que Dieu a établi dans sa providence spéciale pour les hommes.

En déterminant ensuite le droit et l'État, saint Thomas suit particulièrement Aristote. La justice se distingue des autres vertus en ce qu'elle considère l'homme dans ses rapports avec ses semblables, et veut que chacun reçoive, d'après le principe de l'égalité *(æqualitas)*, ce qui lui est dû. Le droit dans l'État est, d'un côté, le droit naturel, qui est fondé invariablement dans la nature de l'homme, et, de l'autre, le droit positif, qui est établi par convention, promesse ou contrat, soit privé, soit public *(ex condicto publico)*. Le droit dans l'État ne concerne cependant que la légalité *(legalitas)* des actions extérieures; la justice intérieure consiste en ce qu'on fasse ce qui est juste par l'amour *(caritate)* de Dieu, législateur suprême et seul juge de la justice intérieure.

Un progrès s'est accompli dans la théorie chrétienne du droit: dérivé d'abord de la *volonté* de Dieu comme de sa

source, le droit est ramené par saint Thomas à un fondement éternel dans la *raison* ou dans la nature même de
Dieu. L'État est changé dans sa position et son but vis-à-vis
de la société humaine, régie par deux autorités, l'État et
l'Église (v. p. 12). Comme les principes de ces deux institutions ne sont pas compris dans leur union supérieure, il s'é-
tablit un faux dualisme et une lutte qui finit par la réforme
et la prépondérance de l'État.

Au commencement du quatorzième siècle apparaissent, dans
le domaine de la jurisprudence, les premiers ouvrages dans
lesquels les auteurs[1] revendiquent les droits du pouvoir sé-
culier contre les prétentions de la papauté, et soutiennent
que l'empire romain n'a pas été transféré aux rois francs
par le pape, mais par le consentement du peuple. Ces ouvrages étaient précédés du livre « *de Monarchia* », de Dante
(1265-1321), qui y réfute l'opinion de la subordination de
l'empereur au pape, et du livre d'Englebert d'Admont
(en Styrie, † 1331), *de ortu, progressu et fine Romani imperii*, remarquable en ce qu'il prédit, comme une suite de la
perdition du clergé et des laïques, la séparation des princes
de l'empire et des églises du pape[2].

§ 42.

PHILOSOPHIE MODERNE DU DROIT.

Une nouvelle époque commence pour l'histoire du droit
naturel par la réforme religieuse. En rétablissant l'élément per-

---

[1] Marsilius (de Menandrino) de Padoue, † 1328: *De translatione
imperii*. Marsile est un ardent adversaire des papes et de toute juridiction et puissance coactive du sacerdoce. La monarchie, qu'il veut
élective, doit s'appuyer sur le consentement des sujets (consensus sub-
ditorum), et la puissance législative doit être «civium universitas aut
ejus pars valentior, quæ totam universitatem *repræsentat*». Guillaume
d'Occam, † 1347: *Disputatio de potestate ecclesiastica et seculari*.
L'évêque de Bamberg, Léopold de Bebenburg, † 1354: *Tractatus de
juribus regni et imperii Romanorum*. V. Buss, *De l'influence du christianisme*, p. 282.
[2] L. c. cap. 22. Igitur constans et indubium sit, quod ante adventum
Antichristi futura sit prædicta triplex discessio: scilicet primo regno-

sonnel et subjectif de la conscience par la consécration du
libre examen, en favorisant les recherches sur les origines
historiques et philosophiques de toutes les institutions, la
réforme donna naissance à un grand nombre d'ouvrages dans
lesquels les questions de droit et de politique furent examinées avec un esprit plus ou moins critique. Au commencement, l'Écriture fut considérée comme la source du droit, et
la raison était seulement appelée à l'interpréter; mais bientôt
on conçut un droit rationnel indépendant de toute autorité
extérieure, historique ou dogmatique. La réforme, en faisant
valoir de nouveau la personnalité humaine, en ouvrant les
sources fécondes de vie et d'activité qui y sont contenues,
avait eu pour première conséquence importante de distinguer
plus nettement la morale de la religion; et en insistant sur
la nécessité de cultiver dans l'homme l'élément subjectif et
moral, jusque-là absorbé dans les dogmes transcendants, elle
livra aux peuples qui l'adoptèrent, avec la liberté spirituelle,
un fonds de moralité et un principe d'activité qui ont communiqué à toute leur vie sociale un mouvement plus réfléchi.
C'est la réforme qui a donné à l'Allemagne la conscience
d'elle-même, de sa langue, de sa civilisation, de sa mission
dans l'avenir. De plus, lorsque la morale eut été distinguée
des dogmes, on finit par établir aussi les limites entre la
morale et le droit. Ce travail d'analyse dans le domaine moral et juridique ne s'est pas opéré sans erreurs. On s'est
trompé à plusieurs égards sur les éléments qu'on devait faire
entrer dans la notion de la morale et dans celle du droit,
et, au lieu d'établir une distinction qui n'exclut pas l'accord,
on a quelquefois prononcé une séparation complète entre la
morale et le droit. Mais à la fin ces travaux analytiques ont
de nouveau conduit à une synthèse supérieure, à un principe
harmonique qui consacre à la fois la différence et l'union entre
le droit, la morale et la religion, entre tout ce qui est

rum a Romano imperio..., secundo Ecclesiarum ab obedientia Sedis
Apostolicæ... tertio fidelium a fide.

vrai, bien, juste et beau, entre tout ce qui est divin et humain.

Les *théories de droit naturel*, sorties du mouvement imprimé aux esprits par la restauration de la philosophie et fortifié par la réforme, se divisent, après quelques essais indécis et après la réforme fondamentale de Grotius, en deux catégories principales, d'après les directions opposées dans lesquelles la philosophie avait été engagée par Bacon et par Descartes.

Le sensualisme, qui s'appuie sur la méthode purement expérimentale dont Bacon avait été le promoteur, fut développé avec une logique sévère, dans sa forme matérialiste, par Hobbes; il fut transformé ensuite par Locke en un système de réflexion, et ramené de nouveau en France, entre les mains de Condillac, au sensualisme pur et plus tard au matérialisme. Les théories de droit naturel établies par ces auteurs se ressentent de l'esprit général de leur système philosophique. Aussi voyons-nous chez Hobbes (v. p. 27) une doctrine tout à fait matérialiste. L'homme n'est qu'un être sensible, mû par des passions brutales; le droit s'étend aussi loin que les désirs et la force; de là une guerre de tous contre tous; les hommes ne sortent de cet état naturel, pour jouir paisiblement de leurs biens, qu'en établissant, par une convention, un pouvoir despotique, une monarchie absolue qui puisse maintenir le repos. Le système de Locke, au contraire, admettant dans l'homme une faculté supérieure à la sensation, la réflexion avec les notions qu'elle produit, cherche l'origine de la société dans un acte réfléchi des hommes, dans un *contrat social*, qui doit garantir les droits de la liberté personnelle que l'homme tient de sa nature; loin de voir dans une monarchie absolue la meilleure forme du gouvernement, Locke (1632-1704) la condamne et trace avec précision les règles d'un gouvernement constitutionnel. En Angleterre et en Écosse, les philosophes moralistes, tels que Cumberland († 1718), Shaftesbury († 1713), Hutcheson († 1747), Hume

(† 1776), Adam Smith († 1790), Richard Price († 1791), Thomas Reid († 1803), Ferguson († 1816) et Dugald Stewart
(† 1828), ne se sont guère occupés que de rechercher la
source psychologique des notions de morale et de droit, sans
les préciser dans la nature. C'est en France que les théories
politiques de Locke reçurent, par les ouvrages de Rousseau,
un développement plus pratique dans un sens encore plus
libéral. Les théories postérieures se ressentent des doctrines
sensualistes et matérialistes de Hobbes et de Condillac; elles
n'ont été vaincues que lorsque, au commencement du dix-
neuvième siècle, la philosophie en France s'éleva par degrés
à une doctrine plus juste sur la nature spirituelle et morale
de l'homme.

Le spiritualisme, formulé par Descartes, négligea de tirer
les conséquences morales et politiques; c'est là sans doute une
des causes pour lesquelles la nation française, douée d'un
esprit éminemment politique et social, l'oublia bientôt et se
passionna pour les doctrines plus pratiques des philosophes
anglais. De plus, le système de Spinoza, conséquence extrême
de la tendance ontologique de Descartes, établit une doctrine
de droit qui se rapproche sous plusieurs rapports de celle
de Hobbes, sans avoir l'avantage de se présenter sous une
forme aussi précise. Spinoza (1632-77), en niant la liberté
humaine, en soutenant que le droit des individus et des
États n'a pour limites que leur pouvoir *(jus naturæ est ipsa
naturæ potentia; — unumquodque individuum jus summum
habet ad omnia quæ potest. Tractat. theol. pol., cap. XVI)*,
semble justifier tous les abus et toutes les violences. Il veut,
il est vrai, que les lois de la nature se transforment dans
l'État en une loi de raison, par laquelle tous deviennent libres
et égaux, et il considère la monarchie constitutionnelle comme
une simple transition vers la démocratie, forme parfaite qui
réalise les principes de liberté et d'égalité. Mais ces déductions s'effaçaient devant le principe général du droit, qui
partagea la réprobation dont tout le système fut frappé. Le

véritable spiritualisme ne s'est développé qu'en Allemagne; il y a revêtu diverses formes dans les doctrines de Leibniz et de Kant; il a même été poussé à l'extrême dans l'idéalisme subjectif de Fichte, pour s'élever à la fin, à travers le naturalisme idéaliste de Schelling et l'idéalisme absolu de Hegel, à un rationalisme harmonique dans le système de Krause.

On peut établir, depuis la restauration de la philosophie et la réforme religieuse, quatre époques pour l'histoire du droit naturel.

La *première époque* comprend, d'un côté, les essais tentés par les *précurseurs* de Grotius pendant le XVIe siècle, et, d'un autre côté, les doctrines qui sont la première application pratique des nouvelles idées nées de la réforme dans la lutte de la liberté religieuse et politique contre l'absolutisme, en Écosse, en Angleterre et en France.

MÉLANCHTHON, *Epitome philosophiæ moralis*, 1538;

OLDENDORP, *Elementaris introductio juris naturæ, civilis et gentium*, 1539;

HEMMING (Danois), *De lege naturæ*, 1562;

ALB. BOLOGNETUS († 1585), *De lege, jure et æquitate disputationes*.

GENTILIS (Italien, professeur à Oxford, † 1611), *De legationibus*, 1583; *De jure belli*, 1588;

WINKLER, *Principiorum juris libri V. Lipsiæ*, 1615.

Les auteurs de cette époque conçoivent le droit naturel comme une science spéciale, en liaison intime avec les dogmes et les préceptes de la religion chrétienne. Le droit naturel est déduit de la nature humaine; mais comme cette nature a été pervertie par le péché originel, et que la raison a été obscurcie et affaiblie, le droit naturel a besoin de l'appui de la théologie, et la raison doit être éclairée et fortifiée par la révélation. Il y a ainsi un double état de l'homme, avant et après la chute. De là, un droit naturel double, celui du premier *état d'intégrité*, où le droit naturel se confond avec la religion et la morale et où n'existaient pas encore les institutions rendues nécessaires par la chute, telles que la propriété, les inégalités sociales, les contrats, et celui de l'*état postérieur*, dans lequel il ne reste qu'une partie du droit primitif, que les lois doivent conserver et protéger.

Dans les luttes religieuses et politiques de ce temps se formule d'abord la doctrine des adversaires de la monarchie, *(monarchomaches)* de Languet, † 1581 (sous le nom de Junius Brutus), *Vindiciæ contra tyrannos*, 1577; de Buchanan (†1582), *De jure regni apud scotos;* plus tard de Milton (†1671), dans sa *Defensio pro populo anglicano* (1650), dans laquelle la peine capitale subie par Charles Ier est défendue contre le livre absolutiste de Saumaise *(Defensio regia pro Carolo I,* 1649). Ces auteurs partent tous du principe de la souveraineté du peuple qu'ils fondent et sur la Bible (l'élection de Saül par le peuple), et sur l'analogie avec la nouvelle constitution (synodale) de l'Église, et sur la loi de nature *(lex naturæ)*, d'après laquelle un peuple peut bien exister sans roi et pas un roi sans le peuple. La souveraineté du peuple fut aussi enseignée par des jésuites, principalement dans le but de présenter le pouvoir royal transmis par le peuple comme étant inférieur au pouvoir spirituel venant de Dieu; ces jésuites sont principalement Suarez (†1617), Jean Mariana (qui, dans son livre: *De rege et regis institutione,* brûlé par ordre du parlement de Paris, 1610, avait défendu le meurtre d'un tyran, à propos de l'assassinat de Henri III par Clément) et Bellarmin. L'absolutisme fut défendu par Saumaise et surtout par Filmer (Patriarcha 1680), contre lequel Algernon Sidney (décapité en 1683) écrivit ses *Discourses concerning government.*

La *seconde époque* s'ouvre par *Hugo Grotius* (1583-1645), le restaurateur de la science du droit naturel. Le droit, comme science *indépendante* de la religion positive, découle, selon Grotius, immédiatement de la nature de l'homme, et subsisterait encore si Dieu n'existait point *(etsi daremus, quod sine summo scelere dari nequit, non esse Deum, aut non curari ab eo negotia humana).* Toutefois Grotius a partout égard aux doctrines bibliques; il admet également un double droit naturel, avant et après la chute, et il hésite souvent sur ce qu'il faut placer dans le premier ou dans le second état; mais en général il cherche le droit dans une source constante et permanente, dans la *sociabilité* innée à l'homme *(societas, quam ingeneravit natura)*, et dans les jugements rationnels *innés* à l'esprit humain. Ce n'est donc pas la *volonté de Dieu* qui est considérée comme la source du droit, car cette volonté même ne peut pas faire que ce qui est injuste soit juste; c'est la *volonté de l'homme* qui, guidée par la *raison*, doit établir comme juste ce qui est conforme au principe de la sociabilité. Dans cette doctrine, le droit est nettement distingué de la religion, mais encore plus ou moins confondu avec la *morale*. L'État est considéré par Grotius comme étant formé par un contrat à la sortie de l'état de nature, et ayant le double but de réaliser le droit et le salut commun *(civitas est coetus perfectus liberorum hominum juris fruendi et communis utilitatis causa sociatus)*. Le droit des gens est traité par Grotius conformément à ses principes plus élevés de sociabilité humaine, en vue de la grande société des peuples *(magnæ illius universitatis)*, en cherchant surtout à préciser le droit de la guerre et les causes qui seules peuvent la justifier.

Les successeurs de Grotius diffèrent d'opinion avec lui sur plusieurs matières importantes; mais ils sont d'accord pour assigner au droit naturel une position indépendante, en le fondant sur la nature de l'homme telle qu'ils la conçoivent[1].

---

[1] Les principaux ouvrages de cette époque sont:

Hugo Grotius, *De jure belli ac pacis lib. III*; Parisiis, 1625. (Dans cet ouvrage se trouve, comme introduction, l'exposition des nouveaux principes du droit naturel.)

J. Barbeyrac, *Le droit de la guerre et de la paix*, traduit du latin de H. Grotius, avec des remarques. Amsterdam, 1724; nouvelle édit., Bâle, 1768, 2 vol.

Hobbes, *De cive*, 1642; *Leviathan, seu de civitate ecclesiastica et civili*, 1651.

Sam. Pufendorf, *Elementa juris universalis methodo mathematica*, Hagæ, 1660; *De jure naturæ et gentium libri VIII*, 1672; *cum notis*

Parmi ces successeurs se distingue Samuel Pufendorf (1631-1694), qui cherche à unir les doctrines de Grotius et de Hobbes, en déclarant les hommes sociables par égoïsme, et fonde le premier système de droit naturel, en distinguant en même temps le droit privé du droit public. Il rétrograde en ce qu'il ramène toutes les lois du bien et du juste à la *volonté de Dieu*, et il commence par établir la théorie dangereuse qui assigne le salut public comme la loi suprême de l'État (*salus publica lex suprema esto*).

L'*opposition* et la *réaction* contre ces doctrines, qui admettent un droit naturel indépendant, viennent particulièrement des deux *Cocceji* (Henri et Samuel, père et fils). Ces auteurs veulent ramener le droit à la *volonté divine* [1].

La *troisième époque* s'ouvre par deux doctrines, en partie opposées: celle de *Leibniz*, développée plus tard par Wolff, et celle de *Thomasius:*

Thomasius (1655-1728), en adoptant une distinction que Leibniz avait établie, quelques années auparavant, entre les trois gradations (*tres gradus*) du droit, s'en sert pour établir le premier une *différence* tranchée, mais insuffisante, entre le droit et la morale. Il sépare les obligations du droit de celles de la morale par le caractère de *contrainte*, et ap-

---

variorum, Francofurti et Lipsiæ, 1744; *De officiis hominis et civis,* 1673; le même ouvrage, *cum notis Barbeyracii*, Lugd. Bat., 1769; *le Droit de la nature et des gens*, traduit du latin de Samuel de Pufendorf, par Jean Barbeyrac, Amsterdam, 1706; nouv. édit., 1771, 2 vol.; *Des devoirs de l'homme et du citoyen*, Amsterdam, 1707; nouv. édit., Paris, 1830.

Cumberland (1632-1709), *De legibus naturæ disquisitio philosophica*, editio tertia, 1694. Cet ouvrage est particulièrement dirigé contre Hobbes et a exercé une grande influence sur les écrivains postérieurs de l'Angleterre.

[1] Henr. de Cocceji, *Grotius illustratus, etc.*, 3 vol., publiés par le fils, 1744-1747.

Sam. de Cocceji, *Tractatus juris gentium; de principio juris naturalis unico, vero et adaequato*, 1699.

Contre Pufendorf sont dirigés spécialement les ouvrages suivants:

Alberti, *Compendium juris naturæ; orthodoxa theologia confirmatum*, Lipsiæ, 1678;

Rachel, *Dissertationes de jure naturæ et gentium*, 1676.

pelle les premières, parce qu'elles se laissent parfaire ou exécuter par la force, des obligations parfaites, et les secondes des obligations imparfaites. Les obligations du droit ne sont que *négatives*; elles sont régies par le précepte «quod tibi non vis fieri alteri ne feceris,» tandis que les préceptes de l'*honestum et decorum* sont positifs. Grotius avait commencé par séparer le droit de la religion, Thomasius le sépare encore de la morale. De cette séparation, Thomasius tire la conséquence pratique importante que l'*État* n'a qu'à veiller à la sécurité extérieure et à employer pour ce but ses moyens de contrainte, mais qu'il doit abandonner le domaine religieux et moral à la liberté de la conscience [1].

Leibniz (1646-1716), établissant un grand système d'harmonie universelle, dans laquelle tout est ramené au principe suprême, donne aussi aux investigations sur le droit une direction supérieure, en dégageant la science philosophique des hypothèses de l'état de nature, et en rattachant le principe du droit au premier principe des choses, à Dieu, comme source de toute justice. Le droit, selon lui, ne concerne pas seulement les rapports extérieurs des hommes; il s'étend aussi loin que la raison et les rapports rationnels des hommes avec tous les êtres. Les esprits doués de raison forment avec Dieu une cité divine (*civitatem Dei*), dans laquelle le règne de la nature est en harmonie avec le règne de la grâce. La justice est le principe recteur (*rectrix*) de l'amour de l'hu-

---

[1] Thomasius, homme très-pieux, était un infatigable adversaire de la superstition concernant les sorcières et des procès encore si nombreux dont elles furent l'objet à cette époque (surtout à Leipzig, où sévit le criminaliste Corpzow), de sorte que Frédéric II pouvait dire de Thomasius qu'il avait revendiqué aux femmes le droit de vieillir sans danger.

Les ouvrages principaux de l'école de Thomasius sont:

CHR. THOMASIUS, *Fundamenta juris naturæ et gentium*, 1605;

EPH. GERHARD, *Delineatio juris naturalis, sive de principiis justi*, 1712;

GUNDLING, *Jus naturæ et gentium*;

H. KOEHLER, *Juris naturalis ejusque imprimis cogentis exercitationes*, 1728;

ACHENWALL, *Prolegomena juris naturalis, et jus naturæ*, 1781.

manité, de ce que les Grecs appelaient Φιλανθρωπειαν et qu'on appellerait mieux *caritatem*. Mais le droit se manifeste à trois degrés : d'abord le *droit étroit (jus strictum)*, consistant dans la *justice commutative* et se résumant dans le principe : *alium non lædere;* ensuite l'*équité (æquitas)*, consistant dans la *justice distributive*, avec le principe : *suum cuique tribuere;* enfin la *piété (pietas)* ou la *probité (probitas)*, énoncée dans la maxime : *honeste vivere.* Le but du droit est le *perfectionnement (justum est, quod societatem ratione utentium perficit)*. Le monde entier est une cité de Dieu, dont nous sommes les membres immortels. Toute la chrétienté doit devenir une république d'États régie par un concile permanent ou par un sénat qu'il délègue.

La doctrine de Leibniz fut systématisée par Wolff (1679-1754), qui, en considérant le principe de perfectionnement plus comme source et base du *bonheur (perfectio est unicus fons felicitatis)*, assigne aussi au droit et à l'État, comme fin dernière, de favoriser partout le perfectionnement pour le bonheur de tous. Par cette doctrine, dans laquelle le droit et la morale sont trop confondus, Wolff favorise aussi la tendance de l'époque vers l'omnipotence de l'État. Néanmoins c'est l'école Leibniz-Wolff qui, par ses principes de perfectionnement social, a exercé une influence très-heureuse sur la science philosophique et positive du droit [1].

---

[1] Les ouvrages principaux de l'école de Leibniz sont :
LEIBNIZ, *Nova methodus discendæ docendæque jurisprudentiæ*, 1767. *Observationes de principio juris.* Opp. (editio Dutens), IV. pars 3. *Codex juris gentium* (avec les deux préfaces), 1693-1700 ;
WOLFF, *Jus naturæ methodo scientifica pertractatum;* Lipsiæ, 8 tomi in-4°, 1740-1748. *Institutiones juris naturæ et gentium*, Halæ, 1754. Traduction française de cet ouvrage par *Luzac*, Amsterdam, 1742, 4 vol.; *Vernünftige Gedanken von der Menschen Thun und Lassen*, 1720 ;
FORMEY, *Principes du Droit de la nature et des gens*, extraits du grand ouvrage de *Wolff*, Amsterdam, 1758, 3 vol.;
DARIES, *Institutiones jurisprudentiæ naturalis*, Jenæ, 1740; 7e édition, 1776 ;
NETTELBLADT, *Systema elementaris jurisprudentiæ nat.*, Halæ, 1784; 3e édition, 1785;
VATTEL, *Le Droit des gens*, ou principes de la loi naturelle appli-

La *quatrième époque* s'ouvre par la doctrine de Kant
(1724-1804) dont le caractère a été suffisamment exposé dans
l'introduction (p. 37). Mais presque en même temps s'élève
l'*opposition historique* et *théologique* contre les théories individualistes et abstraites, dont la doctrine de Kant est la
plus méthodique; plus tard encore se manifeste, surtout en
Allemagne, l'opposition de l'école *spéculative* contre le subjectivisme de Kant, de Fichte et des écoles antérieures. Mais
ces doctrines, qui cherchent la source du droit dans une
réalité *objective*, ne présentent généralement qu'un *extrême*
sous l'un ou l'autre rapport. La véritable doctrine, celle de
Krause, qui, selon nous, commencera une nouvelle époque,
devra donc réunir, par un rapport synthétique supérieur, les
vérités partielles renfermées dans les théories précédentes;
elle développera surtout, d'un côté, le caractère *éthique* du
droit, que quelques grands systèmes philosophiques, entre
autres ceux de Platon et de Leibniz, avaient déjà indiqué,
et par lequel la religion chrétienne a pu si profondément
modifier même les institutions civiles et politiques, et, d'un
autre côté, elle fera valoir le caractère *organique* du droit
et de l'État (§ 19), par lequel tout ordre privé et public du

qués aux nations, Leyde, 1758, 2 vol.; édition de Royer-Collard, Paris,
1835: la dernière édition est de P. Pradier-Fodéré, Paris, 1863, 3 vol.
   MARTINI, *De lege naturali positiones*, Viennæ, 1764; 6e édition,
1779, et à Bruxelles, 1789. — Du même auteur: *Lehrbegriff des Na-
tur-, Staats- und Völkerrechts*, 4 vol., 1784 et 1787;
   DE RAYNEVAL, *Institutions du Droit de la nature et des gens*,
Paris, 1803;
   MEISTER (J. CHR. FRIED.), *Lehrbuch des Naturrechts*, 1809;
   HOEPFNER, *Naturrecht der einzelnen Menschen, der Gesellschaften
und der Völker*, 1780;
   Les auteurs des deux derniers ouvrages ont déjà égard à la théorie
de Kant.
   Parmi les écrivains *éclectiques*, qui combinent la doctrine de Wolff
avec les théories de Grotius et de Thomasius, se distinguent:
   BURLAMAQUI, *Principes de Droit naturel*, 1747. *Principes du Droit
de la nature et des gens*, dernière édition par M. Dupin, Paris, 1820, 5 vol.;
Éléments du Droit naturel, ouvrage posthume, 1775; plusieurs fois
réimprimé.
   DE FELICE, *Code d'humanité*, ou dictionnaire raisonné de la justice
naturelle et civile, Yverdon, 1778, 13 vol. in-4°.

droit se présente comme une face et fonction particulière de tout l'organisme social et en rapports intimes d'influence réciproque avec toutes les parties du corps social.

I. OUVRAGES DES ÉCOLES MODERNES.

A. École de Kant.

IMMAN. KANT, *Grundlegung zur Metaphysik der Sitten.* 1787. *Metaphysik der Sitten. I. Th. Rechtslehre.* 2ᵉ édit. 1798. Le même ouvrage en latin : *Imm. Kantii elementa metaphysicæ juris doctrinæ,* latine vertit L. Kœnig. Amstelodami, 1809. *Principes métaphysiques du Droit* de Kant, traduits de l'allemand, par Tissot. Paris, 1837. Traduction de Jules Barni. Paris, 1854.

G. HUFELAND, *Lehrsätze des Naturrechts.* 2ᵉ édit., 1795.

PH. SCHMALZ, *Recht der Natur.* 1795. *Erklärung der Rechte des Menschen und Bürgers.* 1798.

CHR. HOFFBAUER, *Naturrecht aus dem Begriffe des Rechts entwickelt.* 3ᵉ édit., 1804.

K. K. HEIDENREICH, *System des Naturrechts nach kritischen Principien.* Leipzig, 1795.

L. N. JACOB, *Philosophische Rechtslehre.* 2ᵉ édit., 1802.

A. MELLIN, *Grundlegung zur Metaphysik der Rechte oder der positiven Gesetzgebung.* 1796.

H. STEPHANI, *Grundlinien der Rechtswissenschaft oder des sogenannten Naturrechts.* 1797.

L. BENDAVID, *Versuch einer Rechtslehre.* 1802.

J. CH. FR. MEISTER, *Lehrbuch des Naturrechts.* 1809.

H. GROS, *Lehrbuch der philosophischen Rechtswissenschaft oder des Naturrechts.* 1802; 5ᵉ édit., 1829.

CHR. WEISS, *Lehrbuch der Philosophie des Rechts.* 1804.

ZEILLER, *Naturrecht.* 1813.

ZACHARIAE, *Philosoph. Rechtslehre, oder Naturrecht und Staatslehre.* 1819; 2ᵉ édit., 1825. *Vierzig Bücher vom Staate;* Heidelberg, 1839-1843.

A. BAUER, *Lehrbuch des Naturrechts.* 1808; 3ᵉ édit., 1825.

W. F. KRUG, *Philosophische Rechtslehre.* 1817.

S. BECK, *Lehrbuch des Naturrechts.* 1820.

J. Haus, *Elementa doctrinæ philosoph., sive juris naturalis.* Gandavi, 1824.

A. von Droste-Hulshoff, *Lehrbuch des Naturrechts.* 1831.

L. von Rotteck, *Lehrbuch des Vernunftrechts und der Staatswissenschaften.* 2 vol., 1829.

Ant. Virozsil, *Epitome juris naturalis.* Pesthini, 1839.

M. Bussart, *Éléments de droit naturel privé.* Fribourg en Suisse, 1836.

V. Belime, *Philosophie du droit.* 2 vol., 3e édit., 1869.

Soria di Crispan, *Philosophie du droit public.* 1853.

B. Écoles et doctrines diverses.

J. G. Fichte, *Grundlage des Naturrechts nach Principien der Wissenschaftslehre.* 2 vol., 1792; 2e édit., 1797.

J. H. Abicht, *Neues System eines aus der Menschheit entwickelten Naturrechts. — Kurze Darstellung des Natur- und Völkerrechts, zum Gebrauche bei Vorlesungen.* 1795. (L'auteur se rapproche de la doctrine de Krause.)

G. Hugo, *Lehrbuch des Naturrechts als einer Philosophie des positiven Rechts.* 1799; 3e édit., 1820.

G. E. Schulze, *Leitfaden der Entwickelung der philosophischen Principien des bürgerlichen und peinlichen Rechts.* 1813.

F. Bouterweck, Der Abschnitt über *das Naturrecht* in seinem *Lehrbuche der philosophischen Wissenschaften.* 2e édit., 1820.

G. W. Gerlach, *Grundriss der philosophischen Rechtslehre.* 1824.

Les trois derniers auteurs ont cherché à remettre le droit naturel dans une liaison plus intime avec la morale.

W. T. Hegel, *Naturrecht und Staatswissenschaft, oder Grundlinien der Philosophie des Rechts.* 1821.

C. Chr. Krause, *Grundlage des Naturrechts, oder philosophischer Grundriss des Ideals des Rechts.* 1er vol., 1803.

C. Chr. Krause, *Abriss des Systems der Rechtsphilosophie, oder des Naturrechts.* 1825.

C. Chr. Krause, *Das System der Rechtsphilosophie.* 1873.

J. Stahl, *Philosophie des Rechts.* 3 vol., 4e édit., 1870.

L. Warnkoenig, *Rechtsphilosophie als Naturlehre des Rechts,* 1839; et: *Philosophiæ juris delineatio.* 1855.

F. A. Schilling, *Lehrbuch des Naturrechts.* 2 vol., 1859-1863.

A. Geyer, *Die Rechtsphilosophie in Grundzügen.* 1863.

C. Roeder, *Grundzüge des Naturrechts.* 1846; 2ᵉ édit., 1860. (D'après le système de Krause.)

v. Hasner, *Philosophie des Rechts und seiner Geschichte.* 1851.

E. v. Moy, *Grundlinien des Rechts.* T. Iᵉʳ. 1854.

Ferd. Walter, *Naturrecht und Politik.* 1863.

Ad. Trendelenburg, *Naturrecht auf dem Grunde der Ethik.* 2ᵉ édit., 1868. (L'auteur veut aussi présenter le droit sous son caractère éthique et organique, et définit le droit comme «l'ensemble des règles déterminantes de l'action par lesquelles le tout moral et son organisme peut être conservé et développé».)

En Italie, la philosophie du droit a été cultivée dans les temps modernes avec un grand zèle et dans l'intelligence de la haute importance pratique de cette science. M. Rœder a donné une revue *sur les travaux modernes de philosophie du droit en Italie,* dans plusieurs articles très-instructifs insérés dans la *Revue critique de la jurisprudence* (*Krit. Zeitschrift für Rechtswissenschaft*), tom. XXV, cahiers 1, 2 et 3. Plusieurs auteurs de ces ouvrages, comme MM. Baroli, Tolomei, établissent des principes analogues à ceux de Kant; d'autres, comme MM. Mancini, Poli, Dalluschek, en font voir les défauts; quelques autres adoptent les principes de Krause ou s'en rapprochent (comme MM. Melchiorre, Boncompagni et d'autres.

Les ouvrages principaux sont (autant qu'ils sont venus à notre connaissance):

Baroli, *Diritto naturale privato e publico.* 6 vol. Cremona, 1837.

Romagnosi, *Assunto primo della scienza del diritto naturale.* 1820.

Rosmini de Sarbati (l'abbé), *Filosofia del diritto.* Milano, 1841; et aussi: *La società e il suo fine.* Milano, 1839.

Taparelli (père jésuite), *Saggio teoretico di diritto nat. appoggiato sul fato.* 5 vol., 1844; et: *Corso elementare di diritto naturale.* 1845. (Traduit aussi en allemand.)

Intorno alla filosofia del diritto e singolarmente intorno alle origine del diritto di punire; lettere del conte Mamiani della Rover *e del Prof.* Mancini. Napoli, 1841.

Poli, *Della riforma della giurisprudenza come scienza del diritto.* Milano, 1841.

Tolomei, *Corso elementare di diritto naturale.* 2ª ed. Padova, 1855.

Albini, *Enciclopedia del diritto.* 1846.

Ambrosoli, *Introduzione alla giurisprudenza filosofica.* Milano, 1846.

Boncompagni, *Introduzione alla scienza del diritto.* 1847.

de Giorgi, *Saggio sul diritto filosofico.* 1852.

II. TRAITÉS SUR LE PRINCIPE DU DROIT.

Fr. Baconii, *Exemplum tractatus de justitia universali sive de fontibus juris, extractum ex ejusdem opere: De dignitate et augmentis scientiarum.* Parisiis, 1752.

Essai d'un traité de la justice universelle par Bacon, *traduit par Devauxelles, avec le texte en regard.* Paris, 1824.

Vico, *De uno universo juris principio.* Neapoli, 1720, 4.

Gott.Hufeland, *Ueber den Grundsatz des Naturrechts.* Leipzig, 1785.

Genz, *Ueber den Ursprung und die ältesten Principien des Rechts;* in der Berliner Monatsschrift, April 1791.

R. Heidenreich, *Entwurf der Grundsätze des absoluten Naturrechts,* in seinen Originalideen über die kritische Philosophie. Leipzig, 1793.

P. J. A. Feuerbach, *Versuch über den Begriff des Rechts;* in Fichte's und Niethammer's Philosoph. Journal, 1795. Heft. C. — *Kritik des natürlichen Rechts.* Altona, 1796.

G. Henrici, *Ideen zu einer wissenschaftlichen Begründung der Rechtslehre oder über den Begriff und die letzten Gründe des Rechts;* Hannover, 1810. 2 Theile, neue Ausg., 1822.

C. Th. Weicker, *Die letzten Gründe von Recht, Staat und Strafe.* Giessen, 1813.

L. A. Warnkoenig, *Versuch einer Begründung des Rechts durch eine Vernunftidee.* Bonn, 1819.

A. Baumbach, *Einleitung in das Naturrecht als eine volksthümliche Rechtsphilosophie.* 1823.

Lerminier, *Philosophie du Droit.* 3ᵉ édit., 1852.

J. A. Bruckner, *Essai sur la nature et l'origine des droits, ou déduction des principes de la science philosophique du droit.* 2ᵉ édit., Leipzig, 1818. (C'est le premier ouvrage en langue française dans lequel on ait eu égard aux progrès que la science philosophique du Droit a faits dans les temps modernes. L'auteur appartient à l'école de Kant.)

Ueber das oberste Rechtsprincip als Grundlage der Rechtswissenschaft im Allgemeinen. Leipzig, 1825 (anonyme).

G. Hepp, *Essai sur la théorie de la vie sociale et du gouvernement représentatif, pour servir d'introduction à l'étude de la science sociale ou du Droit et des sciences politiques.* 1833. (Ce volume renferme dans sa première partie une déduction philosophique et méthodique du principe du Droit.)

P. Pradier-Fodéré, *Principes généraux de droit.* 1869.

H. Thiercelin, *Principes du droit.* 2ᵉ édit., 1865.

III. OUVRAGES MODERNES TRAITANT PRINCIPALEMENT DU DROIT PUBLIC.

J. W. Behr, *Verfassung und Verwaltung des Staates.* 2 vol. 1812.

L. v. Haller, *Restauration der Staatswissenschaft.* 3 vol. 1820-1823; en français, Paris et Lyon, 1824-1830.

L. Jordan, *Versuche über das allgemeine Staatsrecht.* 1828.

L. Zachariae, *Vierzig Bücher vom Staate.* 2ᵉ édit. 1839-1847.

Dahlmann, *Die Politik.* 1847.

Bluntschli, *Allgemeines Staatsrecht.* 2 vol., 4ᵉ édit. 1868.

H. Ahrens, *Organische Staatslehre.* T. Iᵉʳ. 1851.

J. Held, *Staat und Gesellschaft.* 3 vol. 1861-1865.

J. Schön, *Die Staatswissenschaft geschichtlich u. philosophisch.* 1831.

Benjamin Constant, *Principes de politique constitutionnelle.* 1836.

Schutzenberger, *Lois de l'ordre social.* 2 vol. 1850.

v. Eötvös, *Der Einfluss der herrschenden Ideen des 19. Jahrhunderts auf den Staat.* 2 vol. 1861-1864.

Aug. Comte, *Système de politique positive.* 4 vol. 1854; 2ᵉ édit., 6 vol. 1864.

W. de Gray, *Essays on political science.* 2 vol. London, 1853.

P. E. Dove, *The elements of political science.* Edinburgh, 1854.

J. v. Held, *Grundzüge des allgemeinen Staatsrechts oder Institutionen des öffentlichen Rechts.* 1868.

F. Pilgram, *Neue Grundlagen der Wissenschaft vom Staate.* 1870.

IV. OUVRAGES TRAITANT DU DROIT DES GENS.

G. E. Martens, *Précis du droit des gens.* Nouv. édit., 2 vol. 1864.

Schmalz, *Das Europäische Völkerrecht.* 1828.

Klüber, *Droit des gens moderne de l'Europe.* 2 vol. 1819; nouv. édit. par Ott, 1861.

W. Manning, *Commentaries on the law of nations.* London, 1839.

H. Wheaton, *Éléments du droit international.* 5ᵉ édit., 2 vol. 1874.

H. Wheaton, *Histoire des progrès du droit des gens en Europe et en Amérique depuis la paix de Westphalie jusqu'à nos jours. Avec une introduction sur les progrès du droit des gens en Europe avant la paix de Westphalie.* 4ᵉ édit., 2 vol. 1865.

W. B. Lawrence, *Commentaire sur les Éléments du droit international et sur l'Histoire des progrès du droit des gens de* Henry Wheaton. Précédé d'une notice sur la carrière diplomatique de M. Wheaton. T. I—III. 1868-1873.

Rob. Phillimore, *Commentaries on international law.* New edit., 4 vol. 1874.

J. K. Bluntschli, *Das moderne Völkerrecht als Rechtsbuch mit Erläuterungen.* 2e édit. 1872; traduit par Lardy.

Fœlix, *Traité du droit international privé ou du conflit des lois des différentes nations en matière de droit privé.* 4e édit., revue par Ch. Demangeat. 2 vol. 1866.

A. W. Heffter, *Le droit international publique de l'Europe.* Nouv. édit. 1866.

P. Fiore, *Nouveau droit international public*, trad. par Pradier-Fodéré. 2 vol. 1869.

P. Fiore, *Nouveau droit international privé.* 1874.

C. Calvo, *Le droit international.* 2e édit., 2 vol. 1870-1872.

L. Casanova, *Del diritto internazionale.* 2ª ediz., 2 vol. 1870.

V. TRAITÉS SUR L'HISTOIRE DU DROIT NATUREL.

D. F. Ludovici, *Delineatio historiæ juris divini, naturalis et positivi universalis.* Halæ, 1714.

Hubner, *Essai sur l'histoire du droit naturel.* 2 vol. Londres, 1757.

G. Henrici, L'ouvrage cité sous le titre II.

F. L. G. von Raumer, *Ueber die geschichtliche Entwickelung der Begriffe von Recht, Staat und Politik.* 1827; 3e édit. 1861.

Lerminier, *Introduction générale à l'histoire du droit*, 1829; et *Philosophie du droit.* 3e édit. 1852.

Rosbach, *Die Perioden der Rechtsphilosophie.* 1842.

Hinrichs, *Geschichte der Rechts- und Staatsprincipien seit der Reformation.* 3 vol. 1848-1852. (Le troisième volume s'arrête à la doctrine de Wolff.)

J. H. Fichte, *Die philosophischen Lehren von Recht, Staat und Sitte.* T. Ier. 1850.

FIN DU TOME PREMIER.

Imprimerie de F. A. Brockhaus à Leipzig.

www.ingramcontent.com/pod-product-compliance
Lightning Source LLC
Chambersburg PA
CBHW060131200326
41518CB00008B/992